Über dieses Buch

Zahlreiche Reisen führten Kisch durch viele Länder der Erde. Das Ergebnis seiner unermüdlichen Reporterneugier sind u. a. diese Berichte: Er fährt mit dem Fischkutter auf Schollenjagd und Haifischfang, reist quer durch den Balkan, interviewt Karl May; er schildert die Begegnung eines Hauptmanns mit der Literatur, die Kunst und das Selbstverständnis eines Jongleurs, berichtet über Werften und Docks, über das Polizeimuseum im idyllischen Bern, über Gespenster im Prager Mozarthaus und über Lenins möbliertes Zimmer. Aber ob er ein Zuchthaus oder einen Zoo, ein französisches Strandbad oder ein tschechisches Schwefelbad, Proletarier in ihrer ›Waggonvilla‹, Polizisten oder Musikanten beschreibt — immer gewinnen, durch die sachliche Darstellung der Wirklichkeit, gerade die kleinen Dinge einen poetischen Reiz. Diese Reportagen handeln nicht von Sensationen, sie bekommen ihre Bedeutung durch die genaue Beachtung des scheinbar Nebensächlichen, des Unbedeutenden, worin sich die Welt wie in einem Brennglas spiegelt.

Der Autor

Egon Erwin Kisch, geboren am 29. April 1885 in Prag, stammte aus einer deutschsprachigen Kaufmannsfamilie. Er studierte an der TH Prag, wurde 1904 Journalist, 1913 Dramaturg am Künstlertheater Berlin. Im Ersten Weltkrieg war er an der serbischen Front, schloß sich 1918 der ›Föderation revolutionärer Sozialisten Internationale‹ an und wurde Kommandant der Wiener ›Roten Garde‹. Ausweisung aus Österreich. 1933 verhaftet, nach tschechischem Protest in die Tschechoslowakei abgeschoben. Rief auf Kongressen in Melbourne und Paris zu antifaschistischem Widerstand auf; Teilnahme am spanischen Bürgerkrieg. Ging 1940 nach Mexiko, von wo er 1946 nach Prag zurückkehrte. Er starb am 31. März 1948 in Prag. Weitere Reportagen: ›Aus Prager Gassen und Nächten‹, 1912; ›Prager Kinder‹, 1913; ›Der rasende Reporter‹, 1925; ›Zaren, Popen, Bolschewiken‹, 1927; ›Paradies Amerika‹, 1930; ›Prager Pitaval‹, 1931; ›Asien gründlich verändert‹, 1932; ›China geheim‹, 1933; ›Abenteuer in fünf Kontinenten‹, 1936; ›Marktplatz der Sensationen‹, 1942; ›Entdeckungen in Mexiko‹, 1945.

Egon Erwin Kisch

HETZJAGD DURCH DIE ZEIT

Reportagen

Fischer
Taschenbuch
Verlag

Fischer Taschenbuch Verlag
Mai 1974
Ungekürzte Ausgabe
Umschlagentwurf: Jan Buchholz/Reni Hinsch
Fischer Taschenbuch Verlag GmbH, Frankfurt am Main
Lizenzausgabe mit freundlicher Genehmigung
des Aufbau-Verlages, Berlin und Weimar

Gesamtherstellung: Hanseatische Druckanstalt GmbH, Hamburg
Printed in Germany
ISBN 3 436 01888 0

Inhalt

Schollenjagd und Haifischfang

I. Ausfahrt eines Finkenwärder Fischkutters

»Die Steuerämter und die Zollbehörden müssen eben von Amts wegen jeden als Spitzbuben ansehen«, warf ein alter Seemann in die Debatte der Schiffer, die auf dem Pier von Schulau standen und zu unserem Kutter hinabschauten; auf Deck manipulierten zwei Zollbeamte. Vom Transitlager wurde das amerikanische Gasöl in Kannen gepumpt, je zehn Liter goß der Beamte durch einen Trichter in die Verschraubung des Brennstofftanks und senkte einen Metallstab in die Öffnung; die Stelle, an der die Stange fettig zu werden begann, märkte er mit einer Feile. Wieder zehn Liter, wieder eine Kerbe, wieder wurde das Öl sorgsam mit Werg vom Meßstock abgewischt, dieser von neuem in den Tank gesteckt; sechs Fässer waren bereits eingefüllt, der Stab, zur Skala geworden, bekam die amtliche Plombe. Nun kann man jederzeit feststellen, ob der Verbrauch des zollfreien Öls der Fahrtdauer entspricht oder ob der Schiffer etwa ein Quantum verkauft hat, was als Schmuggel zu qualifizieren wäre. »Nur Schikanen«, brummten dic Zuschauer auf dem Kai, »das haben uns die Flußfischer eingebrockt. Die hetzen, wo sie hinkommen!« Stundenlang dauerte die Prozedur. Manchmal war ein neuer Eimer eingegossen worden, und auf der Leiste lag die Feuchtigkeitsgrenze tiefer als vorher. Wieso? Ein großer Dampfer kreuzte Schulau, und die Wellen bewirkten, daß sich unser Kutter neigte, für uns unmerklich, aber auch unmärklich für den Zollbeamten.

Um drei Uhr morgens, zu Beginn der Ebbe, gingen wir aus dem Hafen. Großsegel und den Besan zog man hoch — mächtige Trapeze, rotbraun von Eichenlohe, nur die geflickten Stellen in der grauen Urfarbe des Segeltuchs. Der Bugspriet wurde ausgeschoben, wie ein Kanonenrohr, und mit der Hand der Klüver darauf gehißt, ein spitzwinkliges Leinendreieck, das bisher in der Koje gelegen hatte. Zuletzt wurde am Fockstach, einem Drahtseil, die Fock gesetzt.

II. Begegnungen auf der Unterelbe

»RMS Elsaß« dampft nach W'haven zum Übungsschießen; zwei feldgraue Minenräumer fahren an Groden vorbei, wo ehedem das Minendepot war, und träumen vielleicht von entschwundener Herrlichkeit. Boote des Reichswasserschutzes, von denen es noch 1922 hier wimmelte, sieht man nicht mehr. »Holsatia« kommt stolz des Weges, leer sind die Promena-

dendecks, die Passagiere erster und zweiter Klasse reisen von Cuxhaven mit dem Sonderzug bis Hamburg, die armen Leute vom Zwischendeck müssen sich Zeit lassen. Viele Bagger, die großen Eimer an einer Kette ohne Ende, arbeiten von Staats wegen, auf daß die Ozeandampfer freie Fahrt haben; die emporgeholte Erde wird bei Finkenwärder eingedeicht und aufgedämmt – man braucht Platz für die Deutsche Werft und Platz für jugendliche Sträflinge, backbord liegt Hahnöfersand, Gefangenenlager für etwa fünfhundert Jungen, auch hierher liefert man Elbgrund als Ackerboden. Beim Belumer Außendeich sind Saugbagger in Tätigkeit, die Schlamm und Kohle schlucken, diese Beute auf die Nordseite der Elbe bringen und außerhalb der Fahrrinne ausspeien. Personendampfer, einst deutscher Besitz, nach dem Kriege an Nordamerika abgetreten, tragen die Flagge von Panama; die dortigen Filialen der Schiffahrtsgesellschaften figurieren als Eigentümer, damit das Alkoholverbot an Bord nicht gelte. »Senator Oswald« ist einmal umgetauft worden und hat zweimal die Farben gewechselt. »Cleveland« führt den alten Namen, aber die Alkoholflagge.
Hinter Brunsbüttel dreht der Wind herum, und die Segel fangen das Klappern an, wir nehmen Fock und Klüver herunter, stöhnend windet sich der Gigbaum um seine Achse, den Großmast. Acht Mastbänder schlagen an die Riesenstange.

III. Der Krieg der Fischer

Kleine Segler der Elbfischer liegen in Stromrichtung vor Anker; ein Ruderboot haben sie längsseits, auf dem sie ihr Garn, sechs geknüpfte Wände von je dreißig Meter Länge, aussetzen und alle fünf Stunden, wenn Ebbe und Flut wechseln, wieder einholen, Butte, Aale, Stinte und Hechte erntend. Die Verbindungslinie von Ostemündung zum Ort Neufeld bei Holstein ist eine Grenze: Oberhalb dürfen die Hochseefischer keine Netze auswerfen, sie tun es dennoch, von Oktober an, bis zum Eingang, trotz Verbots und trotz der Proteste der Elbfischer, trotz der Verhandlungen vor den preußischen Landgerichten in Stade, Freiburg und Marne (Dithmarschen), trotz der (oft mit Revolvern erzwungenen) Wegnahme von Fischereigerätschaften und trotz Geldstrafen bis zu zweihundert Mark. Ein veritabler Krieg ist das zwischen Elbfischern und Seefischern. Das Gesetz stammt aus dem Jahre 1887 und ging von der Annahme aus, das Grundnetz ruiniere die Buttbestände, so daß im Sommer keine Fänge gemacht werden könnten. Aber obwohl die Seefischer, denen im Krieg das Meer versperrt war und denen noch immer im Winter jede Verdienstmöglichkeit fehlt (unter anderem gibt es keine Austern mehr in den deutschen Meeren), südlich der Grenzlinie die »Kurre« aussetzen, ergab sich auf den Märkten von St. Pauli und Cuxhaven keine Verringerung des Buttauftriebs. Außerdem wurde wissenschaftlich festgestellt, daß der Butt zum Laichen nach See geht, zumeist an die holländische Küste, und von dort in alle in die Nordsee mündenden Flüsse zurückwandert, also durch das Schleppnetz auf der Elbe die Laiche nicht gestört werden kann. Die Elbfischer jedoch beharren auf dem Gesetz, das sie vor Konkurrenz schützt, und die preußischen Behörden, besonders der Oberfischmeister von Altona, kommen ihnen mit strengen Strafen zu Hilfe.

IV. Wir laden Eis

Kurz vor Cuxhaven, wir hatten schon den Turm der Garnisonkirche und den Windsemaphor in Sicht, machten wir den Rest der Segel unter der Gaffel fest, denn es war windstill geworden. Der Motor stieß uns in den Alten Hafen. Die Landungsbrücken »Alte Liebe«, mit Häusern aus Fachwerk im Hintergrund, und »Seebäderdienst«, auf der der Hafenbahnhof steht, und eine Drehbrücke mit Handbetrieb schließen das Bassin ein. Zwei Tonnenleger, Staatsschiffe, schwarz, mit gelbem Schornstein, einige Lotsenschoner, zahllose Kleinboote der Krabbenfischer, drei Bergungsschiffe, »Seefalke«, »Wotan« und »Hermes« – Erste Hilfe für havarierte Schiffe –, sind verstaut. Wir legten uns längsseits eines Fischefahrzeugs, und als dieses mit dem Löschen fertig war, konnten wir an den Pier verholen.

Das Eis, das zur Konservierung der zukünftigen Beute gebraucht wird, lädt man erst in dem Augenblick, da man in See sticht. Angestellte der Kühlwerke erwarten die von der Elbe kommenden Schiffe, einer notierte unsere Bestellung, viertausend Pfund für insgesamt vierundzwanzig Mark, und ein einstiger Militärtrainwagen, von einem Auto geschleppt, effektuierte sie. Die kalten Kristalle rollten von der Mole in den Gefrierraum, der sich unterdecks hinzieht und doppelte Schotten hat, damit nicht etwa die animalische Wärme aus dem Logis das Eis schmelze.

Zigarren, Schnäpse und Konserven besorgt ein Agent aus dem Freihafen, spottbillig ist alles, aber wir dürfen von dieser zollfreien Ware nichts nach Deutschland zurückbringen. Bei den von See kommenden Schiffern erkundigen wir uns nach den Fischgelegenheiten und Fangergebnissen. »Wi hebbt fischt to Spiekeroog, Langeoog un Norderney, up veertein bis siebentein Faden; twee, drei bis süß Stieg Zungen, und's Korb anderthalb goute Schollen un veer bis fiew Stücker Mattgut im Strich, darunner fiew bis süß groute stückerwat twölf bis fievtein Pound twischen.« Ähnlich lauten alle Auskünfte, und wir wenden morgens gegen vier Uhr gegen Spiekeroog.

V. Schiffer Hein Hinrichsen vertellt

Zwischen Feuerschiff II und Feuerschiff I, eine gute Stunde hinter Cuxhaven, wies Hein Hinrichsen mit dem Arm ostwärts. »Sühst du doar den swarten Punkt?« Es waren mehrere schwarze Punkte zu sehen. »Dat sünd luder Wracks, ober wieter backbord up Wittsand, doar sitt mien Kotter, de ›Emma-Katherine‹.« Er blickte hinaus. »1903 hab ich sie bauen lassen bei Schedelgarn auf der Werft in Üttesen. Dreiundzwanzigtausend Mark hat sie gekostet mit dem Motor zum Netzeheben, acht Pferde stark, zehntausend Mark war ich noch schuldig, fast sieben Jahre bin ich darauf gefahren. Im November 1909 blieben Stücker neun von den Finkenwärder Kuttern in See, nur den ›Senator von Mölle‹ hat ein Dampfer nach dem Sturm bis Esbjerg geschleppt, ohne Masten und Setborte, voll von Wasser, die Mannschaft halb tot — von unseren anderen neun Fahrzeugen mit den dreißig Mann hat man keinen Span gefunden. Ich war auch draußen, mit der ›Emma-Katherine‹, den Tag vor dem schweren Wind trafen wir sechs von der Finkenwärder Flotte, den einen hab ich angesprochen, den Ewer ›Friese‹ des Kapitäns Klausen, und redete mit ihm über das Wetter, weil das Barometer auf siebenhundertzweiundzwanzig zeigte, doch dachten wir, der Sturm muß anderswo sein. ›Wi wöllt man hier blieft, dat ward woll so schlimm nich wesen‹, hat Klausen gemeint. Ich aber sagte: ›*Wi* wöllt weg.‹ Wir hatten die Reise beendigt, sechzehn Tage hat sie gedauert. Fünfzig Meilen Südsüdost von Helgoland konnten wir die Küste nicht und nicht beholen, so braßten wir denn, kriegten das Schiff wieder rum und trieben nach See, morgens war der Wind südlicher, wir setzten den großen Klüver auf und liefen mit sechs Meilen Fahrt nach Elbe zu. Nachmittags, sechs Uhr, querab von Helgoland, wurde ich ausgepurrt, Klüver und Toppsegel mußten weg, die Brise nahm zu, und wir hatten schon fast die Büx voll, weil das Barometer noch immer so furchtbar schlecht stand; Wind ging von vorne, beim dritten Feuerschiff flog uns die neue Fock weg, nur die Sturmfock blieb uns, zum Reffen war keine Zeit. Der Kutter lag mit der Reling zu Wasser, dick von Regen und Schmutz, wir klarten Ketten und Schlepptrosse und Rettungsboot, für den Fall, daß noch mehr brechen sollte — aber es ist nichts passiert. Glock neun vormittags vertäuten wir an der Auktionshalle Cuxhaven. Die Fischersleute im Hafen hatten die ganze Nacht vor Sorge kein Auge geschlossen. Fischereiinspektor Duge kam an Bord. ›Onkel Hein, wie schall dat woll noch wärn?!

Doar sünd jo noch een ganzer Haufen buten!‹ Da meinte ich: ›Wenn de Wind man rumloopen deit, wie he gewöhnlich deit, denn is jo nix im Weg — wenn er ober südwest blift, denn seeht dat man nich fein ut for ünser Komeroden, denn se stahn all nördlich.‹ Wir löschten die Fische, und nachmittags um vier Uhr fuhr ich mit der Bahn nach Finkenwärder, anderntags wieder nach Cuxhaven, den Tag darauf mit aufgehendem Barometerstand in See. Als wir rausgehen bei Kugelbake, trafen wir den Kutter ›Landrat Köster‹ mit Schiffer Friedrichs. ›Na, Jacob, woar hett goh?‹ — ›Bös Wetter, wenn se man bloß al wedder rin sünd?!‹ Achtzig Meilen Nordwestwest segelten wir zum Austernfang, und nachdem wir neun Tage gefischt hatten, wollten wir heimmachen. Nahe vom Norderneyer Feuerschiff lief der Wind rum, das Barometer fing das Fallen an, und wir kriegten ein Utscheider, haben die ganze Nacht getrieben; morgens wurde es flauer, und wir setzten Kurs auf Elbefeuerschiff. Vierzehn Tage nach dem Sturm bin ich zu Hause, geht die Fragerei los: ›Hest du mien Vadder ne sehn?‹ — ›Hest du mien Mann ne sehn?‹ — man mochte kaum den Deich entlanggehn. Mein Mut war weg, und ich snacke zu meiner Frau: ›Nu, wöllt wi man Wiehnacht füern. Denn wür's jo ook woll anners.‹ Bin aber doch den nächsten Tag losgefahren nach Cuxhaven, da meint mein Schwager, der Bruder meiner Frau: ›Du kannst jo mal an Land blieven, Hannes Schramm, de is hier, de kann jo mit buten gohn.‹ Ich sage: ›Junge, Junge, wullt du noch annere Lüt mit'n Fohrtüch schikken, wenn de Schiffer sülben keen Mut doarzu hett?‹ — ›Ach wat‹, macht er, ›lot üns man losgohn.‹ — ›Na, denn mientwegen. Un paß man gout ups Loot, mock jo to rechte Tied lütte Segels, denn schall wi gohn.‹ Nach fünfzehn Tagen kamen sie zurück, hatten Scherbretter und Netz verloren und fragten: ›Nu, komm' wi woll ne wedder los?‹ Ich beruhigte sie, das hätte mir auch passieren können, die Brille ist ja noch nicht erfunden, mit der wir auf Meeresboden kieken, und gab ihnen noch 'ne Ermahnung, und sie lichteten wieder Anker. Auf dem Heimweg kriegten sie Regen, Sturm und Stromversetzung, liefen bei Wittsand auf. Ein Telegramm aus Cuxhaven traf ein: ›Seefischer Hinrichsen, Finkenwärder. Kutter Emma-Katherine auf Wittsand gestrandet.‹ Da war Holland in Not! Die Tränen liefen mir über die Backen, hab an das Hafenamt telefonieren lassen und den Bescheid erhalten: ›Leute und der Hund geborgen.‹ Sofort bin ich nach Wittsand, um zu sehen, ob etwas zu retten wäre; leider war der Boden herausgeschlagen, und so liegt es noch da, das Gerippe neben zwei anderen Wracks — dort der schwarze Punkt. Nur das Barometer hab ich von der ›Emma-Katherine‹. Vom Feuerschiff II war ein Rettungsboot hin, das hatte die Leute auf-

genommen, meinen Schwager Karl Helmcke, den Hannes Schramm, die beiden Jungs und den Hund Molly. Versichert waren wir nur auf fünfzehntausend Mark, und ich war viel schuldig — nicht daran zu denken, einen anderen Kasten anzuschaffen. Ich hab allerhand gearbeitet, als Ersatzschiffer Heuer genommen und so. Mein Schwager Helmcke hat die Seefahrerei an den Nagel gehängt und ist Zimmermann auf der Werft in Finkenwärder.
Mit sechstausend Mark Reichsdarlehen konnte ich dann dieses Schiff kaufen, im April 1910 von Sittas auf Kranz-Neuenfelde, ›Landrat Theßmann‹, es war schon neun Jahre alt, der bisherige Eigentümer ist bei einem Sturm verrückt geworden. Neue Anschaffungen mußte ich machen und ein Jahr lang ohne Maschine fahren. Ich wollte das Fahrzeug umtaufen, wieder auf ›Emma-Katherine‹, den Namen meiner Frau, das hat man nicht bewilligt — die Ehrung eines Landrats darf nicht beseitigt werden. Als ›H. F. 262‹ ist es in die Schiffsliste eingetragen und 1917 (damals zogen wir nach Schulau, weil's uns in Finkenwärder zu eng wurde) auf ›S. S. 68‹ geändert.«

VI. Der Fang

An den Ostfriesischen Inseln, 53,55 nördlicher Breite und 7,30 östlicher Länge. Bei stürmischem Wetter, Windstärke neun, Seegang sechs bis sieben, furcht unser Kutter durch unruhige See. Mittags, Glock zwölf, wird das Netz an die beiden Scherbretter steuerbords geschlagen und ausgesetzt; die Bretter, an zwei achtzig Faden langen Drahtseilleinen hängend, schießen in der Strömung davon wie Kinderdrachen in der Luft, infolge der ungleichen Einfallswinkel jedes in anderer Richtung — aber in einer Distanz von hundertvier Fuß können sie nicht weiter voneinander, das Grundtau verbindet sie, und das ist nun gespannt. Der Motor wird erst auf langsam gestellt, wenn das Netz unten ist, sonst würde es über die auf dem Meeresgrunde sitzenden Fische hinweggerissen werden. Am Besanmast wird der Fischerball hochgezogen (eigentlich kein Ball, sondern ein Korb), das Zeichen für anfahrende Schiffe, daß wir schwer manövrierfähig sind.
Drei Stunden lang schleppen wir eine Falle, die dreißig Meter breit ist und hundertzweiundvierzig Meter hinter dem Achtersteven unseres Kutters ihr Ende hat.
Um drei Uhr nachmittags wird das Netz gehoben, die Bremsen der Motorwinde gelöst, die Schiffsschraube losgekoppelt, die Drahtleine aufgerollt, und das Fahrzeug treibt. Sind die Scherbretter wieder auf Deck, fassen alle Hände an, das Strickgeflecht über die Bordwand zu bringen, bis der Beutel erreichbar ist, genannt »Steert«. Zwei Fischtraillen, an den Mastbäumen mit zehn Meter langen Trossen befestigt, werden

jetzt in den Steert eingehakt und dieser motorisch über die Reling geholt.

Unheimlich schwebt der nasse Riesensack auf den beiden Kranhaken hoch in der Luft. Aus seinen Maschen schieben sich Fischköpfe, Kiemen sind aufgespießt, runde Augen glotzen, Krebsscheren greifen ins Leere, Flossen flattern, heraus ragen Zacken von Seesternen, Muscheln, Strickreste, Flaschenhälse, Knochen, Tang, Kohle, Organisches und Unorganisches. In ohnmächtiger Bewegung sind die Gefangenen um ihre Befreiung bemüht, vergeblich, denn wenn es ihnen gelingt, purzeln sie auf Deck. Taumelnd, baumelnd, triefend ist dieser Ballen zu unseren Häuptern — leblos und doch belebt in seiner Gesamtheit, von tausendfältigem Kiemengezappel, Flossenschlag und Scherengreifen im Detail. Ein Sack nur, ein Sack jedoch, der nach allen Seiten mit lebendigen Augen über entsetzt aufgesperrten Mäulern starrt!

Einer der Fischer, unter diese Dusche springend, reißt den Schlippknoten mit beiden Händen auf, die Verfallenen stürzen hinab.

Schon wird drüben das zweite Netz ausgesetzt, aber hier, steuerbord, brodelt ein Berg. Fische, den flachen weißen Bauch nach oben. Fische, den schleimig braunen Rücken nach oben, daß man sie vom Schlamm nicht zu unterscheiden vermag. Muscheln mit aufgeklappten Schalen. Enorme Taschenkrebse, in ihren wie Papageienschnäbel aussehenden Scheren eine Scholle haltend: sie haben sie im Netz erhascht und lassen sich den Fang nicht entwinden. Einsiedlerkrebse, die rot und gelb aus dem Schalengehäuse kriechen, begnügen sich mit einem Seestern. Einen halben Meter lang sind die Steinbutte. Fischbandwürmer, vielleicht in der Todesangst exkrementiert, umschlingen klebrig das Gefangenenlager. Seezungen, als wären sie sich ihres Marktwertes genau bewußt — sie sind besondere Ernte —, pressen den Kopf an eine Planke, so daß sie nicht zu greifen sind, denn der schleimige Rumpf glitscht aus jeder Hand. Die Krebse zwicken, ohne ihre Beute loszulassen, mit Scheren oder stechen mit Krallen; die hintersten Füße, bei denen man sie ungefährdet packen könnte, verstecken sie. Es schlägt der Butt und gar manche Scholle mit respektabler Wucht dem auf die Finger, der sie in den Korb werfen will. Knurrhähne streben geradenwegs zur Abflußgatte in der Bordwand — wissen sie, daß dort der Weg ins Freie führt? Scharben, Kabeljau, Schellfische und Stinte zappeln oder springen, Tintenfische, Seeigel, Quallen, Totenkopfmuscheln, Seeanemonen, Seerosen, Schwämme, Spinnen, Seemäuse, minderwertige Krabben, genannt »Klaus Dedels«, und anderes Unkraut und Ungeziefer wünscht der Unheimlichkeit von Tageslicht und Menschennähe zu entrinnen.

VII. Auch menschliche Spuren sind auf dem Meeresboden

Erstaunlich ist die Zahl der Menschenspuren am Meeresgrund: große Kohlenstücke, intakte und leere Konservenbüchsen, ein Sack Mais, Knochen, Holzpantinen, ein zerrissener Strandkorb, Bierflaschen, eine Matrosenmütze, ein Südwester, Antennendraht, ein Seidenschal und ein Eimer kamen schon mit dem ersten Fischzug in unser Fundbüro. Reste eines Liegestuhls waren zwischen den Fischen, morsch das Holz, die Leinwand fehlte, und man erkannte die Stellen des einstigen Eisenbeschlags an einem Hauch von Rost und an unversehrten, golden glänzenden Metallschrauben. Einen Landungssteg erbeuteten wir auf der Fahrt und einen Poloball. Die Tafel einer Badeanstalt ließ entziffern: »Schwimmhose 10 Pf., Handtuch 5 ...« Froh wurde eine Flasche französischen Kognaks, Originalpackung mit Korkband, begrüßt, trübselig stimmte es die Fischer, als sie ein Fischernetz im Fischernetz fanden, ein Scherbrett mit sechs Meter leinengeknüpften Rhomben. Ein Krebs hielt ein zusammengeknülltes Stück Papier in der linken Schere, nur mit Mühe konnte man es ihm entreißen; es war ein in portugiesischer Sprache bedrucktes Blatt. Zwei Pfund wog wohl die Scholle, die einen schwarzen Druckknopf aus Hartgummi mit dem Datum 1. 5. 1913 links unten am Rücken eingepreßt hat: sie ist von der »Poseidon«, dem biologischen Versuchsschiff, zur Feststellung von Wachstum und Lebensalter ausgesetzt, in Hamburg müssen wir den Fisch bei der Staatlichen Fischereidirektion gegen Belohnung von drei Mark und gegen Bezahlung nach Gewicht abliefern. Höchstens zwanzig Sterne noch und kaum vier Wellenlinien mehr hat der Union Jack, der im Netz lag. Auf einem Gummischwamm, Fabrikware, saß ein Meeresschwamm, naturgeboren. Überhaupt nisten in den meisten dieser menschlichen Überreste Muscheln, Seesterne und Seerosen. Ein schmaler, kleiner Damenschuh war derart garniert, der herausschauende Rest eines Seidenstrumpfes paßte gut zu den Farben; mit Scherzen: »Schade, daß das Frauenzimmer nicht darin steckt!«, ging der Schuh von Hand zu Hand, bis jemand ein wenig an dem Strumpf zog und ein Fuß zum Vorschein kam — allerdings nur für einen Augenblick, denn schon flog das grause Stück dorthin, woher es gekommen war. — In der vierten Nacht machen wir einen noch unheimlicheren Fang. Der Mond leuchtet, und das Wasser strafft sich in den matten Farben, die wir tagsüber nur am Kühlwasserabfluß sehen, wenn der Motor stoppt, jetzt aber sind das oxydierte Silber und das Perlmutt mächtige Flächen des Hintergrunds, vor dem der Netzbeutel, heute zum achtenmal gehißt, ungeduldig über uns Ungeduldigen schaukelt. Man öffnet, und ein Mensch stürzt herab — ein nackter Mann, mit grauenhaften Glanzlichtern auf einem

Körper von giftgrüner Grellheit und ungeheurer Breite, Tang und Getier an allen Stellen und in allen Haaren, sinkt auf Deck in die Knie, schlägt mit der Stirn auf das Rettungsboot, die Ellenbogen an die Hüften gepreßt. Wir jedoch springen, von sinnloser Feigheit gepackt, der Luke unseres Logis zu und fallen die Leiter hinab, einer auf den anderen, ohne zu fluchen. Der erste, der flucht, ist Steuermann Klaas, er kriecht wieder hinauf, wir anderen ihm nach, stumm, mit zusammengebissenen Zähnen. Nur der Schiffsjunge faltet die Hände, kaum daß sie frei sind, und stammelt in dieser Haltung weiter: ». . . also auch auf Erden . . . vergib uns unsere Schuld . . .«
Ein Schlippknoten wird gemacht, und man versucht, ihn dem Leichnam um den Hals zu werfen. Aber der tote Gast stützt unentwegt seine Stirn an die Wanten des Rettungsbootes, ganz fest, kein Zwischenraum bleibt für das Lasso. Der Hüne Klaas geht hin und stößt dem Knienden, ohne ihn zu berühren, ein Tau um die Brust und knüpft eine Schlinge. Jetzt erst faßt der Kapitän das Seil, es wird an die beiden Fischtraillen gebunden, der Motor zieht hoch, und der Kranhaken mit der schauerlichen Last dreht sich außenbords, schwebt mitten in den fahlen Strahl des Mondes hinein. Der Leichtmatrose öffnet den Knoten, und blaß und wortlos schlagen die Schiffer ein Kreuz. Bloß der Boy klappert: ». . . zukomme uns dein Reich . . .« Wir nehmen die Schaufeln, und alles, was im Steert gewesen, fette Steinbutte, stattliche Zungen, Riesenkrebse — alles fliegt über Bord, in die Freiheit. Dann scheuert man das Deck.
Noch zehn Tage dauerte unsere Fahrt, doch wurde von diesem Fischzug niemals ein Wort geredet.

VIII. Der Hai

Nur einmal, am 14. Mai, der Fischbeutel tauchte gerade aus dem Wasser, fragte der Leichtmatrose scheu, ob er nicht außenbords öffnen solle. Es schien, daß abermals eine Leiche im Netz sei, und er wollte die Arbeit der Beseitigung ersparen. Wir schauten vorgeneigt und durchdringend auf das Netz und erkannten, der große weiße Korpus bewege sich. Ein lebender Mensch also? Nein, ein Haifisch. Es wurden »Stropps« geholt, eine Art Wurfschlinge, und die Holzkeule; wir standen mit Hacken zur Notwehr bereit. Der Matrose, der immer den Knoten aufreißt, war noch nie so schnell beiseite gesprungen wie diesmal. Heraus spritzten die Fische, und krachend sauste Meister Hai hernieder. Das Schiff erbebte. Zweimal schlug er mit der Schwanzflosse, Butt und Scholle von Bord fegend, schon jedoch warf ihm der Steuermann eine Schlinge über den Kopf, das Tau, das vorher durch einen Bolzen gezogen war, zwei Mann holten zu, und der Hai lag wehrlos im Ring. Wehrlos, wohl wehrlos, doch keineswegs leblos, toll trommelte sein Hinterleib auf den Boden. Ein Schlag auf den Schädel betäubt ihn — ein Stich, hart an der zackigen Afterflosse — das Blut sprudelt hoch — durchschnitten ist die Schwanzader — in zwei Minuten verendet er — ein Koloß von ungefähr hundertfünfzig Pfund.

Wir schlitzten ihn auf. Den größten Eimer füllte die Leber, im Magen steckte ein Konglomerat von Butten, Kabeljaus, Scharben, Seezungen sowie von Fischen ganz ferner Gegenden, halbverdaut und manche unversehrt. Ein Klumpen von Eiern, die größten wie Hühnereier, die kleinsten mit bloßem Auge kaum wahrnehmbar, klebte an jedem Eierstock, in zwei Beuteln saßen ungeborene Junge, etwa vierzehn Tage vor der Geburt. Hatten wir kommen müssen, um ihr Leben zu verhindern?

In Bottichen lösten wir das Fett auf, verkochten es und die Leber zu Tran, legten das Fleisch auf Eis. (Fünfzehn Mark wird in Altona der Fischhändler bezahlen, der das Haifischfleisch als »Seeaal ohne Gräten in Gelee« oder als Fischkarbonade weiterverkauft.) Zwei Stunden dauerte die Arbeit, und es wurde Zeit zum Einholen des nächsten Netzes. Die Fischer prophezeiten wieder einen Hai, denn sie glauben an das Gesetz der Serie; im vorigen Jahr haben sie bei Helgoland vier Stück auf einmal gefischt, und Dampfer bringen oft zehn Korb nach Hamburg. Der Fischbeutel tauchte empor, wir sahen keinen Hai. Und doch war einer darin. Als ausgeschüttet wurde, lag er auf dem Boden, nicht so groß wie die Dame, die wir vorher gefangen hatten und die vielleicht seine Mutter war, aber immerhin fünfundzwanzig Pfund schwer. Trotzdem wir unvorbereitet waren, gelang es uns, ihn aufs Haupt zu schlagen.

IX. Verkehr auf flüssigem Platze

Nördlich von Wangeroog, Spiekeroog, Langeoog und Baltrum pendeln wir seit vierzehn Tagen, zehn Seemeilen Nordnordwest, Netz aufziehen, umkehren, zehn Seemeilen Südsüdost, Netz aufziehen, umkehren, Tag und Nacht, niemals stockt der Motor, alle drei Stunden ruft der Wachehabende sein »Reise, reise, intejn« in die Kojen, die Schläfer springen auf, das Netz wird gehißt, ausgeworfen, die Dutt durchsucht, Fische sortiert, ausgeweidet, der Kahn wendet, zehn Seemeilen Nordnordwest, zehn Seemeilen Südsüdost. Manchmal sind die Wellen ruhig, manchmal steht der Steven senkrecht, manchmal scheint der Mond, manchmal ist hohe See. Dann haut der Gigbaum wie ein Tobsüchtiger um sich, daß Mast und Takel stöhnen, das Bullentau reißt und vom Großsegel frei herabbaumelt, unheimlich bald hier, bald dort auftauchend. Wind und Meer sind ein ziemliches Einerlei, fragt man aber, ob man hinauf- oder ob man hinuntersegelt, kriegt man grobe Antwort: »Du Mottenkugel, kennst du dich auch nicht aus, wenn du mit der Straßenbahn denselben Platz hundertmal auf und ab fährst? Siehst du nicht steuerbord den Helgoländer Leuchtturm, achteraus die drei festen Lichter der Weserschiffe, das dreimalige Blitzen vom Norderneyer Feuerschiff?«

Die Seeleute fühlen sich nicht verlassen. »Dort ist der Kutter vom Hannes, den nennen wir nur ›Admiral Hannes‹, weil er Disziplin hält wie auf einem Panzerkreuzer, sogar Teppiche hat er im Logis, man sagt, er schrubbt die Ecken hinter den Bullern mit der Zahnbürste.« – »Der ›Landrat Lahusen‹, der gehört dem Fietje, sein Kompagnon hat in Finkenwärder eine Gastwirtschaft übernommen, seinen Anteil am Kutter einem Fischhändler verkauft, und der will den Fietje rausekeln, weil ihm das halbe Fahrzeug nicht genug einbringt.« – »Der ›H. F. 192‹ fährt mit voller Kraft und fischt mit siebzig Faden, wir fahren halbe Kraft mit hundertsechzig Faden – so sind die Motoren verschieden.« Die Schiffe wenden aufeinander zu, und die Hand am Mund, berichtet man schreiend das Fangergebnis der letzten Stunden. Kommt einer vom Hafen, so erkundigt man sich, wie der Markt ist und wie es daheim geht.

Einmal, morgens um sieben, vier Meilen westlich vom Norderney-Feuerschiff, erhält unser Schiff einen Stoß, daß es jäh dreht und beide Galgen, die an Bord befindlichen Rahmen für die Scherbretter, nach außen gedrückt werden, als wären sie aus Pappe. Wir sitzen fest, die Trossen haben sich in einem Wrack verfangen. Ein aufgeregtes Manöver beginnt, hinten wird gestoppt, vorne gehievt. Morsches Gebälk, Teile von alten Masten, wohl eben abgebrochen, sind in den Maschen verfitzt. Unversehrt die Trossen, sie verraten nichts von dem Geheimnis, mit dem sie uns verbanden, verraten nicht, was unmittelbar unter uns ist; vielleicht ungeheure Schätze, vielleicht modernde Menschen, vielleicht Skelette von Seeräubern ... Nie werden wir es erfahren, unser Kahn ist wieder flott, wir wenden nach Nordnordwest, versuchen, die Galgen geradezuhämmern und das zerrissene Netzwerk auszubessern. Der Schaden ist nicht groß, vor drei Monaten war es ärger, da ging durch ein solches Wrack der ganze Kandudel zum Teufel, Grundtau, Scherbretter und Kurrleine.

Holländische Dampfer, erkennbar daran, daß sie kein Back und keine Türme haben, aus Ymuiden an der Zuidersee, kreuzen unsere Reise, und dänische Motorschiffe mit wehendem Danebrog bringen Schollen nach Hamburg, dort die Preise zu verderben. – Schau, der Jonas Hinrich zieht schon ein! – Tungenknieper kommt achtern auf, er ist aus Eisen, sein

Motor hat hundert Pferdekräfte, und sechs Mann sind an Bord, aber er rentiert sich ebensowenig wie unser Kasten.

Wir verbrauchten für zweihundertzwanzig Mark Gasöl bis jetzt, für fünfundvierzig Mark Schmieröl zur Maschine, für vierundzwanzig Mark Eis. Als vor einem Vierteljahr unser Schiff vom Netz und von den Scherbrettern überhaupt nichts wiedersah, war der Schaden fünfhundertachtzig Mark hoch und außerdem beinahe kein Fang. Im Herbst flog der Zylinderdeckel vom Motor weg, ein paar Wochen später ist die Pleuelstange gerissen und das Kurbellager ausgebrannt — hat auch schönes Geld gekostet. Über dreitausend Mark Schulden lasten auf dem Fischerkahn.

Unsere Reise von vierzehn Tagen bringt achthundert Mark brutto. Was bleibt bei diesen Spesen? Beinahe dreihundert Mark gehen also ab für Motoröl und Eis. Der Matrose kriegt zehn Prozent, das sind fünfzig Mark, der Schiffsjunge fünf Prozent. Um achtzig Mark wurde Proviant gekauft; der Mann, der uns helfen wird, in St. Pauli die Fischkisten an Land zu tragen, muß auch entlohnt werden, tausend Mark zahlt man jährlich für Versicherung. So hat jeder der beiden Eigentümer (Klaas ist Onkel Heins Sozius) für vierzehn Tage ununterbrochener Arbeit, Tag und Nacht, und das ganze Risiko kaum hundertfünfzig Mark. Und wieviel Mann sind schon in See geblieben?

X. Behandlung der Beute

Ist das Netz hochgezogen, wird die Ernte geschlichtet. Zu Füßen des schleimigen, schmutzigen und zuckenden Berges stellt man vier Behälter. Der erste nimmt Mattgut auf, Seezunge, Steinbutt und Tarbutt, Bottich Nummer zwei die größeren Schollen und Kabeljau, der dritte das »Schomom«, Schollen von weniger als einem Pfund, Scharben, Knurrhähne und Rochen. In Nummer vier, eine Kiste, fliegen die Kohlenstücke, die man mitgefischt hat und die sich nach ein paar Tagen zu Meterzentnern häufen; Taschenkrebse — sie haben aber gar nicht Taschenformat, sondern sind oft dreißig Zentimeter lang — faßt man bei den Hinterfüßen, bis zu denen die Scheren nicht reichen, und wirft sie in den Bünn, das offene Wasserbassin mittschiffs; bei Cuxhaven müssen wir sie allerdings, damit sie noch lebend auf dem Hamburger Markt um je einen Groschen verkauft werden können, in einen Korb packen, denn Trockenheit vertragen sie eher als Süßwasser.

Weitaus der größte Teil des Emporgezogenen ist unbrauchbar; Einsiedlerkrebse, Quallen, Sterne, Muscheln, Knochen, Holzstücke, durchlöcherte Körbe, Flaschen mit zerbrochenen Hälsen, morsche Stricke, verfaulte Säcke, zerschlissene Kleidungsstücke und vor allem die halbwüchsigen Exemplare der Butt- und Schollenwelt. Widerstandlos lassen sich die unverwendbaren Tiere mit der Hand oder mit der Schaufel aufnehmen, als wüßten sie, daß es ihnen nicht ans Leben geht. Ins Meer zurückgekehrt, schießen sie, die noch vor einer Sekunde so leblos auf Deck lagen, mit weitem Stoß davon. Eine halbe Stunde lang arbeitet der Spaten, um den Großteil dessen, was man dermaßen mühselig der See entrissen hat, der See wieder zurückzugeben.

Die Eingeweide schleudert man gleichfalls über die Bordwand – aber sie kommen nicht bis ins Wasser: Möwen umlungern unser Fahrzeug, Aasgeier des Ozeans, und schnappen das Futter im Fluge. Bevor man den Steinbutt in den zuständigen Bottich warf, hat er einen Messerstich an die Wurzel der Schwanzflosse bekommen, auf daß das Blut abfließe und das Fleisch weiß bleibe, nun werden unterhalb der Kiemen die Innereien herausgeschnitten. Groß ist die Leber und delikat – die meisten Konservenfabriken stellen Gänseleberpastete nicht aus Gänseleber, sondern aus Steinbuttleber her. Das ausgeweidete Herz eines Butts legen wir auf die Setborte, genau dreißig Minuten zuckt es noch regelmäßig. Geschlachtet wird auch die Seezunge, Galle, Blase, Leber, Herz und Darm fliegen möwenwärts. Von Schollen und Scharben spült man Schleim und Schlamm ab und bettet sie in flachen Kisten auf Eis. Im Gefrierraum wird alles geschlichtet. Über Deck klatscht das Wasser aus vielen Eimern, den Unrat beseitigend. Sechzig bis siebzig Minuten dauert normalerweise die Arbeit; da alle drei Stunden hochgezogen wird, hat man Tag und Nacht abwechselnd zwei Stunden Rast und eine Stunde Fron; einer der Matrosen bleibt als Wache am Steuerrad.

XI. Interieur

Die anderen stecken unten im Logis: Die Kombüse ist wie eine Kiste, gerade so groß, daß die Holzleiter stehen kann, und unter dieser »Stiege« der Herd. Angrenzend die Kajüte; sie hat vier Meter im Geviert, die Petroleumlampe schwelt, alte Stiefel und Kleider und Papiere dunsten, Küchengeruch dringt intensiv ein. Sechs Menschen schlafen und rauchen und priemen und spucken und essen und verdauen darin. Vier hölzerne Schränke mit luftdicht verschließbarer Tür, auf der die Namen des Fischers und seiner Ehefrau geschnitzt sind, dienen als Schlafstellen. An den Kojen der Bemannung ist ein Spruch: »Hier eben öberhin – Is besser als up'n Bünn.« Allerdings bleiben die Türen zu den Bettstätten meistens offen, und die Schiffer schlafen, indem sie die Beine mit den bis zum Schritt reichenden Stiefeln heraushängen lassen. Es lohnt sich nicht, sie aus- und wieder anzuziehen — in zwei Stunden ruft der Wachehabende sein »Reise, reise, intejn« hinab, und das heißt: aufstehen, aufstehen, einziehen. Zum Waschen ist keine Gelegenheit, so nötig man es auch hätte; Schlamm und Blut vom Sortieren und Ausweiden der Fische, Teer und Tran vom Ausbessern der Netze, Schmieröl und Ruß von der Bedienung des Motors haften an unseren Händen. Was tun? Meerwasser nimmt keine Seife auf und reinigt nicht, mit dem Süßwasser in der Tonne ist sparsam umzugehen! Außerdem bringt es Unglück, wenn man sich während der Fahrt wäscht, das weiß jeder Seemann.

Zum Ersticken dick ist die Luft im Logis, die Luke wird nicht geöffnet. Nur Muffigkeit bedeutet der Besatzung, nach zehn bis zwölf Stunden täglicher Arbeit in mehr als frischer Luft, vollkommene Traulichkeit (ähnlich wie sich der Bauer in eine verräucherte, dumpfe, niedrige Stube setzt oder in eine drükkende Last von Daunen bettet). Diese Überkompensation kommt auch in der Kleidung der Schiffer zum Ausdruck, zwei Trikots, einen Sweater und noch eine Islandjacke tragen sie, Wollschal um den Hals, Unterhose aus blauem Tuch, zwei Paar Wollstrümpfe, Seestiefel bis zu den Oberschenkeln, Anzug aus dickstem Stoff. So schlafen sie in den Federbetten der Koje, daß ihnen Schweiß aus allen Poren strömt, so roboten sie, noch um Flottenmütze oder Südwester bereichert, selbst bei Sonnenschein und Windstille, während eine Landratte barfüßig und barhäuptig und halbnackt auf Deck bleibt.

Gegessen wird gut, denn Arbeit und Seeluft machen hungrig und erfordern Kräfte. Um achtzig Mark wurde in Cuxhaven für die vierzehntägige Reise Proviant eingekauft, Speck, Erbsen, Butter, Kaffee, Salz, Kartoffeln, Salami und so weiter, aber schon vom dritten Tage an essen wir das, was wir erbeuten, gebratene Fische, Steinbuttleber, Krabbensalat, gebakkene Seezunge, so frisch bekäme man es an Land selbst zu höchsten Preisen nicht. Auch süße Speise gibt es manchmal, die ein hierherverschlagener Literaturausdruck »Frühlings Erwachen« nennt. Koch ist der fünfzehnjährige Schiffsjunge, der »Moses«, und er macht seine Sache ganz gut, obwohl uns zu wünschen wäre, es bestünde wenigstens für ihn eine Möglichkeit, sich zu waschen. Schlimm genug, daß sie für uns nicht vorhanden, wir müssen mit den Händen essen, und die Hände gleichen den Schollen, die wieder ihrerseits eine chromatische Anpassung an den Schlamm durchgemacht haben. Wasserklosett ist das Meer; als einziger Etikettefehler gilt es an Bord, auf die falsche Seite zu gehen, dorthin, woher der Wind kommt, weshalb man sich den Schüttelreim einpräge: Seeleute machen's auf der Leeseite.

Ist der Fischzug gut, ist die Laune gut. Man erzählt von den

goldenen Tagen des Spritwechselns, da die Kutter von den Schmugglern zur Fahrt nach Skandinavien gemietet wurden, wiederholt verdiente man massig Geld, wiederholt wurde man erwischt, der Bruder unseres Steuermannes hat sein Fahrzeug in einem norwegischen Hafen stehen, es ist beschlagnahmt. Einträglicher Fänge wird gedacht, nicht immer muß die Rentabilität von Fischen stammen, vor ein paar Wochen fand ein Blankeneser Ewer im Netz einen Totenkopf mit goldenem Gebiß und der Büsumer Krabbenfischer Thieß eine Menschenhand mit platingefaßtem Brillantring. Nahe von Norderney ist vor Monatsfrist ein Schiff gestrandet, das Goldbarren und Silberkisten nach Deutschland bringen sollte, für die Bergung bekamen die Norderneyer hunderttausend Mark. Mit Schiffbrüchigen hat man hier überhaupt viel zu tun; als bei Borkum-Riff die »Bulgaria« unterging, zogen die Finkenwärder Fischer mehr als fünfzig Leichen aus der Tiefe. Mannigfach sind die Gefahren: Im März nahmen Hamburger Seeleute einen Passagier mit, der die Mannschaft erschoß und den Kutter in England zu verkaufen suchte; in London wurde er verhaftet und hingerichtet. Seither ist man mißtrauisch, und unsere Schiffer sind von ihren Kameraden beschworen worden, mich nicht mitzunehmen; da wir Glück hatten, schönes Wetter und reichen Fang, lachen sie jetzt über diese Warnung.
Von Erlebnissen an Land, vom Jahrmarkt in Finkenwärder spricht man, streitet, welche Fischerkneipe der Nordsee den steifsten Grog serviert, und schickt den Schiffsjungen, wenn das Gespräch noch stärker abbiegt, aus der Kajüte, indem man ihn anschreit: »Mußt du jümmer touhören, wenn Vadder snackt?!« Manchmal vertreibt man sich die Zeit mit einem Spiel, das darin besteht, Worte wegzulassen aus dem Lied:

Unser Hans hot Büxen an,
Un die sinn bunt,
Er hat bannig Knöppe dran,
Und die sinn rund.

Keiner von den Fischern kann schwimmen, wofür sie sogar eine Begründung haben: Wenn man über Bord geschleudert oder schiffbrüchig wird, so könne man sich auf hoher See durch Schwimmen ja doch nicht retten, und der Versuch eines Kampfes mit den Wellen verlängere nur Verzweiflung und Todesringen. — Fast immer haben wir gefiederte Passagiere, Zugvögel, die auf ihrer Überquerung des Ozeans ausruhen oder ein Stück Weges fahren wollen, auf dem Steven sitzen sie, unter dem Bugspriet, oft vier bis fünf beisammen. Die beiden letzten Tage fischten wir mit leichtem Garn, den Schollennetzen, die die Gefangenen nicht beschädigen; nach je einer

Stunde wurde eingeholt, die Beute kam lebend in den Bünn, um noch lebend am St.-Pauli-Fischmarkt verauktioniert zu werden.
Am vierzehnten Tag morgens zogen wir den Korb vom Besanmast und wendeten heimwärts.

Eilige Balkanfahrt

Mai 1913

Hinter Szalaria, nahe der Serpentine Cattaro Cetinje, wo die Schuppen der Schmiede und der Fuhrleute (ihr Eselstall ist immerhin schöner als ihr Wohnraum) und der Häusler stehen, spielen schmierige Kinder mit Aloeblüten, mit Pyramidenglokkenblumen und mit wilden Rosen. Man fragt eines der kleinen Mädchen, möchtest du mir die Blumen geben, und ohne weiteres erhält man den Strauß, aber den Kreuzer, den man der Kleinen dafür reicht, will sie nicht nehmen, schaut scheu die Münze an, dann den Spender, dann die Spielgefährten, dann läuft sie schnell und freudig mit dem Geldstück davon. Kommt man nach einer halben Stunde desselben Weges zurück, lauern etwa dreißig Kinder, strecken Blumen entgegen, betteln und sind nicht abzuschütteln. Man hat sie mit dem Kreuzer verdorben – ein Miniaturbild der Politik, die die Großmächte auf dem Balkan betreiben.
Mützenkunde ist hier eine Wissenschaft. Türken sind ohne den roten Fez mit schwarzer Quaste nicht denkbar; die Kopfbedeckung der Kroaten ist der Pomigl'oro, ein flaches rotes Mützchen; Bosniaken sind am übermäßig hohen, quastenlosen Fez kenntlich; die Czernogorzen schmückt ein schwarzes flachzylindrisches Käppi mit rotem Deckel, auf dem goldgestickt die Initialen des Königs sind; der Fez der Herzegowiner ist von tief dunkelroter Färbung, und darunter, auf dem Scheitelpunkt, sitzt ein winziger »Tonsurdeckel« aus kahlem Lammfell; die Malissoren und die Miriditen krönt ein weißer Leinenfez. Verheiratete Montenegrinerinnen tragen ein schmuckes schwarzes Tuch, das aus ihrem Haarschopf über den Rücken rollt. Die Mädchen ziert ein schwarzrotes Mützchen mit Silberstickerei, und man sieht Greisinnen, die das Kopftuch nicht erworben haben, mit der koketten »Kapica« der Jungfrauen.

Zu den Märkten der dalmatinischen Städte kommen montenegrinische Frauen und Mädchen mit Eiern, Grünzeug, lebenden Lämmern, Reisigbesen und Holzbündeln. Sie stricken auf dem Weg über den Küstenkarst, sie stricken vor ihren Körben und setzen die Nadeln auch während des Feilschens und Verkaufens nicht außer Betrieb. Ein Arzt des Roten Kreuzes erzählt von einer Frau, die einen Abgrund hinuntergestürzt war und sich den Oberschenkel gebrochen hatte; trotz ihrer Schmerzen strickte sie bis zur Ankunft des Krankenwagens, strickte während der Fahrt ins Spital bis zum Beginn der Narkose.

Steigen auf den Hängen des Karstmassivs Nebelschwaden und über den Gipfeln wuchtige Wolken auf, dann wirkt die Bocche nicht mehr wie eine kitschige Ansichtskarte, die Adria nicht mehr wie ein süßlich-blaues Wässerchen, und es ist die beste Zeit zu einer Bootsfahrt. Durch Nebelrisse blitzen die Schneefelder des Pestingrad, die man von der Stadt aus nicht zu sehen vermag, zwischen Fjorden liegt schwarz und schwer das Wasser. Immerfort stößt des Schiffchens Kiel auf Scoglien, Felseninseln, daß die Planken zittern. Die wolkig verschwimmenden Bäume und Sträucher mit rauchenden Ranken und Zweigen verdecken die Küstenhäuser; wenn ein Lustschloß verfällt, wächst der Park um so wilder empor — die Häuser am Rande der See, die hier ein See ist, sehen alle wie solche morbide Sommerresidenzen aus. Fährt man hart am Ufer, wird dieser Eindruck bekräftigt durch prunkvolle Steinbalkone und Renaissanceplastiken auf brüchigen Fassaden. Die Festung mit ihrem putzigen Kampanile stammt gleichfalls aus der Venezianerära, einer Zeit, in der das Epitheton »gebieterisch« das ästhetische Moment mit dem strategischen vereinte. Einer Gondelpartie im Canale Grande gleicht dieser Teil der Meerfahrt. Aber nur Castelnuovo und Cattaro zeigen Spuren aristokratischer Vergangenheit, und die verschwinden an den Ortsgrenzen — der geflügelte Löwe und die marmornen Veduten verbergen sich unter simplen Firmenschildern der Krämer oder hinter der ausgehängten Wäsche armer Fischerfamilien. Elender sind die Bauten der modernen Zeit. Wo die Berge der Krivošije direkt in die Adria abfallen, stehen Dörfer auf steilem Bergrand und am Meeresrand zugleich. Morsche Bretterbuden. Als öffentliches Gebäude ist eine gebrechliche Hütte gekennzeichnet, die Tabaktrafik; außerdem ist sie »Prodeja pica i jediva«, Schnapsflaschen mit Gläschen sind auf dem Pult gruppiert, von den Balken der Decke hängen Tücher, Bürsten, Stricke und Besen und verdecken den Wirt, Kaufmann und Trafikanten. Rechts in der Ecke ein Tisch, an dem ein paar Soldaten sitzen — die Grenzgebirge stecken voll k. u. k. Truppen, hierhergeschickt, ihr Leben zu opfern, wenn Montenegro Skutari nicht herausgibt, wodurch das ausgezeichnet bewährte europäische Gleichgewicht das Gleichgewicht verlieren würde. Darüber sind sich alle Regierungen dieses so glücklich ausbalancierten Kontinents einig, die Soldaten jedoch von der hehren Mission durchaus nicht begeistert. Die hier in den neuen feldgrauen Monturen sitzen, an den papageigrünen Aufschlägen als Einundneunziger kenntlich, sprechen tschechisch. Befragt, wehklagen sie. So fern von Wrschowitz und der Kultur müssen sie ihr Dasein verbringen. Kein Kino, kein Bier, kein Mädel, fünf Tage nicht aus den Kleidern gekommen, sie schlafen in Zelten zwischen Dorfstraße und Meer, und die Wellen pinkeln manchmal nächtlings auf die Felsenmatratzen. Einer ist schon sieben Wochen von daheim fort, von Weib und Kind, Sorge plagt ihn und Eifersucht. »Jung ist sie und hübsch.« Maulesel suchen starrköpfig im kahlen Kalkboden nach Gras. Durch Fahnenschwingen telegrafiert ein Gefreiter, vom Grat signalisiert man die Antwort. Ein Infanterist hat den Kopf verbunden. »Bin in ein Drahthindernis gefallen. Ein Millimeter tiefer, und das Auge wär weg gewesen.« — »Dabei geht's uns noch gut. Sechs Stunden von hier, oben auf dem Kamm, sind Bataillonskameraden.«

Die Leute langweilen sich, sie lassen einen Besucher nicht gern fort. Will man wieder die Barke besteigen, so hört man Soldatenstiefel laufen, ein Offizier, ein Feldwebel und ein paar Infanteristen, Gewehr in der Balance, nahen, zwei Soldaten queren strategisch von der Landstraße ab, rennen diagonal auf das Boot zu und packen das Landungsseil. Einige Augenblicke später sind auch die anderen da. »Bitte, sich zu legitimieren.« Bitte, man legitimiert sich. »Worher kommen die Herren?« — Aus Cattaro. — »Und was haben Sie hier gemacht?« — Eine Spazierfahrt in der Bocche. — »Soso! In Zeiten der Kriegsgefahr macht man eine Spazierfahrt in der Bocche?« — Ja, man ist eben wegen der Kriegsgefahr da, Herr Hauptmann, man ist Journalist, wie aus der Legitimation hervorgeht. — »Pah, eine Legitimation kann man sich leicht verschaffen. Außerdem ist mir gemeldet worden, daß Sie sich auffallend benommen haben und Notizen gemacht.« — Gewiß, Herr Hauptmann, aber ein Spion wird sich doch nicht auffallend benehmen, am allerwenigsten Notizen machen. — »Davon habe ich andere Auffassungen. Sie werden mir ins Kommando folgen.«

Man ist gefangen, der Hauptmann ist froh, eine Abwechslung gefunden zu haben, und wenn's gut geht, das heißt, wenn der Häftling als Spion entlarvt wird, kriegt der Herr Hauptmann sicher einen Orden. Zum Unglück gibt es eine Feldtelefonverbindung mit Cattaro, das Militärkommando ist informiert, aus ist es mit der Gesellschaft, der Füsilierung und dem Militärverdienstkreuz.

Im Autobus, der von Cattaro nach Cetinje fährt, sitzt unter anderen ein siebzehnjähriger Junge, Serbokroat, Oktavaner eines dalmatinischen Staatsgymnasiums und Sohn eines k. k. Landesgerichtsrates i. R. Bei Ausbruch des Balkanbrandes ist er auf und davon, um im Krieg gegen die Türken – sein verkrüppelter Fuß erlaubte ihm nicht, als Soldat einzutreten – auf slawischer Seite im Roten Kreuz tätig zu sein. Er zieht eine Nummer der in Belgrad erscheinenden »Ratna Kronika« aus der Tasche, die seine Photographie mit der Aufschrift »Peter, Fürst Gucetić, ein slawischer Balkankämpfer aus Österreich« zeigt, Fürst? Ja, er entstamme dem Fürstengeschlecht aus der Zeit der Ragusaner Republik, über die von Beginn des fünfzehnten Jahrhunderts an bis zum Frieden von Campoformio ein venezianischer Comes herrschte. Die Slawen nannten diese Grafen »knez«, »Fürst«, in Österreich haben die Deszendenten nur das Recht zur Führung des Prädikats »Edler«. So besitze er alle Adelsgrade. »In Österreich darf ich freilich nicht mehr maturieren. Ich mache in Serbien das Abiturium, und nächstes Jahr studiere ich in Wien oder in Prag an der Universität weiter.« Das Automobil nimmt Benzin. »Ob es nur reichen wird«, besorgt der Chauffeur. Obwohl auf der Marina an hundert Benzinfässer liegen, darf er nicht mehr als vierunddreißig Liter mitnehmen, das Normalquantum für eine Bergfahrt. Österreich will in gespannten Tagen Montenegro nicht mit Benzin beliefern.

Die Fahrt geht über den Gorazdaberg, die dalmatinische Vegetation hört hinter Skaljari auf, und an ihre Stelle tritt wirres Steingetrümm, formlos und in mannigfaltigen Phantasiegebilden. Bald streckt ein Elefant seinen Rüssel aus, bald glotzt ein ungeheures Gesicht, bald kauert ein Embryo zwischen zwei Blöcken, bald scheint die Straße von Tierköpfen eingerahmt, bald spreizt ein überdimensionaler Adler auf einer Felsspitze seine Fittiche. Auf der Paßsperre St. Trinità, zweihunderteinundachtzig Meter hoch, flankieren aufgepflanzte Bajonette der k. k. Finanzer und Gendarmen das Auto, Revision, das ist aber nicht die Grenze, immer noch begegnet man österreichischen Patrouillen. Vom dunkelgrünen Hang des Vermatsch geteilt, liegt schräg unten die Cattariner Bucht mit ihren rotgedeckten Häusern und die Theodobai, bei der drei Kriegsschiffe nebeneinander ankern, flottendemonstrativ. Der Kirchhof von Skaljari ist von Zypressen umsäumt, die winzigen Kukuruzfelder am Ufer von plump aufgeschichteten Steinmauern – Schutz gegen das Wegschwemmen des Ackerbodens. Weinlaub klimmt auf Stöcken empor, bald wird Malvasier und Muskat geerntet, in Zisternen nach Frankreich gehen und von dort, auf Flaschen gezogen und mit »Bordeaux« vignettiert, in die ganze Welt. Zwiebelfelder und Olivenkulturen sind wie bunt angelegte Trapeze, Parallelogramme und Rechtecke.

Die vierundzwanzig Pferdekräfte rattern an kahlem, verwachsenem, durchrissenem, wildem Karst vorbei, die Steinflanken rechts gehören zum Lovčen. Sechshundert Meter hoch, an scharfer Biegung, ist das letzte österreichische Gebäude, »C. k. cestarska kuča«, das Wegeinräumerhäuschen, doch ist auch Mokka zu haben in winzigen Täßchen, die zur Hälfte von Kaffeesatz erfüllt sind, der Herd in Zimmermitte wird mit grünem Reisig geheizt, so daß dicker Rauch in der Stube lagert.

Kürzer werden die Windungen der Serpentine. Hinten, zwischen dunklen Karsttürmen, sieht man die bisherige Strecke wie einen Seidenfaden, in den Knoten geschlungen sind. Man befürchtet, daß das Auto ins Schlingern geraten könnte, worauf es unfehlbar in die hundert Meter tiefen Abgründe stürzen müßte. An besonders schroffen Kurven sind etwa vier Meter lange, niedrige Mauern errichtet, zwischen ihnen Prellböcke eingerammt. Hinab schauen wir auf den Vermatsch, in dessen Schutz sich die Garnison und die Schiffe bei Cattaro so sicher fühlten, dessen Forts uns am Anfang der Fahrt so imponierend hoch erschienen, tief unten liegt der Gorazda, von dem österreichische Steilgeschütze nach Cetinje zielen, und, mit freiem Auge nicht erkennbar, die Festungen San Giovanni di Cattaro und Spagnuala di Castelnuovo. Zu unseren Häuptern aber leuchtet ein Gletscher des Lovčenkammes. (Der Lovčen ist 1759 Meter hoch, der Vermatsch 789 Meter.)

Im Defilé zwischen Mrajanik und Lovčen verliert man das Meer aus dem Gesichtsfeld, an der Tafel, die in einer Höhe von 904 Metern die Grenze bezeichnet, jagt der Autobus ungehindert vorbei, kahles Land. Halt. Njegusch, die erste montenegrinische Stadt. Eine Stunde später sind wir in Cetinje.

Die Blockade hat Benzinmangel mit sich gebracht, und der Autoverkehr mit Rijeka ist eingestellt. Man wüßte nicht, was mit dem Vormittag anzufangen, die Sehenswürdigkeiten von Cetinje sind bald besichtigt, protzige Gesandtschaftspaläste – Wettrüsten der Architekten –, fensterlose, ebenerdige Häuser, der runde Klosterturm auf einem Felsen – wie gesagt, man wüßte nicht, wie man den Vormittag verbringen sollte, könnte man nicht den König besuchen. Links im Hochparterre des Konaks ist die Antichambre mit drei Ölgemälden, Leute warten, ein Adjutant sitzt beim Tisch, vor ihm liegt ein Bogen, in den Namen und Begehr jedes Audienzbewerbers eingetragen wird. Da man Journalist ist, muß man zuerst ins Ministerium des Äußeren. Das ist drüben im Regierungspalais – dem einzigen montenegrinischen Gebäude in Cetinje außer dem Königsschloß, das ein Stockwerk hat. Einige Zimmer sind als Lazarett eingerichtet, vor denen Verletzte und Angehörige der Patienten stehen. Eine Tür mit den Aufschriften »Kr. C. Ministarstvo unutrašnich diela« — »Ministère royal des affaires étrangères« öffnend, sieht man einen jungen Mann in roter Duschanka. Nein, er sei nicht der Minister, nur der Diener, aber er werde den Herrn Minister gleich holen. Was nicht wörtlich zu nehmen ist: Er bringt bloß den Ministerialsekretär Milo Ramadanovich, der vor allem dahin informiert, ein Interview mit dem König müsse noch am selben Tag der Kabinettszensur vorgelegt und im adressierten Kuvert dem Ministerium zur Expedition überlassen werden. (Das Land ist klein, und ohne diese Vorsichtsmaßregeln könnte ein Journalist europäische Verwicklungen hervorrufen, indem er das Königswort deutelt und verdreht. [Könnte er das nicht trotz der Zensur verüben, wenn er nach Österreich hinüberfährt und dort schreibt oder telegrafiert, wozu er Lust hat?]) Der Herr Ministerialsekretär begleitet zu Seiner Majestät. König Nikita geht im Audienzsaal, einem gebohnerten Salon mit Riesenvasen, auf und ab, ein mit grauem Bart auf Wange und Hals geschmückter dicker Herr, der in hellblauen Hosen, hellrotem, goldgesticktem Rock und roter Schärpe noch dicker wirkt, die Röllchen rund und von majestätischer Größe. Er ist trotz seiner siebzig und trotz der Korpulenz von großer Beweglichkeit. Während des Gesprächs zieht er eine silberne Dose aus der Bauchbinde, in welchem Augenblick der an der Wand stehende Adjutant mit einem Feuerzeug herbeispringt. Kaum daß der Ministergehilfe den »Novinar iz Praga« präsentiert und dieser seinen Wunsch, »d'accepter un recueil authentique de la situation . . .«, vorgebracht hat, beginnt der König in lautem Ton und mit lebhaften Handbewegungen zu erklären, Montenegro könne Skutari unmöglich herausgeben, niemals, der Zugang zum Meer sei die einzige Existenzmöglichkeit des Staates, der Bojanafluß sein Lebensnerv, und der gelähmt, bliebe das Ostufer albanisch. Die Bojana und der Skutarisee seien für Montenegro und den ganzen Welthandel absolut wertlos, wenn sie nicht in der Hand einer zivilisierten, christlichen Nation wären, sondern in der der wilden Albaner. Dadurch würden die Balkanwirren nur eternisiert, denn man vermag die montenegrinischen Wünsche nach Erfüllung dieses lebenswichtigen Anspruches niemals zu unterbinden. »Die Mächte sprechen von Prestige, aber niemand bedenkt, daß das Königreich Montenegro auch ein Prestige zu wahren hat. Wir haben in unserem Kriege gegen die Türken die Stadt unter furchtbaren Opfern erobert und können sie trotz Demarche der Großmächte, trotz Flottendemonstration und Blockade nicht herausgeben, um keinen Preis der Welt.« Der Interviewer wagt zu fragen, ob nicht eine Rekompens möglich sei, aber Se. Majestät erwidert, energisch im Ton, diplomatisch im Wortlaut: »Montenegro hat alle Versuche, sich durch eine Entschädigung abfinden zu lassen, weit zurückgewiesen. Es gibt keinen Ersatz für Skutari.« Das ist Nikitas letztes königliches Wort, er wendet sich um, er will dem Interviewer nun einmal Skutari nicht abtreten. Der geht zum Ausgang, Se. Majestät besinnt sich, ruft ihm »Na zdar!« zu und lacht glücklich, weil ihm der tschechische Gruß eingefallen ist. Am Nachmittag erhält man die Einladung zur Hoftafel, am Abend wohnt man ihr bei, aber sie verläuft schmerzlos. Birnensuppe, Hammelbraten mit Sauce tatare, Torte, Eis und Mokka, der König bleibt nur eine halbe Stunde, es sind noch zwei Ministerialbeamten beigezogen, zwei Konsuln, die vor der Belagerung Skutaris geflüchtet waren und nun zurückkehren, und ein höherer türkischer Funktionär, der bei der Eroberung Skutaris gefangengenommen und jetzt freigelassen wurde.

Am nächsten Morgen liefert man das Interview dem Ministerialsekretär ab, der es ins Nebenzimmer trägt — wahrscheinlich zum Referenten für österreichische Angelegenheiten. Nur einige formale Korrekturen sind zu machen, zum Beispiel die Ichform des Königs in »der montenegrinische Staat« zu ändern und der Name »Skutari« durch »Skadar« zu ersetzen. Doch ist das Manuskript erkennbar kopiert, und man hat den Durchschlag vorzulegen, damit auch dieser richtiggestellt werde. (Als ob man nicht jenseits der Grenze jeden Zensurstrich öffnen könnte!)

Der Autoverkehr ist noch immer eingestellt, ein Wagen nicht aufzutreiben, und man muß zu Fuß nach Rijeka, an die Ostseite Montenegros. Nach kaum dreiviertelstündigem Marsche ist man auf dem Belvedere, einem Hügel, von dem aus sich ein weiter Prospekt ostwärts erschließt. Schilfumstanden und mit Wasserpflanzen übersät liegt der Skutarisee da wie ein ungeheurer Sumpf, die Firne der albanesischen Berge dahinter brennen in Weißglut, ihrem Namen Ehre machend, das ist nicht mehr die düstere graugrüngraue Höllenwirkung des Karstes, das ist Alpenlandschaft. Noch vier Stunden dauert es, bevor man, nach kurzer Einkehr in die grottenartige Behausung einer weinkredenzenden Hexe, im Abenddämmer in Rijeka ankommt, begleitet von Schüssen, die aus unmittelbarer Nähe abgefeuert werden und von den Felsen zehnfach widerhallen; montenegrinische Burschen machen mit Militärgewehren und -patronen Jagd auf »uklevy«, kleine Fische.

Die Umgebung Rijekas ist beinahe tropisch, Maulbeer, Quitte, Granatäpfel und Feigen betäuben geradezu durch ihr Parfüm, weit ausladend ist das Gerank. Aber die Stadt! Albanesisch, schmutzig, schief gebaut, gebrechlich. Wenn Skutari Skadar wird, muß dieses Nest aufblühen, denn es liegt in der Mitte des Weges zwischen Cetinje, der Metropole, und Skutari, der größten Stadt, ist der Umschlagsplatz zwischen Skutarisee und dem Landweg nach Europa. Um so trister ist Rijekas Gegenwart, und eines der ärgsten Häuser ist das Hotel, sein Äußeres straft das Innere nicht Lügen. Dort übernachtet man.

Jäh verschwindet jeder Gedanke an individuelle Beschwer vor dem kumulativen Jammer jenseits des Sees, vor dem Elend der Stadt, die belagert war und nun erobert ist, über die der Hunger herrschte und noch immer herrscht, trotz aller Fruchtbarkeit des Wilajets. Vierhundert Erwachsene und zweihundert Kinder starben während der Zernierung an Hungerödem. Jetzt dürfen Maulesel aus Buschati wieder Kukuruz heranschleppen, Schiffe bringen in geflochtenen Käfigen Ferkel aus Altmontenegro, ohne Kanonenschüsse vom Tarabosch fürchten zu müssen. Doch noch immer bettelt kreidebleich, zu Gebein abgemagert, schlotternd, wankend, lallend, groß und klein um einen Bissen Brot. Werden ihnen ein paar Para zuteil, dann galvanisieren sich die Knochen und tappen zum Fenster, wo Brot zu haben ist, für einen Piaster ein Stück aus schwarzem Mehl und so klein, daß man es mit zwei Fingern umspannen kann. Wehe dem Philanthropen — ein Totentanz umwirbelt ihn, jeder, jeder hat Anrecht, das entschiedenste »Hadasch« genügt nicht zur Abwehr, die Makabren berühren den Wohltäter mit ihren Fingerknochen, starren aus gläsernen Augen, weichen nicht von seiner Seite.

Es gibt Mehl und Schafkäse, doch das montenegrinische Militär, das sich in immer stärkeren Massen zusammenzieht, ißt es auf und treibt die Preise in die Höhe, die Soldaten haben lange nichts anderes als die Ration bekommen, ein Kilogramm Brot, zweihundertfünfzig Gramm Reis und Bohnen. Zigaretten sind billig.

Am bejammernswertesten sehen die Hunde aus, die hier, wie in den meisten Städten des Orients, herrenlos vor den Türen lungern. Sie mögen auch früher nicht wohlgepflegt gewesen sein, aber nun durchdringen ihre Rippen das räudige Fell, lethargisch, unempfindlich gegen Tritte liegen sie auf dem Bürgersteig, suchen im Straßenschmutz Nahrung, und begegnen einander dort Hund und Hündin, so beschnuppern sie sich nicht einmal . . . Oft sitzt ein Mensch zwischen den Hunden, den Rücken an eine Häuserwand gelehnt, kraftlos.

Die Kabinette aller Großmächte verhandeln wegen Skutari, marschieren und demarchieren, blockieren und mobilisieren, demonstrieren und konferieren, statt mit hundert Waggons

Mehl die Stadt der Hungersnot zu entreißen, die einzig mögliche europäische Politik zu machen! Geringschätzig schaut man auf den Balkan von jenem furchtbareren Balkan, der Europa heißt.

Der Häuserbau in Albanien steht auf niedriger Stufe — eine einzige Granate genügt zum Einsturz zweier Häuser. Fast neuntausend Artilleriegeschosse wurden in die Stadt gefeuert. Manche Straßen erinnern an Pompeji. Nur die untersten Mauerreste sind geblieben und sagen, hier stand ein Gebäude, hier wohnten Menschen, nun irren sie obdachlos und hungernd und ohne Habe umher und gehen abends im steinigen Inundationsgebiet des Kir zur Ruhe. Die Häuser, die an die zusammengeschossenen grenzen, zeigen dermaßen bedrohliche Risse, daß man sich unwillkürlich auf die andere Seite der Straße drückt. Die große katholische Kirche liegt halb in Schutt und Trümmern, von den Lufterschütterungen des Bombardements zersplitterten alle Fensterscheiben und bunten Glasmosaiken über den Torsegmenten.

Mäntel von Schrapnellen und Granaten sind beliebtes Kinderspielzeug. Den Tisch, an dem man sein Abendbrot, Eier und Schafkäse, verzehrt, »schmücken« braune Geschoßmäntel als Vasen, Schwertlilien stecken darin.

Diplomaten kommen an, man diskutiert die Balkankrise, von Tag zu Tag verdichtet sich das Gerücht von der Neutralisierung Skutaris, bald wird auch bekannt, daß der König bereits in die Abtretung gewilligt habe und daß die Übergabe der Stadt an ein internationales Detachement noch in diesem Monat vollzogen wird.

Am 25. Januar griechischen Kalenders, das ist am 10. Februar dieses Jahres, hatten die Czernogorzen auf dem Bardanjol, der Hügelkette nördlich von Skutari, nach dreitägigem Kampfe zwei Positionen der Türken eingenommen, die Montenegriner geben zweitausendfünfhundert Tote und Verwundete an, von den Truppen Hassan Rizas fielen viertausend. Seither sind drei Monate verstrichen. Auf den eroberten Flächen haben die Sieger Zelte aufgestellt, Abteilungen, Wachen und Patrouillen hüten den Berg.

Die Straße Domus-Bazar entlang vor die Stadt, am katholischen Kirchhof vorbei. Bis hierher hat sich Skutari nicht ausgedehnt, denn dieses Terrain setzt der See alljährlich unter Wasser. Flache, glatte Steine und Sand markieren das unendliche Inundationsgebiet. Der schmale Schienenstrang der Rollbahn ist ein sicherer Wegweiser. Am Horizont übergeht der Sand in glitzerndes Silber, später erkennt man den Fluß, der die kahle Landschaft durchströmt. Eine Holzbrücke führt über den Kir, vor dem weißen Schilderhäuschen ist eine Wache postiert. Soldaten waschen mit nacktem Oberkörper ihr Hemd und breiten es zum Trocknen aus. Hinter Gehölz, dessen Boden mit gigantischem Farnkraut überwuchert ist, ein kahles Plätzchen: die erste Spur des Kriegslagers, verkohlte Holzscheite, ein kreisrunder Abdruck im Boden, vom Kessel einer Feldküche stammend. Wenige Schritte weiter der Schützengraben. »Graben« ist nicht das richtige Wort, »Schützenschlucht« sollte es heißen; in die braunroten Felsen haben Hacken einen Riß gekerbt, hoch genug für einen aufrecht stehenden Mann. Mit dem geförderten Steinmaterial wurde die Deckung maskiert. Zwei, drei Kilometer lang ist die künstliche Böschung, Steinsäcke zum Auflegen der Gewehre, tausend an der Zahl, sind von Schüssen versengt. Von zwanzig zu zwanzig Meter ist in den Schützenverhau eine Hütte gegraben, Unterstand für die aus der Schwarmlinie abgelösten Türken. Diese Festung überkletternd, erklimmt man die Hänge des Bardanjol. Überall die verfitzten Stacheldrahtrechtecke, die man entlanglaufen muß. Zur nächsten Position. Welch furchtbares Feuer hat hier gewütet! Der Fuß stapft in einem Meer von Kartons, Emballagen der Patronenmagazine. Bei jedem Schritt klirren Metallhülsen, mattglänzende, an der Spitze platt gedrückte Bleikörperchen liegen auf der Erde, die Gewehrgeschosse von drüben.

Zerfetzte Monturstücke, zerbrochene Hufeisen, durchlöcherte Brotsäcke, eine Spitzhacke, ein Tornisterfell, eine abgebrochene Bajonettspitze, schmutzige Tücher, Patronentaschen, Papiere, Stiefelsohlen, Stiefel und immer wieder Patronenhülsen und Patronenverschläge. Das Erdreich ist halbkugelförmig aufgewühlt, die Sträucher und Gräser und Farnkräuter verbrannt: Aufschlagstelle einer Granate. In den Gräben lagert noch Schweißgeruch der Soldaten. Vergeblich wirbelt man in krampfhaften Zügen Zigarettenrauch empor. Bremsen, Fliegen und Hummeln durchschwirren ihn, als wäre er blauer Äther. Pferdekadaver strecken gebleichte Knochen von sich, die braunen Fellfetzen bewegt der Windhauch, der, selten genug, vom See zum Bardanjol streicht.

Ein Posten, barfuß, tritt aus dem Schilderhaus, sein Hemd gelb von Alter und Schmutz, die Kleider zerrissen, das Gesicht mit Tüchern umwickelt. Von früh bis abends steht er Wache, wohnt hier, ein besonders armer Schlucker von Soldat, den man nur zu solchem Dienst verwendet. Vielleicht hat er den Posten für andere bezogen, die ihm einige Para bezahlen. »Du bist verwundet?« fragt man ihn wegen seines bandagierten Kopfes. — »Nein, das schützt mich bloß vor den Mücken.« — »Und was bewachst du?« — »Die Mitrailleuse da.«

Aus gehackter Grube lugt die Mündung einer alten Gewehrkanone, ein zweiter Unterstand, mit Wellblech gedeckt, diente als Munitionsdepot und Aufenthaltsort für den feuerleitenden

Offizier und die Bedienungsmannschaft; hoch aufgeschichtet noch volle Geschoßverschläge. Links die letzte Artilleriestellung der Türken, vier moderne Kanonen, Lafetten und Rohre, hinter Verkleidungen aus Rasen und Erdwerk geborgen. Wattestücke liegen umher, die sich die Artilleristen bei dem mörderischen Krachen in die Ohren gestopft hatten.

An dem Felsen lehnt mit gebrochenen Holmen eine Tragbahre aus rotem Tuch. Aus rotem Tuch? Näher tretend sieht man, daß die Imprägnierung unregelmäßig ist, es ist geronnenes Blut. Krähen und anderes Gevögel kreist bodennahe. Eine halbverfallene Kuča hat tausend schwarze Punkte im Mörtel — Löcher der Gewehrprojektile.

Der Dunst ist nicht auszuhalten. Nur schnell vorwärts. Man stößt auf einen menschlichen Körper. Sein braungrüner Fez ist aus der Stirn gerückt, leere Augenhöhlen eines Kopfskeletts, über das sich wirre Haare schatten, starren ins Nichts. Da noch einer, auf dem Rücken liegend, die Knochen der Arme emporgereckt. Und dort wieder einer mit verkrampften Händen, und wieder einer, und wieder einer. Dann ein totes Pferd, daneben zwei tote Menschen.

In die Sträucher blinzelt ein Wässerchen. Ein toter Türke staut die Strömung; die Wellen spielen mit den losen Knochen, deren viele schon fortgeschwemmt sind.

Der Wachposten zeigt ein Massengrab seiner Waffenbrüder, von einer Steinplatte gedeckt. Ein niedriges Grabmal nennt in kyrillischen Lettern einige Namen. Der Pestgeruch der herausdringt, ist stärker als der um die Unbestatteten.

»Warum begrabt ihr nicht auch die Türken?« — »Was kümmern uns die? Haben sie unsere Toten begraben?«

Czernogorzen aus dem Zeltlager füllen ihre Feldflaschen und trinken vom Wasser des Bächleins, das oben an der Türkenleiche zerrt.

Im Wigwam Old Shatterhands

Der Grund für den Sturm moralischer Entrüstung, der sich in der Gerichtssaalrubrik erhoben hatte und von dort unaufhaltsam durch Feuilleton und Leitartikel fegte, war dem Kenner journalistischer Gepflogenheit ersichtlich. Karl May war ohne Mitwirkung der Kritik, ohne Zeitungsreklame Haupt einer vieltausendköpfigen Lesergemeinde, zu ihrem Heros und zu einer populären und allgemein interessanten Persönlichkeit geworden, und jeder aktuelle Anlaß zur Stellungnahme mußte gegrüßt sein. Hätte er einen Literaturpreis bekommen, so wären persönliche Reminiszenzen, Biographien, Beweihräucherungen erschienen, da er im Gerichtssaal eine Schlappe erlitt, wurde eben Empörung geboten, um so leichter zu motivieren, als Karl May ja, weiß Gott, keine literarisch ernst zu nehmende Gestalt darstellte. Dabei schien es klar, daß von den gegen ihn erhobenen Beschuldigungen die meisten nichts als geschickt propagierte Mache bedeuteten und überdies verjährte Delikte behandelten.

Erstens: Karl May habe niemals die beschriebenen Länder gesehen, und alle seine Erlebnisse seien erfunden! — Bereits als vierzehnjährige Karl-May-Fanatiker hatten wir nicht eine Minute geglaubt, daß Old Shatterhand wirklich jahrzehntelang in den Prärien des Arkansas, in den Schluchten des Balkans, am Rio de la Plata, im Reiche des Silbernen Löwen und so weiter und so weiter sich herumgetrieben, Bären, Löwen, Tiger, Elefanten und Büffel gejagt, Länder entdeckt, Indianerstämme gefangen, durch den Hieb seiner Schmetterhand Menschen betäubt, die wildesten Hengste zugeritten, Tausende übermenschlicher Abenteuer siegreich bestanden und nachher noch Zeit gefunden habe, vierzig dickleibige Bände, abgesehen von den Romanen im »Guten Kameraden«, zu schreiben.

Zweitens: Mays Doktorat sei erschwindelt. — Auch das war uns schon knabenweis immer ganz selbstverständlich gewesen: daß er sich diesen Titel ebenso beilege wie den des Kara ben Nemsi oder des Old Shatterhand. Sogar noch selbstverständlicher, denn über seine Hochschulzeit hatte er in seinen Büchern niemals etwas ausgesagt.

Drittens: Er habe seine Frau ohne Unterstützung gelassen. — Das war eine Privatangelegenheit, die das Publikum nichts anging, obwohl man zugeben muß, diese Beschuldigung hätte uns in der Jugend am meisten verblüfft, da »Emmeh« in den Romanen als das Ideal einer geliebten Frau geschildert war.

Viertens: In seinen Erstlingsbüchern seien frivole Stellen enthalten. — Diese Romane, verschollen, stehen nicht in Zusammenhang mit dem Erfolg Mays, den hatten die Fehsenfeldschen Bände erzeugt, und diese strotzen so sehr von moralischem Gesalbader und Frömmigkeit, daß selbst allfällige wüsteste Pornographie von Jugendwerken dadurch reichlich wettgemacht ist.

Fünftens: Er sei ein Plagiator. — Eine vollkommen unhaltbare Behauptung. Denn im Grund war überhaupt keine Handlung in diesen dicken, atemlosen Büchern, ihre Spannung wurde, billig genug, durch die Masse der Gegner, die Schnelligkeit von Flucht und Verfolgung, die Unbesiegbarkeit des Helden

und durch den Zauber exotischer Namen (»Phantasie«) errregt, und diese Elemente wiederholten sich ununterbrochen, so daß May nur ein Plagiator seiner selbst sein konnte. Die Parallelität einer kleinen Novelle Gerstäckers (ein Fluch, der sich erfüllt) mit einer Mays war übrigens den Mayanern bekannt, ohne daß wir dieser Tatsache Bedeutung beigelegt hätten.
Sechstens: Karl May sei ein berüchtigter Räuberhauptmann, Zuchthäusler, Gewalttäter und Erpresser. — Das war zu absurd, um erfunden zu sein, aber da May doch als einer der produktivsten Schriftsteller weder Geldnot noch Zeit zu Verbrechen haben konnte, mußten die Delikte mindestens vierzig Jahre zurückliegen (um so niederträchtiger der Vorwurf) und schienen übertrieben charakterisiert zu sein.
Das waren sie allerdings nicht. Das Material, das mir für große Summen — die Karl-May-Kampagne war eine Industrie geworden — zum Abdruck angeboten wurde, gab darüber Auskunft. Ich kaufte es um so weniger, als ich mich bereits auf die Seite Mays gestellt und ihm meine publizistische Hilfe angeboten hatte, die er mit Freude annahm. Dennoch kann nicht geleugnet werden, daß die Gerichtsakten als Beitrag zur Psychologie des schriftstellerischen Schaffens bedeutsam, ja sensationell sind. Für den Fall Karl May beweisen sie: Er verdankte den außerordentlichen Erfolg seiner Bücher einer so außerordentlichen Hemmungslosigkeit, daß sie im bürgerlichen Leben nur als kriminell gewertet werden konnte, und er war kein gewöhnlicher Bramarbas, sondern wirklich ein Mann des Abenteuers, das aus dem Tätlichen ins Verbale verdrängt, also innerlich echt war. Wie sehr die den heidnischen und mohammedanischen Milieus aufgesetzten Predigten von Moral und Ehre dazu dienten, eine verkrümmte Lebenslinie geradezubiegen, indem sie auf die andere Seite geneigt wurde, liegt klar zutage. May führt diese Überkompensation auf sittliche Läuterung zurück, die ein katholischer Anstaltskatechet bei ihm, dem Lutheraner, bewirkt hat, doch wird die Tatsache, daß die erfundenen Abenteuer das genaue Komplement der erlebten sind, aus den Akten ersichtlich. Einige Proben daraus können veröffentlicht werden, ohne daß jemand es wagen wird, sie zu einer Herabsetzung Mays zu verwenden, der nach diesen Taten mehr als vierzig Jahre lang an seinem schriftstellerischen Œuvre gearbeitet hat, so gut er konnte.

Fasz.-Nr. 80 436 *Kgl. Polizeiamt Leipzig.*
20. März 1865.

Mit heutigem Tage zeigt Herr Hermann Hennig, im Geschäft seiner Mutter, der Witfrau Johanna Hennig, Essigfabrikantin, Thomaskirchhof 12, an: Nachmittags gegen drei Uhr sei zu seiner Mutter ein junger Mann gekommen, circa 25 Jahre alt, blasses Gesicht, blondes halblanges Haar, ohne Bart, circa 73 Zoll groß und von schlanker Statur, bekleidet mit brauner Tuchtwine, grauen Hosen und einer Deckelmütze, und habe sich mit Frau Hennig sofort über ein Zimmer, das dieselbe zu vermieten und heute im Tageblatt annonciert hatte, geeinigt. Kurz darauf habe der junge Mann, der sich »Noten- und Formenstecher Hermin« nannte, eine Geldtasche in den Kleiderschrank gehangen und sich entfernt. Circa dreiviertelfünf Uhr sei der angebliche Hermin wieder nach Hause gekommen, und kurz darauf habe ein Kürschnerbursche einen Biberpelz gebracht. Der Kürschnerbursche sei in die von Hermin gemietete Stube gegangen. Nach ungefähr einer halben Stunde kam der Kürschnerbursche ins Nebenzimmer und fragte, wo der Käufer des Pelzes sich aufhielte, er lasse ihn schon so lange warten. Man habe nun den Hermin gesucht, denselben jedoch nicht gefunden, augenscheinlich sei derselbe mit dem Pelz, den er seinen Wirtsleuten zu zeigen angegeben, sofort die Treppe hinuntergelaufen, und habe auch die Stube nur zu dem Zwecke gemietet, um den Betrug ausführen zu können.

Der gleichzeitig miterschienene Kürschnergehilfe Otto Erler hat den angeblichen Hermin genau so, wie oben bemerkt, beschrieben und dazu bemerkt: Derselbe sei heute nachmittags in das Geschäftslokal, wo nur Erlers Mutter anwesend gewesen, Brühl Nr. 73, gekommen, habe einen Biberpelz mit Biberfutter und desgleichen Aufschlag und schwarzem Tuchüberzug für 72 Taler gekauft und den Auftrag gegeben, den Pelz in seine Wohnung bei Frau Hennig zu tragen. Dies habe Erler junior auch getan, habe den angeblichen Hermin angetroffen, demselben den Pelz übergeben und nun auf die Zahlung gewartet. Hermin sei damit zur Stube hinausgegangen, um den Pelz seinen Wirtsleuten zu zeigen, jedoch nicht wiedergekommen.

Die Geldtasche, die der Fremde in den Kleiderschrank der Frau Hennig gehangen, hat derselbe, auf welche Weise, ist unbekannt, wieder an sich und mit fortgenommen. — Die Polizei hat das Leihhaus und die Pfandleihen benachrichtigt und ersucht, den Pelz gegebenenfalls festzuhalten.

Kgl. Polizeiamt Leipzig.
21. März 1865.

Früh nach acht Uhr ist vom Leihhause gemeldet, daß ein Biberpelz von Frau Beyer, Hallesche Straße 5, zum Versatz gebracht und letztere angehalten ist. Auf Vorlegen hat Herr Kürschnermeister Erler den Pelz als denjenigen anerkannt, den

gestern nachmittags seine Ehefrau an den beschriebenen jungen Mann verkauft habe. Frau Beyer hat, befragt, angegeben, daß gestern nachmittags nach fünf Uhr ein junger Mann, einige zwanzig Jahre alt, schlank, ohne Bart, mit blassem Gesicht, bekleidet mit schwarzem Rock und schwarzseidener Mütze, der im Halstuch zwei Stecknadeln getragen, zu ihr gekommen sei, ihr den fraglichen Pelz zum Versatz im Leihhause überbracht und, da sie ihm gesagt, daß sie den Versatz erst am nächsten Tag vornehmen könne, vorläufig Zahlung von zehn Talern verlangt habe. Diese Summe habe sie dem Fremden, der sich »Friedrich« genannt, nach Rücksprache mit ihrem Ehemann auch gegeben, worauf sich der angebliche Friedrich entfernt und am folgenden Tag das übrige Geld vormittags um neun Uhr abholen zu wollen erklärt habe.
Der Wachtmeister Lindner hat sich sofort mit Polizeidiener Krug in die Wohnung der Beyer verfügt, um den Fremden, wenn er sich einfinden würde, in Beschlag zu nehmen. Der Fremde hat sich jedoch weder um neun Uhr noch später bei Frau Beyer wieder sehen lassen.

27. März 1865.

Gestern nachmittag um drei Uhr hat Frau Beyer, Hallesche Straße 5, hier melden lassen, daß ein Packträger soeben unter Überreichung des Zettels (folgt Sub 1 bei) Zahlung desjenigen Betrages verlangt hat, welchen sie nach Gewährung der zehn Taler von dem beim Leihhaus verlangten Pfandbetrag für den Pelz noch übrig habe, sowie daß der Packträger (Karl Heinrich Müller, Thomaskirchhof 10) in ihrer Wohnung warte. Die sofort dahin abgegangenen Polizeidiener Bentner und Wolff haben den Packträger in der Beyerschen Wohnung nicht mehr angetroffen und von Frau Beyer erfahren, daß ihr Mann mit demselben in das Rosental gegangen sei, um denjenigen, der dem Packträger den Auftrag zur Abholung des Geldes gegeben habe und an gedachtem Platz auf Rückkunft seines Boten habe warten wollen, festzuhalten.
Die Diener Bentner und Wolff haben sich nun eiligst in das Rosental begeben, sind dort kurz nach dem Packträger und Herrn Beyer eingetroffen und haben einen fremden Mann, mit dem der Packträger, nachdem er von jenem zur Abgabe des Geldes in das Gebüsch gerufen worden ist, gerungen hat, ergriffen und nachher mittels eines Fiakers hierhertransportiert. Bei dem Ringen mit dem Packträger, der anfänglich sich gestellt hat, als ob er das Geld bringe, und so dem Fremden ganz nahe gekommen ist und ihn nun gepackt hat, ist dem Fremden *ein Beil* (folgt Sub 2 bei), welches derselbe bei sich geführt hat, unter dem Rocke vorgeglitten. Der Arretierte ist

anfänglich ganz regungslos und anscheinend leblos gewesen und hat auch, nachdem der Polizeiarzt herzugerufen wurde, nicht gesprochen und erst später angegeben, daß er Karl Friedrich May heiße, in Ernstthal heimatberechtigt und dort Lehrer gewesen sei und seit dem 28. Februar dieses Jahres in Gohlis, anfänglich bei Hausbesitzer Wilhelm Damm, Mökkernsche Straße 28 b, dann aber bei dem Stahlstecher Schule, in dem nämlichen Hause wohnhaft, gewohnt habe.
Das Beil ist Eigentum des gedachten Schule, im Besitz Mays gewesen und von demselben gestern mit zur Stadt gebracht worden. Bei einer Visitation in der Wohnung Mays hat man die Umhängetasche desselben (folgt Sub 3 bei), den Heimat- und Verhaltschein (Sub 4/5), einen Verhaltschein des Ortsgerichtes zu Nauslitz (Sub 6) aufgefunden.
May ist gestern nachmittag aufgehoben worden. Er hat die Schriftstücke Sub 7—13 samt dazugehörigen Kuverts, einen Pfandschein des Pfandleihers Bitterlich (Sub 14), zwei Zettelchen, Adressen von hier und Dresden enthaltend (Sub 15 und 16), ein Portemonnaie mit 20 Pf., drei Münzen und einem unechten Ring (Sub 17), ein Rasiermesser (Sub 18) und einige Toilettegegenstände, Bleistift pp. (Sub 19) bei sich gehabt.
Heute früh ist May sowohl Herrn Hermann Hennig als Frau Friederike Erler, geb. Krumbach, vorgestellt und von beiden als der Ermieter des Logis bei Frau Hennig bzw. der Käufer des Biberpelzes anerkannt worden. May hat auch eingeräumt, daß er sich auf die Fol. 1 angegebene Weise den Pelz des Herrn Erler zu erschwindeln gewußt habe. Ferner ist derselbe auf Vorhalt, daß er der im Gendarmerieblatt Band X, Stück 50, Seite 291, Nr. 19, aufgeführte Unbekannte sei, welcher sich in Chemnitz auf betrügerische Weise zwei Pelze von Bisam und zwei Frauenpelzkragen im Dezember vorigen Jahres erschwindelt habe, nicht in Abrede zu stellen imstande gewesen, daß er in Wahrheit der dort aufgetauchte Seminarlehrer, welcher sich Ferdinand *Lohse* genannt habe, sei. Die betr. Requisition wird beigelegt.
May ist nicht über Leipzig gekommen, hat vielmehr seiner Angabe zufolge die beiden Pelzpelerinen an ein ihm unbekanntes Frauenzimmer für sechs Taler in Freiberg, den neuen Pelz für zwanzig Taler an den Gutsbesitzer Fickler in Nauslitz bei Dresden verkauft und den älteren Pelz für fünfzehn Taler in Dresden versetzt, angeblich auf dem Sub 14 beigefügten Pfandschein.
Ferner hat May auf Vorhalt auch eingeräumt, daß er der im Gendarmerieblatt Band X, Stück 7, Seite 42, Nr. 22, Seite 92, Nr. 17, und Seite 123, Nr. 23, gesuchte, in Penig aufgetauchte Betrüger, der sich med. *Heilig* genannt hat, sei.
Seiner Angabe zufolge hat er den erschwindelten Winterüber-

zieher und die Weste noch (die Beschreibung paßt genau auf diese beiden Kleidungsstücke) und will den andern Rock und die beiden Paar Beinkleider, nachdem er diese Kleidungsstücke einige Zeit getragen, an einen ihm dem Namen nach nicht bekannten Trödler in Chemnitz für fünf Taler verkauft haben.
Das Beil will May deshalb bei sich geführt haben, um es in Leipzig schärfen zu lassen. (Sonntags!)
Schließlich wird noch erwähnt, daß der frühere Logiswirt Mays, Herr Damm, angezeigt hat, daß ihm aus seinem unverschlossenen Kasten, der in der Schlafkammer Mays gestanden, zwei Stück Shirting, $^{6}/_{4}$ Ellen breit und je 6 bis 8 Ellen lang, verschwunden seien. Diesen Diebstahl stellt May beharrlich in Abrede.
Für diese Delikte wurde Karl May vom Bezirksamt Leipzig zu Arbeitshaus in der Dauer von vier Jahren und einem Monat verurteilt, welche Strafe er am 14. Juni 1865 antrat; nach erfolgter Begnadigung wurde er am 2. November 1868 entlassen. Kaum anderthalb Jahre später wird er in Tetschen an der Elbe von neuem festgenommen – er hatte unter dem Namen Alwin Wadenbach aus Orby in den böhmischen Wäldern des Erzgebirges (wo er schon früher mit dem Banditenhauptmann Napoleon Krüger ein Räuberleben geführt hat) verschiedene Delikte verübt, war verhaftet worden, ist aber entsprungen.
Am 13. April 1870 ergeht vom Kgl. Bezirksgericht Mittweida (Abtg. II, Nr. 771) folgendes Urteil:
In der Untersuchung wider Karl Friedrich May erkennt auf Grund der heute stattgefundenen öffentlich-mündlichen Verhandlung das Königliche Bezirksgericht zu Mittweida für Recht: daß Karl Friedrich May

wegen einfachen Diebstahls,
ausgezeichneten Diebstahls,
Betruges, und
Betruges unter erschwerenden Umständen,
Widersetzung gegen erlaubte Selbsthilfe, und
Fälschung, bzw. mit Rücksicht auf seine Rückfälligkeit

nach Artikel 272, 276^{6}, 278^{3}, Strafbest. 284, 285, 2b und 3 in Verbindung mit Art. 276 und 277, 299 Abs. 1 sub. 3 und Abs. 2, 3 Art. 276^{3}, 143 in Verbindung mit Art. 142, 311, 78, 82 folgende f. 300 Abs. 1 des revid. Strafgesetzbuchs mit *Zuchthausstrafe* in der Dauer von *vier Jahren* zu belegen, auch die aufgelaufenen Untersuchungskosten abzustatten schuldig ist.

Das Königl. Bezirksgericht
(gez.) Wirthgen, Lincke, Leonhardt.

ENTSCHEIDUNGSGRÜNDE

Der Angeklagte Karl Friedrich May, geb. Februar 1842 in Ernstthal, Sohn eines dortigen noch am Leben befindlichen Webers, hat, wie von ihm selbst angegeben wurde, eine nicht gewöhnliche Erziehung genossen und ist auf den Seminarien zu Waldenburg und später zu Plauen zum Lehrer geworden. Nach beendigtem Kursus und nach beendigter Prüfung zum Schulamtskandidat ist der Angeklagte gegen Ende des Jahres 1861 als Hilfslehrer in Glauchau und bald darauf als Lehrer an der Fabrikschule zu Alt-Chemnitz angestellt worden. Bereits im Jahre 1862 hat indes May den Verlust dieser Stellung dadurch verschuldet, daß er einen gemeinen Diebstahl verübte und eine bei dem Gerichtsamt Chemnitz ihm zuerkannte sechswöchige Gefängnisstrafe vom 6. September bis 20. Oktober 1862 verbüßt hat. Gleicher Gestalt ist er im Jahre 1865 wegen gemeinen Betruges vom Bezirksamt Leipzig zu vier Jahren einem Monat Arbeitshaus verurteilt worden, hat jedoch diese Strafe infolge eingetretener Begnadigung nur bis zum 2. Nov. 1868 verbüßt. Kaum aus der Strafanstalt zurückgekehrt, hat der Angeklagte seine verbrecherische Tätigkeit aufs neue begonnen.

Ad 1) Am 29. März 1869 vormittags hat der Angeklagte bei dem Krämer Karl Reimann in Wiederau sich eingefunden und unter dem Vorgeben, er sei der Polizeileutnant von Wolframsdorf aus Leipzig und beauftragt, nach Falschmünzern, mit denen Reimann seit Jahren in Verbindung stehen solle, zu recherchieren, genannten Reimann angeblich zu Protokoll vernommen und ihn aufgefordert, die etwa vorhandenen Kassenscheine zur Prüfung ihm vorzulegen. Reimann hat einen Zehntalerschein herbeigeholt, der Angeklagte aber solchen, nach anscheinend genauer Untersuchung, als falsch erklärt. Ebenso hat er Reimanns Taschenuhr mit dem Bemerken, daß er sie als gestohlen erkenne, zu sich genommen und Reimann aufgefordert, behufs weiterer Erörterung mit ihm nach Clausnitz zu gehen, wo sich die Gendarmerie befinde. Dort angekommen, ist Reimann von dem Angeklagten einstweilen, bis er werde gerufen werden, in den Gasthof gewiesen worden. Der Angeklagte selbst mit Geld und Uhr hat sich schleunigst von Clausnitz fortgemacht, die Uhr, die einen Schätzwert von acht Talern besaß, verkauft und den Erlös ebenso wie den Zehntalerschein für sich verwendet.

Ad 2) In ganz ähnlicher Weise, nämlich unter dem Vorgeben, er sei Mitglied der Geheimen Polizei und abgeordnet, wegen Ausgabe falschen Geldes zu recherchieren, ist der Angeklagte am 10. April 1869 bei dem Seilermeister Krause in Ponitz eingetreten, hat denselben unter vier Augen zu sprechen verlangt, ihn dann aufgefordert, die vorhandene Barschaft vorzuzeigen, und von dem von Krause hervorgebrachten, aus 23 Talern Kurantbillette und ungefähr 12 Talern klingender Münze bestehendem Gelde die sämtlichen Kurantbillette und mindestens sieben Taler klingender Münze unter der Erklärung, daß dieses Geld falsch sei, an sich genommen, auch Krause aufgefordert, ihm sofort nach Crimmitschau an Gerichtsstelle zu folgen. Auf dem Wege dahin und vor Frankenhausen ist indes der Angeklagte unter dem Vorgeben, ein natürliches Bedürfnis befriedigen zu müssen, abseits getreten und hat plötzlich querfeldein die Flucht ergriffen, ist von Krause und von einem von diesem zu Hilfe gerufenen Dritten verfolgt worden und hat, nachdem er das von Krause abgeschwindelte Geld von sich geworfen, der Ergreifung dadurch mit Erfolg sich widersetzt, daß er ein bei sich geführtes *Doppelterzerol* aus der Tasche gezogen und damit auf seine Verfolger, wenn sie ihn nicht gehen lassen würden, zu schießen gedroht hat.

Ad 3) Am 28. Mai 1869 hat der Angeklagte bei dem Schmiedemeister Weißfloh in Ernstthal, bei dem eine der Schwestern des Angeklagten zur Miete wohnte, einen Kinderwagen, eine Schirmlampe, ein Geldtäschchen mit zwei Talern, eine Brille in Futteral, zwei Sperrhaken oder Dietriche, ein zweites Geldtäschchen an sich und fortgenommen. Die Sperrhaken sind bei des Angeklagten Arretur noch in dessen Besitz vorgefunden worden.

Ad 4) Am frühen Morgen des 31. Mai 1869 ist der Angeklagte in die leere Gaststube des Viktor Wünschmann in Leipzig eingetreten und hat dort fünf Stück Billardbälle an sich genommen, die er in Chemnitz durch einen Dienstmann für fünf Taler an einen Drechslermeister verkaufte.

Ad 5) In der Nacht zum 4. Juni 1869 hat der Angeklagte aus dem Stall des Gasthofbesitzers Schreier zu Bräunsdorf bei Waldenburg ein Pferd herausgezogen samt einer Trense und einer Reitpeitsche, mit sich genommen, zuerst in Remse zum Verkauf angeboten, dann aber in Hüttenaudorf an den Pferdeschlächter Voigt für fünfzehn Taler verkauft. Indes ist der Angeklagte von dem Bestohlenen so rasch verfolgt worden, daß er es für ratsam gehalten, ohne den Kaufpreis von Voigt ausgezahlt erhalten zu haben, aus Hüttenaudorf sich schleunigst zu entfernen.

Ad 6) Am 15. Oktober 1869 ist der Angeklagte bei dem Weber und Bäcker Wapler in Mülsen-St. Jakob eingetreten und hat sich für einen Expedienten des Advokaten Dr. Schaffrath in Dresden ausgegeben und Wapler durch die unwahre Botschaft, demselben sei von einem Verwandten in Amerika eine Erbschaft zugefallen und er möge daher mit seinen drei Söhnen sofort nach Glauchau gehen, um dort in Dingelstädts Hotel mit Dr. Schaffrath zusammenzutreffen, zu bestimmen gewußt, sich nebst seinen drei Söhnen wirklich nach Glauchau auf den Weg zu machen. Der Angeklagte, der vorgegeben, daß er zunächst in Zwickau eine Besorgung habe, dann aber ebenfalls nach Glauchau kommen werde, ist indes bald nach der Entfernung Waplers und dessen Söhnen in die Waplersche Behausung zurückgekehrt und hat der verehelichten Wapler und deren Schwiegertochter eröffnet, daß in ihrem Hause Falschmünzereien getrieben werden, daß er deshalb haussuchen müßte und daß er Wapler und dessen Söhne durch einen Vorwand bestimmt habe, nach Glauchau zu gehen, um das Aufsehen eines Transports durch die Gendarmerie zu vermeiden. Auf des Angeklagten Verlangen hat die verehelichte Wapler ihres Ehemannes Geldvorrat hervorgebracht, wovon der Angeklagte 28 Taler als angeblich falsches Geld sich aneignete, an sich und mit sich fortnahm.

Ad 7) Während einer der letzten Nächte vor der am 2. Juli erfolgten Arretur des Angeklagten ist derselbe in das verschlossene Kegelhaus des Restaurateurs Engelhard in Hohenstein eingestiegen und hat ein Handtuch, gerichtlich auf drei Neugroschen fünf Pfennig gewürdigt, und ein Zigarrenpfeifchen mit sich fortgenommen.

Ad 8) Bei der durch Gendarmerie erfolgten Arretur des Angeklagten sind in dessen Besitz zwei Schriftstücke vorgefunden worden, welche er in der Absicht angefertigt hat, um davon bei Ausführung seiner Betrügereien und Schwindeleien Gebrauch zu machen. Das eine trägt die Aufschrift »Polizeiliche Legitimation« und die gefälschte Unterschrift »Dresden, am 19. Juni 1869, Dr. Schwarze, Generalstaatsanwalt« und soll dem Inhalte nach den Inhaber zu Recherchierungen nach falschem Papier- und Silbergeld ermächtigen. Das zweite Schriftstück trägt die Überschrift »Akta betr. in Sachen der Erbschaft des Partikuliers . . . . . .« und die Unterschrift »Dresden, den 24. Mai 1869, Vereinigtes deutsch-amerikanisches Konsulat: G. D. Burton, amerikanischer Generalkonsul; Heinrich v. Sybel, sächsischer Generalkonsul«. Der Inhalt dieses Schriftstückes bezieht sich auf die Erbschaft eines in Cincinnati angeblich verstorbenen Partikuliers, dessen Namen jedoch noch offengelassen wurde, und auf einen angeblich von dem Dr. Schaffrath nach den unbekannten Erben haftbar erlassenen Aufruf.

Eine riesige Aktenkorrespondenz zwischen Amtshauptmannschaft Dresden-N., dem Königlich Sächsischen Justizministerium, dem sächsischen Ministerium des Kultus und des Unterrichtes, Kaiserlich Deutschen Konsulat in Chicago, Landgericht Dresden und so weiter wird geführt und professoralentrüstete Gutachten von Hochschulen erstattet, ob Karl May

auf Grund eines Diploms der sogenannten Universität Germana-Americana (eines Geschäftsunternehmens, das damals in Inseraten der europäischen Presse Doktorate zum Verkauf anbot) berechtigt sei, den Titel »Dr. phil.« zu führen. Karl May hatte sich so unterschrieben, an seiner Villa ein Schild mit dieser Abbreviatur angebracht, im Adreßbuch und in Kürschners Literaturkalender das »Dr.« seinem Namen beigesetzt — eine in titelsüchtiger Welt nicht allzu eitle Lächerlichkeit und jedenfalls von der Lächerlichkeit übertroffen, mit der sich wirkliche Doktoren darüber empörten.
In der am 14. Januar 1903 von der Elften Zivilkammer des Königlichen Landgerichtes Dresden ausgesprochenen Ehescheidung wird die Schuld zur Gänze der beklagten Ehegattin beigemessen, so daß sich in diesem Punkt die vollkommene Haltlosigkeit der gegen May erhobenen Vorwürfe erweist. In dem Erkenntnis heißt es unter anderem:

Die Beklagte hat, wie sie der Zeugin Plöhn selbst erzählt hat und der Wahrheit entsprechend angesehen worden ist, fortgesetzt dem Kläger heimlich Geld entwendet, um nach ihrer eigenen Angabe »verfügbares Kapital zu besitzen, damit sie gut leben könne, wenn ihr Mann nicht mehr sein würde«. Sie hat unter dem Kopfkissen des Klägers, während dieser geschlafen, wiederholt Geld weggenommen und hat auch im Juli 1902, während eines Reiseaufenthaltes in Berlin, aus der in der Westentasche steckenden verschlossenen Brieftasche des Klägers beim Reinigen der Weste einen Hundertmarkschein entwendet und hat ihn erfreut der Plöhn gezeigt und dabei geäußert: »So muß man es machen! Nur immer soviel nehmen als möglich. Es ist besser, wir haben es.«
Obgleich die Beklagte sehr reichliches Wirtschaftsgeld von ihrem Ehemanne empfing und für sich selbst »sinnlos viel Geld verbrauchte«, hatte sie dennoch stets viel Geld zu ihrer Verfügung. Ja, sie hat sogar dem vor etwa zwei Jahren verstorbenen Ehemann der Zeugin Plöhn nach und nach die Summe von sechsunddreißigtausend Mark gestohlenen Geldes zur verzinslichen Anlegung und nach Plöhns Tode der Zeugin Beibler weitere sechstausend Mark zur Aufbewahrung überbracht, so daß sich bei der Verschwendung der Beklagten auch nicht annähernd beziffern läßt, welche Summe sie dem Kläger heimlich und widerrechtlich weggenommen und sich zugeeignet hat.
Ferner hat die Beklagte »aus Neugier oder um ihren Mann zu ärgern«, wie die Beibler bekundet, fortgesetzt an diesen gerichtete Geschäfts- und Privatbriefe abgefangen und versteckt oder durch Feuer vernichtet; sie hat auch einen vom Kläger lange Zeit vermißten, für ihn äußerst wichtigen Verlagsver-

trag beiseite gebracht und in ihrem verschlossenen Vertiko unter den Dienstbüchern des Dienstpersonals versteckt. Erst nach dem Weggange der Beklagten ist sowohl dieser Vertrag als eine größere Anzahl Pakete solcher Briefe im Hause des Klägers versteckt aufgefunden worden.
Weiter hat die Beklagte, nach den übereinstimmenden Angaben beider Zeugen, ihren Ehemann jahrelang in der gehässigsten Weise behandelt. Er war ihr lästig, deshalb wollte sie ihn los sein und wollte für ihn nicht einmal mehr kochen. Sie ist geflissentlich darauf ausgegangen, den Kläger zu kränken und ihm weh zu tun, hat ihn auch mit Schimpfworten gemeinster Art wie »Kerl, Saukerl, alter Ekel, verrücktes Luder« belegt und geäußert: Es wäre ihr eine Wonne, wenn sie es dem Kerl recht stecken könne; sie wäre froh, wenn sie allein wäre, sie wolle das Leben genießen; auf den Friedhof würde sie an sein Grab nicht gehen.
Bei dem erwähnten Aufenthalt in Berlin im Sommer 1902 hat die Beklagte, nachdem sie sich einen höchst auffälligen Mantel gekauft, während der Kläger neben ihr im schlichten Anzug gegangen ist, ihm in Gegenwart der Plöhn laut zugerufen: »Du siehst aus wie unser Louis« und ist dabei verächtlich zur Seite getreten. Von der Plöhn hierüber zur Rede gestellt, hat die Beklagte geäußert: »So muß man es dem Kerl sagen, das Derbste ist gerade gut für ihn, sonst zieht es nicht.« Dem Drängen der Plöhn, dem hierüber aufs höchste erregten Kläger Abbitte zu leisten, ist die Beklagte nicht nachgekommen. Sie hat daraufhin noch erklärt: »Nein, so muß es kommen; nur so kann man den Kerl kleinkriegen und durchsetzen, was man will. Nur das zieht, wenn man ihm so gemein kommt!«

Durch einen Rattenkönig von Prozessen und die maßlosen Angriffe war May — 1910 ein alter Herr von achtundsechzig Jahren — physisch und psychisch vollkommen in Anspruch genommen. Nach einer Zeugenverhandlung in Köln erkrankte er nicht unbedenklich. Trotzdem schrieb er mir, dankbar selbst für den entlegensten journalistischen Anwalt, jede gewünschte Information oder ließ sie durch seine zweite Gattin, Frau Klara May, schreiben. Im Mai 1910 bekam ich folgenden Brief:

Villa Shatterhand, Radebeul-Dresden den 6. 5. 10.

Sehr geehrter Herr Redakteur!

Ich hoffe, bis Montag, den 9. d. M., von meinem Unwohlsein so weit hergestellt zu sein, daß ich Sie empfangen und Ihnen Auskunft geben kann. Ich stehe Ihnen an diesem Tage zur Verfügung. Wenn Sie in Dresden, Hauptbahnhof, eintreffen, geht auf demselben Geleis stündlich ein Zug nach Radebeul. Ich wohne sechs Minuten vom dortigen Bahnhof entfernt, Villa »Shatterhand«, Kirchstraße 5.

In vorzüglicher Hochachtung
Ihr Karl May

Drei Aufschriften bezeichnen in Radebeul die Villa, an der Vorderfront, auf der sich das Blau von Glyzinien emporrankt, steht der Name des Hauses »Shatterhand«, am Eingangstor zwei kleine Messingschilder, »May« besagt das eine, das andere gestattet Fremden den Besuch nur nach vorhergegangener Vereinbarung. Die Diele betont allerwildestes Wildwest, betont Prärie und Indianerdorf. Mit Tigerfellen ist die Wand drapiert und mit dem Kopf eines Elentiers, Tomahawks und Bumerangs kreuzen sich, doppelläufige Gewehre und vierschneidige Tigermesser, Lassos und Zaumzeug umschlingen Jagdtrophäen, Schirwans, Mokassins und alles übrige, was zur stilgemäßen Ausrüstung eines ruhmreichen Trappers gehört. Noch phantastischer der Salon. Auf Riesenkartons die Originale der Zeichnungen, mit denen Sascha Schneider Mays Bücher illustriert hat. Bric-à-brac aus Wachsstein und Porzellan Chinas, bemalte indianische Holzskulpturen, phönizische Steinstatuetten füllen die Vitrinen, die Zimmerdecke schneidet ein geflochtener Wandschirm voll Koransprüche, auf einer Etagere liegen ein rottönernes Kalumet, ein Rosenölfläschchen und ein geschnitztes Tespih, ein Kranz türkischer Gebetkugeln — ausgebreitet wie Corpora delicti auf dem Gerichtstisch.

Zunächst wird man von Frau May begrüßt, die in der Behandlung des Themas Karl May Routine besitzt. Sie führt seine Korrespondenz, empfängt die Wallfahrer, erklärt ihnen die Schätze der Villa Shatterhand, erzählt ihnen von May, seinen Reise- und Bücherplänen, und der große Magus braucht sich dann nur für einige Augenblicke zu zeigen, um ohne großen Zeitverlust zu seiner Arbeit zurückkehren zu können. May selbst ist ein untersetzter Herr, soigniert gekleidet, nur der grünschillernde Skarabäus in der Krawatte meldet den Globetrotter. Das silbergraue schüttere Haar liegt fest an und reicht tief in den Nacken; auch der graue Schnurrbart wohlgepflegt. Die Stirne nicht denkerisch gewölbt, aber hoch und frei, wie bei Menschen, die »Geographie des Hirns« besitzen, die klare Anordnung und Bereitschaft reichlicher Gedächtnisgüter. Er sächselt leicht und kommt bald in Erregung, was bei dem Thema selbstverständlich ist, wenn aber seine Frau, mitgerissen, sich allzu lebhaft an der Debatte beteiligt, unterbricht er sie ein wenig ärgerlich: »Das verstehst du nicht!«

Wir sprechen zuerst vom Charlottenburger Prozeß. Warum

hat May nichts erwidert, als der Beklagte, der Schriftsteller Selius, ihn beschuldigte, er habe Diebstähle verübt, Marktfrauen überfallen, eine Räuberbande gegründet, Geld entlockt und Meineid begangen? »Weshalb ich nicht geantwortet habe? Der Richter ließ mich nicht zu Worte kommen. Ich war auf derartige Angriffe vollständig unvorbereitet, es war ein Prozeß formaler Natur; sechs andere große Prozesse, die ich gegen Selius angestrengt habe, schweben noch. Der Vorfall war ganz geringfügig im Vergleich zu den anderen Delikten, um derentwillen ich ihn geklagt habe. Er hatte mich zwar einen geborenen Verbrecher genannt, jedoch nur in einem Privatbrief an die Weimarer Kammersängerin Selma von Scheidt, es lag also keine öffentliche Beleidigung vor, ich wußte genau, er könne hierfür höchstens zu einer Geldstrafe verurteilt werden, und nahm mir nicht einmal einen Rechtsanwalt mit. Selius aber hatte seinen Schriftsatz vervielfältigt an die Zeitungsredaktionen geschickt, alle Berichterstatter zusammengetrommelt. Als ich, starr vor Staunen über seine Beschuldigungen, das Wort erbat und ausführte, daß ich wenigstens zwei Stunden brauchen würde, um jedes einzelne Glied dieser Riesenkette von Unwahrheiten zu widerlegen, erwiderte der Richter, dies sei nicht nötig, klappte die Aktentasche zu, und der Gerichtshof verließ den Verhandlungssaal. Nach einer Weile kehrte er zurück und verkündete, Selius sei zu fünfzehn Mark Geldstrafe verurteilt. Nun meldete sich der Rechtsanwalt des Selius zum Wort und sagte, er habe ja noch kein Plädoyer gehalten, sondern nur Beweisanträge gestellt. Daraufhin erklärte der Richter, das Urteil sei irrtümlich gefällt worden, hörte die Rede des Verteidigers an und sprach den Selius frei. Ich habe selbstverständlich Berufung eingelegt.

Was das für ein Mensch ist, dieser Selius? Er stammt aus Reval. Was er ursprünglich für einen Beruf hatte, weiß ich nicht. Seiner politischen Färbung nach war er zuerst nationalliberal, dann freisinnig, dann Sozialdemokrat, und jetzt ist er Funktionär der Gelben Arbeitervereine. Im Jahre 1904 kam er nach Dresden, um sozialdemokratischer Redakteur zu werden, doch gelang ihm dies nicht, und so gab er selbst ein Blättchen heraus, das er die ›Sachsenstimme‹ nannte. Eines Tages erschien er bei mir und gab seine Ansichten zum besten. ›Wir Schriftsteller sind arme Leute‹, sagte er damals ungefähr, ›wir können uns keine eigene Gesinnung leisten. Wer uns bezahlt, dem gehören wir. Man muß sich bemühen, Leute kennenzulernen, man muß sie studieren. Jeder Politiker, jeder Beamte hat Werg am Rocken. Irgendwo gibt es im Vorleben jedes Menschen einen dunklen Punkt. Bei passender Gelegenheit macht man geschickt eine Andeutung über die geheime Sünde des Betreffenden, dieser muß sich nun bemühen, die Gunst des

Schreibers zu erwerben, und auf diese Weise wird man ein einflußreicher, großer Redakteur.‹ Später wandte sich Selius in Briefen an mich, ich möge ihm Geld für sein Blatt senden. Zunächst bat er um zweitausend, dann um dreitausend und zuletzt um zehntausend Mark. Dafür wolle er mich rühmen und preisen, Hunderte von Exemplaren blau angestrichen an reichsdeutsche und österreichische Zeitungen senden, mir einen großen literarischen Ruf verschaffen. Ich entgegnete, daß ich dies nicht nötig habe und für solche Zwecke kein Geld besitze, und schickte ihm auch keinen Pfennig. Er hatte bei mir den Schriftsteller Max Dittrich kennengelernt, welcher eine Broschüre über mich abzufassen beabsichtigte, und Selius wollte nun von mir eine Empfehlung an Dittrich, daß dieser ihm den Verlag der Schrift übertrage. Er schrieb mir, er würde die Broschüre glänzend vertreiben und mich lancieren, und wandte sich gleichzeitig an Dittrich, dem er von jedem verkauften Exemplar eine hohe Tantieme anbot, wenn er ihm die Broschüre in Verlag gäbe und einen Druckkostenbeitrag von zehntausend Mark von mir verschaffe. Dittrich teilte mir das damals schriftlich mit, und meine Absicht, den Selius keinesfalls zu unterstützen, wurde hierdurch noch bestärkt. Eines Tages langte eine anonyme Postkarte an mich ein, bloß mit Anfangsbuchstaben unterzeichnet. ›Ich saß soeben‹, hieß es auf dieser, ›in einem Restaurant, und da erklärte ein gewisser Herr Selius zu anderen Leuten, daß er in der nächsten Nummer der »Sachsenstimme« gegen Sie einen Artikel loslassen werde.‹ Ich ging mit der Karte zum gerichtlichen Sachverständigen, und der konstatierte, sie sei von Selius selbst geschrieben. In der nächsten ›Sachsenstimme‹ erschien wirklich ein Artikel, in welchem er mich als ein kleines, altbackenes Schulmeisterlein mit struppigem Haar schildert und sagt, ich sei sehr kurzsichtig, jedoch verstecke ich meinen Klemmer sorgfältig.«

Was sollte dieser Vorwurf?

»Er wollte mich damit blamieren, denn ein Weidmann, ein Schütze darf nicht kurzsichtig sein. Ich sehe aber außerordentlich gut, nur trage ich beim Lesen einen Kneifer, weil ich weitsichtig bin. Solcher Unwahrheiten waren in dem Aufsatz etwa siebzig enthalten, doch unterließ ich jede Erwiderung. Darauf wurde ein zweiter veröffentlicht, ich reagierte wieder nicht. Die Artikel waren zuwartend, einige Angelegenheiten nur andeutungsweise berührt, Selius glaubte wahrscheinlich, ich würde doch noch mit den zehntausend Mark herausrücken. Er irrte. Da erschienen am Weihnachtsabend in den Schaufenstern der Papierhandlungen und Buchhandlungen Dresdens große Plakate mit der Aufschrift: ›Die Gräfin Montignoso und die Vorstrafen von Karl May‹ — Reklame für einen Artikel in der Zeitschrift des Selius; das Tertium comparationis war, daß sowohl die Gräfin Montignoso als auch ich ausgepichte Bösewichter seien. Natürlich wurde das Blatt, weil jeder einen pikanten Zusammenhang zwischen mir und der ehemaligen Kronprinzessin vermutete, massenhaft gekauft. Das war für mich eine böse Weihnachtsüberraschung. In dieser Weise schrieb er noch eine Reihe von Pamphleten gegen mich, bis er verschwand.«

Frau May (einfallend): »Mit Schulden!«

Karl May: »Mit massenhaften Schulden. Einmal habe ich ihn wegen zwei Mark fünfzig Pfennig pfänden lassen wollen, die mir vom Gericht zugesprochen worden waren — nicht einmal die konnte ich bekommen.«

Wurde er nie zu größeren Strafen verurteilt?

»Ich habe selten gegen ihn Klage erhoben. Ich hatte keine Zeit, mich mit ihm abzugeben. Einmal klagte ich ihn zum Beispiel, er wurde verurteilt, und ich glaubte mit diesem einen Fall fertig zu sein, in zweiter Instanz wurde er jedoch freigesprochen.«

Frau May: »Er ist nämlich ein Talent in der Art seiner Verteidigung.«

May: »Ein Genie geradezu! Er arbeitet mit beispielloser Unverfrorenheit. Er sagte einmal dem Staatsanwalt, ein Hotelier vom Berge Sinai habe ihm erklärt: ›May ist ein Lügner, dem darf man nichts glauben.‹ Nun gibt es auf dem Berge Sinai bloß das Kloster der heiligen Katharina, sonst kein Haus, kein Restaurant, am allerwenigsten ein Hotel. Meine Anzeige wurde damals zurückgewiesen, man nahm an, eine derart konkrete Behauptung könne er nicht aus dem Stegreif erfunden haben. Bei diesem Prozeß handelte es sich um die Geschichte der anonymen Postkarte; er wurde freigesprochen, weil man ihn auf Grund von Indizien des schweren Verbrechens der Erpressung nicht schuldig erkennen wollte. Als Selius aus Dresden verschwunden war, tauchten in Wien und in Deutschland in einigen Blättern seine alten Artikel gegen mich auf. Plötzlich erschien Selius wieder auf dem Plan, und zwar als Mitarbeiter des Bruhnschen Wochenblattes in Berlin ›Die Wahrheit‹. In dieser wurde ein Schundartikel veröffentlicht, in dem behauptet wurde, ich sei ein atavistischer Verbrecher. Das war eine Beleidigung, für die kein Wahrheitsbeweis zulässig ist, und ich hätte ihn ruhig verklagen können, aber ich dachte mir: du müßtest wieder draufzahlen, denn bei der Pfändung kriegst du ohnedies nichts. Nun gab er ein neues Blatt heraus, das er selbst als ›Leib-und-Magen-Blatt der gelben Arbeiter‹ bezeichnete. Es hieß ›Der Bund‹. In diesem ›Bund‹ ging er besonders scharf gegen seine früheren Bundesbrüder, die Sozialdemokraten, los. Diese antworteten ihm entsprechend, und es kam zu mehreren Beleidigungsklagen. Hierbei wurde ich von den So-

zialdemokraten als Zeuge gegen Selius nominiert. Ich, das sage ich aufrichtig, nahm mir vor, mich der Sache zu entziehen, und habe auch in diese Prozesse nicht eingegriffen. Selius aber fürchtete, weil er von meiner Absicht, mich der Aussage zu entschlagen, nichts wußte, mein Zeugnis werde ihn kaputt machen.
Deshalb schickte er seine Frau nach Radebeul. Sie wagte es nicht, in meine Villa zu kommen, sondern bat meine Frau in die Bahnhofswirtschaft von Radebeul. Dort setzte Frau Selius meiner Frau auseinander, wie ich bei dem Prozesse aussagen sollte; wenn ich nicht so täte, würde Selius abermals gegen mich losziehen und mich ruinieren. Meine Frau erwiderte, ich würde nichts als die Wahrheit aussagen. Daraufhin fuhr Frau Selius von dannen, ohne ihren Zweck erreicht zu haben. Um diese Zeit ließ Selius eine Annonce erscheinen, daß er einen Schriftsteller suche; mit dessen Hilfe wollte er mich endgültig zugrunde richten. Es meldete sich ein Schlossergeselle namens Friedrich Wilhelm Kahl aus Basel, der zur Schriftstellerei übergehen wollte. Diesen engagierte Selius, zahlte ihm nach und nach zweihundertfünfzig Mark aus; dafür sollte er eine Broschüre unter dem Titel ›Karl May, ein Verderber der deutschen Jugend‹ schreiben. Hierüber sagte Kahl in einer eidesstattlichen Versicherung ungefähr folgendes aus: ›Selius hat mir gesagt, daß May durch diese Broschüre totgemacht werden soll, er werde diese Broschüre den Richtern vorlegen, damit diese den Aussagen Mays nicht glauben; Selius bezeichnete sich als großes forensisches Talent, wenn er vor Gericht zu sprechen beginne, so seien die Richter auf seiner Seite. Darauf antwortete ich: Ich kenne May ja gar nicht! Er hat mir nichts getan, ich habe gehört, daß er ein tüchtiger Kerl ist, und wenn ich solche Sachen schreibe, komme ich ins Zuchthaus. — Selius entgegnete mir: Wir Schriftsteller stehen alle mit einem Fuß im Zuchthaus; auch ich bin wiederholt vorbestraft, aber das ist nur eine gute Reklame für uns. Selius gab mir die nötigen Unterlagen, und nun sollte ich die Broschüre beginnen.‹ Kahl schrieb den Anfang der Broschüre, aber, da ihn Selius nicht überzeugt hatte, so schlecht, daß er unmöglich gedruckt werden konnte.«
Kahl wird es wohl nicht besser getroffen haben?
»O nein. Er schrieb es mit Absicht schlecht. Ganz konfuses Zeug, das überhaupt keinen Sinn hatte. Als Selius dies las, sagte er: ›Das taugt nichts; ich werde die Broschüre selber schreiben und Ihren Namen daruntersetzen.‹ Kahl verbat sich das sowohl bei Selius als auch bei dem Verleger, trotzdem erschien die Druckschrift unter dem Namen Kahls und strotzte von Lügen, Übertreibungen und Invektiven.«
Verzeihen Sie, Herr Doktor, daß . . .

»Bitte, sagen Sie mir nicht ›Herr Doktor‹! Ich habe zwar das amerikanische Doktorat erworben, aber ich höre es lieber, wenn man mir bloß ›Herr May‹ sagt.«
Ich wollte fragen, Herr May, ob das wirklich ganz erlogene Behauptungen sind, die Selius bezüglich Ihrer Vorstrafen aufgestellt hat.
»Ich bin vorbestraft. Allerdings habe ich meine Strafen schon vor fünfzig Jahren abgebüßt. Ich schreibe jetzt ein Buch, worin ich nichts leugne und meine Gefängnisstrafen schildere. Es wird ›Am Marterpfahl und Pranger‹ heißen und eine Selbstbiographie sein. Ich gestehe darin meine Sünden, lege meine Ideale und Bestrebungen dar und schildere, was ich noch zu tun gedenke.«
Waren Sie lange im Kerker?
»Ja. Das habe ich nie geleugnet. Aber ein Räuberhauptmann war ich nie.«
Frau May: »Den Räuberhauptmann Krüger, als dessen Komplize mein Mann geschildert wird, hat er kaum gekannt.«
May (zu seiner Frau): »Misch dich nicht hinein.« (Zu mir): »Nur ganz oberflächlich kannte ich ihn. Er ging in dieselbe Schule wie ich, einige Klassen tiefer. Seither habe ich nur selten mit ihm gesprochen. Einmal traf ich ihn in meinem Heimatort Hohenstein-Ernstthal bei Chemnitz. Da trat er auf mich zu und sagte: ›May, ich habe Sie um Entschuldigung zu bitten, ich habe vieles, was ich getan habe, auf Sie geschoben.‹ Ich entgegnete ihm: ›Sprechen Sie nicht mehr davon.‹«
Und darf man wissen, weshalb Sie bestraft wurden?
»Nein. Mein Verleger hat mir das verboten, damit ich dem Buch nicht vorgreife. Aber das, was man mir vorwirft, habe ich nicht getan.«
Wieso wußte Selius von Ihren Vorstrafen?
»Die Affäre Selius hängt mit meinen Prozessen mit meinem ehemaligen Verleger Münchmayer zusammen. Dieser kannte meine Eltern und wußte von meinen Gerichtsstrafen. Er dachte also, er könne mit mir machen, was er wolle, da ich mich nicht rühren werde. So änderte er meine Romane, die ich ihm in Verlag gegeben hatte, und sein Rechtsanwalt hat selbst zugestanden, daß fünfzig Prozent des Inhaltes meiner Bücher im Münchmayerschen Verlage ins Unmoralische geändert worden sind. Die derart verballhornten Romane sind zum Gegenstand der größten Angriffe gegen mich gemacht worden. Man hat mir vorgeworfen, ich schreibe auf einer Seite fromm, auf der anderen abgrundtief unsittlich.«
Weshalb hat Münchmayer diese Änderungen vorgenommen?
»Er spekulierte auf die Sensationslust der Menge und flocht Zoten und frivole Scherze hinein, um den Absatz der Bücher zu vergrößern.«

Woraus schließen Sie, daß zwischen Selius und dem Münchmayerschen Verlage ein Zusammenhang besteht?

»Ich beanspruche von Münchmayer dreihunderttausend Mark für meinen Roman ›Das Waldröschen‹, die ich übrigens nicht für mich, sondern für eine Witwen- und Waisenstiftung verwenden will. Der Verlag weigert sich, das Geld zu bezahlen, und hat ein Interesse daran, meine Ehrenhaftigkeit in Zweifel zu setzen. Und der Rechtsanwalt des Herrn Selius ist gleichzeitig der Rechtsanwalt des Münchmayerschen Verlages ...«

Wie erfuhren Sie, Herr May, von den Machenschaften des Selius mit Kahl?

»Als Kahl gehört hatte, die Broschüre sei trotz seines Einspruches unter seinem Namen erschienen, kam er zu mir und erzählte mir den ganzen Schwindel. Er bot sich als Zeuge an, und ich verklagte Selius wegen dieser Broschüre. Das Gericht verbot ihren Vertrieb. In der entscheidenden Verhandlung vor dem Gerichte Berlin-Schöneberg kam auf Veranlassung des Vorsitzenden ein Vergleich zustande, wonach Selius alle seine Behauptungen, materielle wie formelle, revozierte, bedauerte, mich beleidigt zu haben, und versprach, es nicht wieder zu tun. Darauf nahm ich meinen Strafantrag zurück und glaubte zu Ende zu sein. Da geht der Mann hin, engagiert meine geschiedene Frau, zahlt ihr zweihundert Mark und beginnt abermals. Das sind die neuen Beleidigungen. Sechs Stück: eine ›Bund‹-Nummer, zwei Flugblätter und drei in Charlottenburg anhängige Prozesse. Der Prozeß in Charlottenburg, bei dem Selius im vorigen Monat freigesprochen wurde, hat weder zu einer Beweisführung noch zu irgendeiner Feststellung geführt. Ich habe weder etwas eingestanden, noch sind Zeugen einvernommen worden, noch hat man irgendwelche Dokumente vorgelegt. Trotzdem wird in Hunderten von Blättern behauptet, ich hätte alles zugegeben, die Zeugen hätten das alles bestätigt und die Dokumente hätten alles erwiesen, was mir vorgeworfen worden ist. Das sind Lügen, die bei der Verhandlung in zweiter Instanz ans Tageslicht kommen werden. Ich fühle mich keineswegs als Besiegter, sondern bin vollständig davon überzeugt, daß ich aus der ganzen Hetze als Sieger hervorgehen werde.«

Es ist auch gegen Sie der Vorwurf erhoben worden, Sie hätten überhaupt keine überseeischen Reisen unternommen. Darf ich fragen, wie es sich damit verhält?

»Ach, das ist Unsinn. Ich reiste schon als siebzehnjähriger Junge. Klärchen, hast du nicht einige Photographien aus Amerika oder aus dem Morgenland bei der Hand?«

Klärchen hat einige Photographien aus Amerika und dem Morgenland bei der Hand. Es sind Bilder, die Karl May am Brunnen Abrahams in Hebra, am Silvahteiche in Jerusalem, vor einem Zelt der Tuscarora-Indianer, an den Tempelruinen von Korinth, am See Genezareth in Kapernaum, am Den Rock, dem Nuggetberg der Indianer, und am Monument des Indianerhäuptlings Sa-go-ye-wat-ha in Buffalo zeigen. Auf all diesen Photos sieht man Karl May als alten Mann, und sie widerlegen die vorgebrachte Behauptung nicht, May habe erst von 1900 ab Reisen unternommen, um späterhin sagen zu können, daß er wirklich im wilden Westen Nordamerikas und im heißen Osten Afrikas gewesen sei. May muß meinen skeptischen Blick bemerkt haben.

»Selius sagt freilich, daß man solche Bilder auf dem Jahrmarkt herstellen kann. Er will mich sogar in Dresden in einer Droschke zu einer Zeit gesehen haben, da ich in Amerika war. Übrigens«, fährt May fort, »ist es ganz gleichgültig, ob ich in fremden Ländern war oder nicht. Ich wiederhole, daß ich weite Reisen gemacht habe, aber das kommt für die Beurteilung meiner Schriften nicht in Betracht. Das ›Ich‹, in welchem ich schreibe, hat mit meiner Person nichts zu tun, mit diesem Ich ist die Menschheit gemeint, welche die Aufgabe hat, den Menschheitsrätseln nachzugehen, sie zu ergründen. Winnetou, der Apachenhäuptling, ist der Prototyp der sich eben in Amerika entwickelnden germanisch-indianischen Rasse, mein Hadschi Halef Omar stellt die Anima dar, die da glaubt, Geist und Seele zu sein, aber keines von beiden ist, Marah Durimeh, die kurdische Königstochter, ist die Menschheitsseele, Schah-in-Schah ist Gott. Ich sende meinen Kara ben Nemsi, meinen Old Shatterhand in fremde Länder, um zu zeigen, wie wir als Edelmenschen dort zu handeln haben. Mir stünde es völlig frei, in der Heimat zu bleiben, und wenn ich dann trotzdem behaupten würde, in der Fremde das Erzählte miterlebt zu haben, so ist das keine Lüge. Denn die Ereignisse spielen sich zu Hause ab, die Fremde ist Imagination. Hat nicht auch Dante das ›Inferno‹, das ›Purgatorio‹ in Ich-Form beschrieben, ohne dort gewesen zu sein? . . .

. . . Gewiß, aber man kann ja auch die Orte meiner Reiseabenteuer als Phantasieland ansehen, wenn man gerade wollte. Da die Länder wirklich bestehen, wie man aus der Geographie ersehen kann, habe ich noch mehr Anrecht, sie zu beschreiben. Viele Länder und Stätten sind auch bei mir symbolisch aufzufassen, wie Dschinnistan als Land der zukünftigen Edelmenschen und Ardistan als das Land der Gewaltmenschen von heute.«

Man hat auch gegen Sie den Vorwurf des Plagiats erhoben.

»Ganz unbegründet. Was nennen Sie ein Plagiat?«

Ich denke, daß man es als Plagiat bezeichnet, wenn ein Autor Idee und Form eines nicht von ihm stammenden Werkes für sich verwendet und als eigenes Geistesprodukt ausgibt.

»Das ist nur mit Einschränkungen richtig. Es wäre zum Beispiel kein Plagiat, wenn jemand von einem Hirtenvolke schreiben würde, daß es in Not lebe, nur einmal erscheine in jedem neuen Jahr, sobald die ersten Lerchen schwirrten, ein Mädchen, schön und wunderbar – nämlich der üppige Frühling. Weil das ›Mädchen aus der Fremde‹ Gemeingut aller Gebildeten geworden ist und niemand glauben wird, der Schriftsteller habe die Meinung erwecken wollen, daß er diese Worte selbst gedichtet habe. Ebenso kann man objektive Wahrheiten wiedergeben, vor allem solche, die in Lehrbüchern oder in beschreibenden Werken stehen. Das erlaubt sogar das Gesetzbuch.«

Man behauptet, daß Gerstäcker von Ihnen verwendet worden sein soll.

»Das bezieht sich auf eine Geschichte ›Ehry‹, die vor vielen Jahren in einer Novellensammlung von mir veröffentlicht worden ist und zu der mir eine alte Beschreibung von Indien den Anlaß gab. Friedrich Gerstäcker, der selbst nie in Indien war, scheint nun die Erdbeschreibung mit jener Episode gelesen und in einer Novelle benützt zu haben. Daher die Übereinstimmung. Natürlich heißt alles gleich Plagiat! Maeterlinck hat in einem Schauspiel drei Szenen von Paul Heyse abgeschrieben; Heyse erhob Einspruch, aber Maeterlinck lachte ihn aus und ließ das Stück ruhig unter seinem Namen erscheinen. Carl Maria von Weber hat das populärste Lied aus seinem ›Freischütz‹, den ›Jungfernkranz‹, nicht selbst komponiert, sondern von einem unbekannten italienischen Komponisten entlehnt. Goethe, Shakespeare, Lessing taten Ähnliches. Sogar die vier Evangelisten erzählen das gleiche, also müssen wenigstens drei von ihnen Plagiatoren sein. Das Abschreiben würde mir mehr Schwierigkeiten machen als das eigene Schaffen. Ich habe Phantasie genug. Mehr als siebzig große Romane sind von mir verfaßt.«

Darf man, ohne indiskret zu sein, auch fragen, wie es sich mit Ihrer ersten Frau verhält, die in dem Prozeß wiederholt erwähnt wurde?

»Meine geschiedene Frau stammte aus demselben Orte wie ich. Sie war sehr schön, und das bestrickte mich. Ich wollte sie heiraten, trotzdem ich wußte, daß sie arm war. Es kam nicht dazu, und ich zog aus der Heimat fort. Als ich einmal nach Hause zurückkehrte, hörte ich, daß ihr Vater eben gestorben sei. Ich ging deshalb noch am selben Abend zu ihr ins Haus. Der Vater war nicht gestorben, sondern nur vom Schlage getroffen und lag gelähmt im Bette. Das Mädchen fiel vor mir nieder und bat mich, ich möge es nie verlassen. Von Rührung übermannt, beschwichtigte ich sie und versprach, ihren Wunsch zu erfüllen. Ich habe sie geheiratet und zweiundzwanzig Jahre mit ihr gelebt. Es war eine unglückliche Ehe. Sie hat gar nicht mit mir gefühlt oder gedacht, sie hat nicht einmal meine Bücher gelesen.«

Sie haben sie aber in Ihren Werken als Muster einer Frau so liebevoll geschildert?

»Ja, das tat ich, um ihr Interesse zu wecken. Ich zeigte ihr die Stellen, die sich auf sie bezogen, und wollte, daß sie wenigstens aus Eigenliebe meine Bücher lese. Sie tat es nicht. Sie hat mir viel angetan. Dokumente, welche ich in einem Prozesse brauchte, hat sie, während ich in Asien war, verbrannt, weil sie in meinen Prozeßgegner, den Verleger Münchmayer, verliebt war. Die Ehe wurde aus ihrem Verschulden vor Gericht geschieden.«

Es hieß, daß Sie Ihre Frau nicht alimentieren?

»Das ist erfunden. Meine Frau bekam, als sie von mir wegzog, eine ganze Ausstattung, Möbel und eine Summe von dreitausend Mark jährlich. Eines Tages schrieb mir der Schwager des Selius im Namen meiner geschiedenen Frau, daß sie auf den jährlichen Zuschuß von dreitausend Mark verzichte. Kurze Zeit später gab sie an, daß sie von dieser Verzichtleistung überhaupt nichts wisse. Selius hatte den Brief schreiben lassen, um sie für sich zu gewinnen, damit sie bei Gericht gegen mich zeuge; er versprach ihr hundert Mark monatlich, solange sie lebe, sie mußte bei seiner Familie wohnen und erhielt im ganzen von ihm zweihundert Mark. Als sie mich bat, ich möge sie wieder aufnehmen, drohte ihr Selius, er werde sie auf dreihundert Mark verklagen. Jetzt zahle ich meiner Frau freiwillig zweitausendvierhundert Mark jährlich aus, trotzdem sie sich mit Selius gegen mich verbündet hat.«

Hugh, May hatte gesprochen. Er und seine Frau zeigten mir Old Shatterhands Beutestücke und den Henrystutzen, Sehnsuchtstraum aller Gymnasiasten, der allerdings gar kein Stutzen war, sondern ein gewöhnliches Winchestergewehr, wie es ganze Armeen haben, auch europäische. Und die Silberbüchse erwies sich mir als Torso eines europäischen Schießprügels, dem die Läufe fehlten. Dann gingen wir in den Garten, den verstohlen bittenden Blick seiner Frau, er möge in der Villa bleiben, lehnte May mit verstohlen energischer Bewegung ab, er mußte durchaus wetterharter Jäger sein. Zuerst ging es in einen Holzschuppen, der mit amerikanischen und asiatischen Gegenständen zu einem Raritätenkabinett umgewandelt ist. Hunderte von Sträuchern und Kirschbäumen neigten, schwer vom Regen, ihre Äste, Tropfen glitzerten auf den Blättern, den gepflegten Kieswegen und den Bänken in den Farben des Spektrums. Ein prachtvoller Besitz. Man muß als deutscher Schriftsteller genau so schreiben, wie Karl May schreibt, um ein solches Haus haben zu können, und auch ihm wird es nicht vergönnt, man macht dem wüsten Abenteuerschilderer zum Vorwurf, daß er in seiner Jugend wüste Abenteuer erlebt, man beschimpft ihn, wie man nie einen betrügerischen Kaufmann, einen gemeingefährlichen Fabrikanten, einen bestechlichen Beamten, einen selbstherrlichen Gutsherrn oder gar einen mißhandelnden Offizier zu beschimpfen wagen würde. Eben schüttelt ihn ein Hustenanfall, und trotzdem er, die Hilfe der Gattin unwirsch abweisend, aufrecht ins Haus zurückgeht, ist nicht zu verkennen, daß sein Lächeln vom hippokratischen Zug erbarmungslos durchstrichen wird.

»Monna Vanna« auf der Hochzeitsreise

Hauptmann Ägidius von Drofta war heute von der Hochzeitsreise zurückgekehrt und hatte wieder das Präsidium der Offiziersaspirantenmesse in der Albrechtskaserne übernommen, wo er – der Anstandswauwau – uns das Benehmen bei Tisch zu lehren hatte. Von seinem Sitz aus beehrte er jeden mit einer Begrüßung. »Ah, der Kisch ist auch da«, wandte er sich an mich, »der Herr Schriftsteller!« – »Jeder hat eben seinen Beruf«, bemerkte ich mit dem für Subalterne vorgeschriebenen geschmeichelten Lächeln. – »Na, dös is a feiner Beruf, überhaupt die ganze moderne Literatur is eine Sauerei, weiter is es ja nix – nein, lieber Kisch, i laß mich von kaa'm net blöd machen und sag alles, wie's is! – »Was hat Herrn Hauptmann denn die moderne Literatur getan?« – »Was sie mir getan hat, die moderne Literatur? Dös kann ich erzählen, wenn's euch interessiert!«

Gewiß interessierte uns das, selbstverständlich, Herr Hauptmann.

»Also, da werd ich euch die Chose auseinanderexplizieren. Ich hab doch in Klagenfurt geheiratet vorige Woch'n und hab in Wien zweite Nächtigungsstation gemacht. Da sagt mir meine Frau, sie möcht einmal ins Burgtheater gehn. I kenn ja das Burgtheater genau, am Franzensring is es, ein tadelloses Gebäude, das muß i schon sagen, aber i wär doch lieber ins Theater an der Wien gangen, unter uns g'sagt. Na, aber meine Frau hat sich das amal in Kopf g'setzt, sie war zum erstenmal in Wien und hat schon sehr viel vom Burgtheater g'hört g'habt, da kann man ihr dös net abschlagen, am zweiten Tag nach der Hochzeit – die Frau hat sich ganz brav g'halten die zwei Täg – ganz unter uns g'sprochen, meine Herren. Na, alstern, geh m'r's an, ins Burgtheater. Sie haben ›Monna Vanna‹ g'spült, von dem Fürsten Metternich ...

»Von Maeterlinck ist es, Herr Hauptmann ...«

»Ja, Metterlink oder so was heißt der Kerl, ich hab's ja g'wußt – kennst du vielleicht das Stück?«

»Jawohl, Herr Hauptmann.«

»Und was sagst du dazu?«

»Das ist doch ein schönes Drama, Herr Hauptmann.«

»A schönes Drama? A schöne Schweinerei is das, weiter nichts – i laß mich doch nicht blöd machen, i hab doch mein eigenes Urteil. Ich werd euch die Handlung erzählen, damit ihr selbst sagen könnt ... Also, Turin wird belagert, is total zerniert, und der Festungskommandant, Collona heißt er, schickt seinen Vater hinaus als Parlamentär – einen Zivilisten, bitte!, Blödsinn Numero eins – zum Belagerungskommandanten, dem Prinzivalli, daß der die Stadt nicht in Brand stecken soll. Also da geht der triefäugige Gaukler, der Sonnenthal – du entschuldigst schon, Kisch ...« (Hauptmann von Drofta hatte nämlich »Saujud« sagen wollen, das Wort im letzten Augenblick durch »Gaukler« ersetzt, entschuldigte sich aber dennoch), »... er geht also hinauf zu dem Belagerungskommandanten, und die verhandeln da, bis es herauskommt, was der Schweinkerl, der Prinzivalli, eigentlich haben will: Er fliegt auf die Frau von dem Stationskommandanten, die kennt er nämlich von früher, hat sie aber noch nicht g'habt und fuchst sich darüber. Drum erklärt er sich bereit, die Stadt zu schonen, wann dös Weibsbild zu ihm raufkommt, nur mit einem Mantel bekleidet, das heißt bei mir – nackicht, net? Dös is der Blödsinn Numero zwei, denn so ein geiler Hund gehört vors Kriegsgericht, dös weiß er selber ganz gut! Also, was soll ich euch sagen, da geht die Hohenfels, so eine Schlampen, hinaus zum Gegner, nur mit dem Mantel bekleidet – bitte, ich *betone*, ich war mit meiner Frau da! –, und da schmusen sie ein blödsinniges Gelatsch, und zum Schluß entläßt er sie unberührt. Unberührt! Dös kann mir der Herr Metterlink net aufbinden, *ich* laß mich doch nicht blöd machen, *ich kenn das Lagerleben* – drei Jahr' war ich beim detaschierten Bataillon in Bosnisch-Raca und weiß, wie's zugeht in der Kantonierung! Unberührt! Dös is a hirnverbrannter Stiefel! Er entlaßt sie *nicht* unberührt, im *Ernstfall* petschiert er sie grün und blau, darauf geb ich mein Offiziersehrenwort. Ist vielleicht jemand von euch anderer Meinung?«

Niemand von uns war anderer Meinung.

»Dös is eine ganz gewöhnliche Sauerei«, brummte Hauptmann von Drofta, »die ganze moderne Literatur, und ein

Mordsschwindel dazu! I laß mir doch nicht von einem Herrn Metterlink erzählen, wie's im Lagerleben zugeht, i war drei Jahr' beim detaschierten Baon in Bosnisch-Raca!«

Verbrechen in den Hochalpen

Auf der Alm, da gibt's ka Sünd, und Verbrechen schon gar nicht, das wäre ja noch schöner, sanft weidet das Lämmlein, »how lovely«, flötet die Amerikanerin, gutmütig glotzt Rindvieh die Touristen an, jodeln tut die Sennerin, wie ist der Älpler, bieder ist der Älpler, unschuldsweiß strahlen die Gipfel, wunschlos lebt es sich in der Hütte, golden geht die Sonne auf, reichlich grünen die Matten, Edelweiß und Alpenrose sind schön, kindlich murmeln die Bächlein, Friede zieht dir ins Herz hinein und so weiter. Und kommt man nach Bern, ist es beinahe noch idyllischer, ein naives Volk freut sich stundenlang der Bären im Zwinger, Redner der Heilsarmee und frommer Sekten sprechen sonntags auf den Plätzen; Lauben, Brunnen, Wahrzeichen der Häuser und Traditionen der Bürger und gar der Burger sind jahrhundertealt, in der rechten Laube spazieren die ledigen Leute, Studenten, höhere Töchter, Hörerinnen der Hotelschule, die »verheiratete Laube« gegenüber dient den Eiligen. Ja, das Berner Oberland ist einfach und ehrlich, in Stadt und Land, und nur aus Prinzipienreiterei bin ich diesmal meinem alten Grundsatz nicht untreu geworden, in jeder Stadt das Polizeimuseum zu besuchen. Wie armselig muß die Sammlung kriminalistischer Dinge sein in dieser glücklichen Welt, dachte ich, was kann schon darin sein, das Apothekchen eines Kurpfuschers, Stöcke, mit denen sich Burschen bei der Kirchweih geprügelt haben, und vielleicht die Liebestropfen einer Berghexe? Dachte ich . . .

. . . und sah Bilder und Andenken an Mord und Totschlag. Da ist der Fall des Kaufmannes Grieder am Kornhausplatz in Bern; er rüstete die Hausierer aus, die mit Kurzwaren in die einsamen Bauernhütten kraxeln, um dort ihre Schätze auszubreiten, zu handeln, mit Milch und Brot bewirtet zu werden und mit einem »Vergelt's Gott« weiterzuziehen. Solche biederen Hausierer bezogen also vom Kaufmann Grieder ihre Waren, bis ihn 1914 in seinem Laden solch ein biederer Hausierer namens Witwer mit Hammer und Messergriff erschlug, daß Blut und Hirn auf die Schachteln spritzten, wie hier noch zu sehen ist; mit reichem Raub entfloh der Täter, binnen kurzem aber wurde er verhaftet. Nicht jeder läßt sich so leicht festnehmen; der Browning liegt in der Vitrine, mit dem der Einbrecher Neukomm 1923 im Wald bei Lotzwyl einen Landjäger tödlich traf, und ein hübsches Bauernhaus von Felsau bei Brenngarten ist in effigie da, das eines Wilderers, der es mit dem ihn arretierenden Gendarmen ebenso machte. Auf dem Gsteig im Saanengebiet, zweitausend Meter hoch, schleppt sich, mehrfach verwundet, ein Jäger zur Sennhütte — er stirbt mit der Angabe, daß zwei Burschen gegen ihn gefeuert haben, die er wegen Wilderns stellen wollte; die Täter wurden nie erwischt. Vor zwei Jahren erregte das Verbrechen auf dem Säntis Aufsehen in der alpinen Welt: Der Hüttenwart und seine Frau wurden von einem Tiroler Bergführer erschlagen und beraubt; drei Wochen vermochte der Täter, aller Verfolgungen spottend, in den unwegsamsten Höhen verborgen zu bleiben; schließlich ging ihm der Proviant aus, und er erhängte sich an einer Felszacke. Selbst gerichtet hat sich auch der Handlungsgehilfe Gnauck, er hat 1922 Raubmord an einem Konfektionär in Bern verübt, flüchtete in einem Mietauto, nachdem er den Chauffeur an einsamer Stelle des Waldes verwundete, und erschoß sich in Solothurn. In der Kantonalen Strafanstalt zu Thorberg büßen Mörder ihre Taten ab. Der Händler Alfred Grasser, der hoch oben im Jura, auf der Plagne, eine verheiratete Frau durch drei Schüsse entleibte, um sie loszuwerden, und sein Gegenspieler, der Franzose Delacour, der auf einer Tour im Berner Oberland seinen Freund Cerisier umbrachte, um dessen Frau heiraten zu können. Im gleichen Zuchthaus versucht ein Mann namens Kern, Mörder einer Wirtin in der Genfer Gasse zu Bern, immerfort neue Ausbrüche, trotzdem seine Zelle betoniert und besonders bewacht ist. Vielleicht ist sein Vorbild jener Pole Makowsky, dessen Ausbruchswerkzeuge der Clou des Berner Polizeimuseums sind: Mit nichts als einer Schere und einem Eisenstück, das ihm beim Garnhaspeln in der Einzelzelle zum Beschweren des Fadens diente, hat er aus seiner Suppenschale eine ganze Garnitur vollkommenster Schlüssel mit kompliziertem Bart und ausgearbeitetem Griff für die Zelle, für die Barrieren, die den Korridor sperren, und für das Anstaltstor hergestellt und ging von dannen; erst nach Monaten erwischte man ihn mitsamt seinen Fabrikaten, gegen die alle anderen Diebeshaken und Einbruchsinstrumente hier — Dietriche von Bern! — armselige Stümperarbeit sind.

Totschläge an Wildhütern (Racheakt oder Vereitelung der Festnahme) sind in den Bergen nichts Seltenes, ebensowenig Raufhändel mit tödlichem Ausgang, und die Polizei hat Auftrag, jedem verdächtigen Todesfall nachzugehen. Photographien dieser Tatbestände sind von ganz anderer Art als die der großstädtischen Polizeibehörden: Ein auf der Bergstraße aufgefundener Leichnam zum Beispiel schien auf eine Rückgratzertrümmerung durch Stockhiebe hinzuweisen, aber die Spurenaufnahme ergab, daß der Mann in Mietholz bei Kantergrund auf Eis geraten und ins Rutschen gekommen war, dreimal mit dem Körper an Baumstämme schlagend, und schließlich mitten auf dem Karrenweg liegenblieb. Ähnliche Ergebnisse zeitigte die kriminalistische Untersuchung an der Leiche einer Medizinerin aus Berlin, auf die 1923 Holzfäller bei Bad Weißenburg stießen, und der eines Schusters aus Thun, der beim Pflücken von Alpenveilchen auf der Wimmisseite des Niesen abgestürzt war.

Allen Vermißten muß nachgeforscht werden, die Landjäger des Oberlands haben Steigeisen, Skier und Seile. Knapp vor dem Krieg ging ein Student aus Pommern vom Jungfraugipfel gegen Fiesch und kehrte nicht zurück. Man hatte große Geldsummen bei ihm gesehen, und das Gerücht eines von Führern begangenen Raubmordes wollte nicht verstummen. Eine Führerkolonne machte sich auf, ihn zu suchen. Vergeblich. Er war damals in eine Gletscherspalte gefallen, und durch die Abwärtsbewegung des Gletschers trat erst nach elf Jahren die Leiche zutage, Körper, Gesicht und Kleider unversehrt, nur die rechte Hand hatten Füchse abgefressen. In der Tasche des Verunglückten lagen seine Papiere und der Geldbetrag in Schweizer Franken. Die Eltern, die alljährlich in die Gegend gereist waren, um dem unbekannten Grabe des Sohnes nahe zu sein, kamen in dem Augenblick vorüber, als man ihn fand . . .

Manchmal bewahrt der Gletscher seine Beute dreißig Jahre lang, und so ist die Hoffnung nicht aufzugeben, daß man auch noch Georg Winklers Leiche entdecken wird, jenes berühmten jungen Alpinisten, Ersteigers des Winklerturmes in der Rosengartengruppe und des Winklerweges auf der Cima di Madonna, der in den Neunzigerjahren an der Ostwand des Weißhorns in den Schrund gestürzt ist.

Natürlich kann hier oben in den Bergen manches Verbrechen ungesühnt bleiben, wer vermöchte zu sagen, ob es ein Fehltritt oder der Stoß des Begleiters war, was einen Unglücklichen über den Grat riß?

Sehr zahlreich sind Corpora delicti von Wilddieben, Vogelstellern und Fischfrevlern vertreten, Stockflinten, meist Eigenbau, mit dem Lauf ausrangierter Vetterligewehre der Miliz, zusammenlegbare Stutzen, Vogelfallen, die man aus dem Fenster steckt, um Distelfinken und Goldammern zu fangen, Gewehre für Gemsen, Rehe, Steinwild und Hasen, Klemmen und Schlingen für Füchse, Dachse und Murmeltiere, verbotene

Doppelangeln und Netze mit zu engen Maschen, womit in der Aare und in der Emme, im Thuner und Brienzer See Lachs und Forellen gefischt werden. Auch von Brandstiftungen bleibt die höchste Region nicht verschont, in der Einsamkeit werden Falschmünzerwerkstätten etabliert, und das Museum bewahrt die Apparatur eines Baders zu Biel auf, der Sennerinnen von Folgen der »Sünde« half.

Das alles hätte ich hier beileibe nicht vermutet, als ich — wie eingangs erwähnt, ohne Laune und bloß aus Prinzip — das Kriminalmuseum betrat, und ich bin benommen von den Dramen des Hasses und Blutvergießens, die sich hinter den idyllischen Kulissen abspielen, in den zuhöchst erhabenen Erdenwinkeln. Ich kann nun wieder hinausgehen aufs Schänzli, den Blick auf Wälder und Berg zu richten und auf die Hütten, in denen man Friede und Sitte zu Hause glaubt, die Sonne geht unter, alles strahlt in glücklichem Schein. Aber der täuscht mich nicht mehr.

Il equilibrista

Sonntag vormittag sitzen wir an einem der leeren Tische hinten an der Galeriebrüstung des Zuschauerraumes, Rastelli trägt einen braunen Anzug, wie ein Bürger, nicht das rohseidene Knabenkleid mit den Pumphosen, das am Abend zur spielerischen Art seiner Kunststücke paßt. Auf der Bühne proben Parterreakrobaten, Sachsen. Ich frage ihn aus, er lacht italienisch, kauderwelscht deutsch, spricht englisch, wie es sich für einen in Rußland geborenen Artisten schickt, der eben aus Spanien kommt, nach Rumänien fährt und dessen Frau eine Dänin ist. Auf welche Weise er seine Kunst entdeckt hat, möchte ich vor allem wissen und erwarte vielleicht zu hören, daß er einmal als Kind unbedachtsamerweise ein Tischtuch herabgezerrt hatte und nun aus Angst alles, was fiel, mit seinen Händchen und Ärmchen auffing, Teller und Tassen, Vase und Lampe, Torte und Zuckerdose, zum Staunen der knapp vorher so erschrockenen Familie. Doch Enrico Rastelli:

»Oh, ick aben müssen lernen schon als bambino, als ein ganz kleiner Kind, you understand? Wir sein die alte Familie von Artisti in Italia, beaucoup des générations de jongleurs. Sangue di artisti — Sie verstehen? Hunderttwenty Jahre wir schon arbeiten in die ganze Welt, grande tradizione! Meine bisnonno, meine Vorgroßvater ist geheißen Francesco Rastelli und gehabt große Successen, er aben gewesen in Saxonia, in die quar-

tiere di guerra von Napoleone, bei Leipzig in Saxonia, aben er vor ihm gearbeiten, ma Napoleone è stato vinto, ist gewerdet besiegt und in the same week my Vorgroßvater aben gearbeiten vor drei andere Imperatore, Frederico Guillelmo di Prussia, Francesco di Austria e Alessandro di Russia – eine große Successen, n'est-ce pas? Grande tradizione, nevvero?«
Die Akrobaten auf dem Podium proben fluchend und schwitzend eine Pyramide, immerfort fällt oder springt einer ab, so daß Rastelli und sein Ausfrager sich nur schwer verständigen.
Können Sie mir noch etwas aus Ihrer Familiengeschichte erzählen?
»O no, I don't know nothing more – si, meine Großvater aben gehabt die Namen Raimondo Rastelli, aben gewesen 1848 – la revoluzione, Sie wissen? – in Budapest, Hungaria und aben mussen jonglieren die Tricolore nazionale di Hungaria auf die Nase, o la la, und dann aben gekommen die Austriaci und aben portato in prigione, einsperren meine Großvater Raimondo. Meine Vater, Alberto Rastelli, sein auch eine Jongleur – man sagen richtig: eine Jongleur?«
Ein Jongleur, Signore Rastelli.
»Si, si. Und meine Mutter sein auch ein Jongleur, Julia Bedini, aber Mama arbeiten nicht mehr. Meine Vater aben gewesen fünfundvierzig Jahre bei Zirkus Pirantoni und gespielen for a fortnight jeden Abend Soloprodüczion in Costantinopoli für Sultano Abdul Amid. Meine Vater gemachen alleine die Invenzionen von meine Trücs, tutto neue Systemen, alles original, differenti Systemen wie die andere Jongleuren, par exemple la famille Schäffer ou Kara ou Cinquevalli – aben Sie gekennen Cinquevalli? – oh, eine große equilibrista!« – Haben Sie Geschwister, Herr Rastelli? – »Non, ick bin der einen Sohn.« – Sind Sie verheiratet? – »Ja, ja. Die Signora, was assistieren zu mir auf die Bühne, that's my wife, sie sein aus Denmark.« – Sie haben Kinder? – »Yes, I've two children – girls. Die sein bei ihre Großpapa in Bergamo.« – Also sind Sie der letzte Rastelli? – »O no, zwei Cousins, Adolfo und Oreste Rastelli, was arbeiten in eine Quartetto ›Rastelli e compagnia‹, ick hören, eine sehr gute troupe.« – Sie haben es bloß gehört? Haben Sie sie denn nie gesehen? – »Mai – mai, niemals. Wir sein ja immer in Engagement, sie sein jetzt in Südamerika. Einmal aben wir gearbeiten ganz nahe von sich: meine Cousins aben sein engagé in London und ick in Wien – aber ick nicht Zeit gehaben, zu machen die kleine Excürsion zu sie.«
Oben auf der Bühne haben eben die Parterregymnasten eine Pyramide gemacht, die zusammenstürzt. Zwei der Athleten fallen aufs Kreuz, die beiden Untermänner drehen sich nicht nach ihnen um, sondern richten die Armgelenksriemen.

Wann sind Sie geboren, Herr Rastelli, und wie lange sind Sie schon beim Geschäft?

»In Samara, in Rußland, bin ick gebort, in 1896. Wie ick waren vier Jahre alt, ick aben mussen cominciare a lavorare, zu arbeite, mit zwei piccolo, piccolo Kugel, wie die children spielen auf die strada, und dann mit drei Kirschen, und mit elf Jahre aben ick schon gearbeiten solo für Gage.«

Aber es hat Ihnen Freude gemacht?

»Pas du tout! In contrario! Ick nicht gerne gelernen. Erst wie ick sein größer gewerdet, aben ick bekommen Freude, zu machen neue Invenzionen, zu lernen neue Trücs, ich können jetzt zweihundert Trücen und trainieren ein ganz neuer Sache ...«

Er will nicht verraten, was es ist – damit es ihm niemand vorwegnehme. – Ein anderer kann Ihnen doch nicht zuvorkommen, wende ich ein, es doch nicht schneller erlernen als Sie, der Meister. Aber Enrico belehrt mich, daß eine Idee durch schlechte Ausführung noch eher kompromittiert wird, und er hat recht. Wir sprechen von seiner Kunst, auf die ich drei Abende vom bezahlten Sitz fassungslos gestarrt hatte, von seiner Kunst, die die Überwindung der Schwerkraft durch Leichtigkeit, das dynamische Dementi der Statik und die Aufhebung der Physik durch die Physis, der mechanischen Gesetze durch menschliche Geschicklichkeit darstellt, und ich frage ihn, welches das schwierigste seiner Stückchen ist. Das Balancieren der sechs Teller, während der Gummiball auf seinem Nacken schaukelt, hat ihn ein Jahr Arbeit gekostet, acht Stunden täglich, das Emporwirbeln der acht Teller (von denen er vorher zwei in einem Bauchladen, einen im Mund und fünf in den Händen hält) beinahe anderthalb Jahre. Lange hat es auch gedauert, bevor er gelernt hat, kopfstehend, mit dem linken Fuß einen schweren Stern rotieren zu lassen, auf dem rechten Fuß einen leichten Reifen zu wirbeln, mit den Händen dabei drei Billardkugeln zu jonglieren und sich im Kreis zu drehen. Aber er vermag heute nicht mehr anzugeben, welches sein Clou ist. Was er kann, macht ihm keine Mühe mehr. Das Geheimnis der Gummibälle? Welcherart sind sie mit Klebstoff bestrichen, daß sie springen wie gewöhnliche Spielbälle und auf dem Rist des Fußes, nein sogar auf der Fußspitze abgestoppt werden können, um in scharfem Wurf auf seinem Kopf oder Nacken anzukommen, und doch nicht abprallen, sondern liegenbleiben, allen Gesetzen vom Stoß elastischer Kugeln und allen meinen Erfahrungen als Fußballer, der fast fünfzehnmal zweiundfünfzig Sonntage zwischen den Toren verbracht hat, strikte zuwider?

Enrico ist beleidigt, weil ich seine Instrumente für präpariert halte. »Andrea«, schreit er über die Bühne (auf der wieder

eine Pyramide krachend zusammenstürzt und einer der Akrobaten sich schmerzverzerrt sein blutendes Knie reibt) in die Kulisse, »Andrea, portami tre palle, la verde, la gialla e quella a fiori, e due bastoni, ma presto!« Schon kommt Andrea herbeigerannt, mit einem grünen, einem gelben und einem geblümten Ballon und zwei weißlackierten Rundhölzern, so wie es der Maestro bestellt hat, und Rastelli reicht sie mir; ich sehe, daß sie wirklich nicht gummiert oder sonstwie präpariert sind — natürlich, er hat doch ausdrücklich bestimmt, welche der Assistent bringen sollte. Aber siehe da, sitzen bleibend wirft der Jongleur einen Ball schräg auf seinen Kopf, selbiger normale Ball tänzelt ein wenig und legt sich reglos hin, Enrico neigt das Haupt, und der Ball rollt über den Hinterkopf auf den Hals, dessen Peripherie entlang und setzt sich gehorsam auf den Nacken, wo er weiterer Befehle harrt. »Big practice, sentiment and feeling«, sagt Rastelli, »ick machen niemals keine Camouflage, Leute das merken, in Amerika kommen die Publikum sulla scena, toccare i miei Instrumenten und stehen bei mir, quando ick machen mein Experimenten.«
So erklärt er seine Kunst: »Big practice, sentiment and feeling« — große Erfahrung, Gefühl und ... ja, wie übertrage ich »feeling« ins Deutsche, wenn ich schon »sentiment« mit »Gefühl« übersetzt habe? »Einfühlung?« Kann man sich in etwas Seelenloses, in Gegenstände einfühlen? Vielleicht liegt darin die Zauberei des großen Gauklers, daß seine Instrumente ihm keine leblosen Dinge sind, sondern Geschöpfe mit Gefühlswelt, die man erforschen muß, gleich der Welt der Kinder oder der Tiere, ehe man es vermag, mit ihnen richtig zu *spielen,* sie zu erziehen oder sie zu dressieren. Macht es nicht wirklich den Eindruck, als fielen die Kugeln und die Teller und die Reifen nicht nach den nüchternen Gesetzen der Physik, sondern nach dem Wink des Dresseurs, als kröchen, kletterten, hüpften, hockten sie dorthin, wohin der Lehrer wünscht? Als prallten sie von ihm nicht ab, weil sie ihn nicht fürchten, als blieben sie bei ihm, weil sie ihn lieben? Hat für ihn nicht jeder Ball ein Eigenleben, hat er nicht jeden der gleichartigen Gummiballons besonders bezeichnet, die der Famulus bringen sollte? Vollzieht sich hier das Wunderbare?
Rastelli weiß das gewiß selbst nicht, er nimmt eines der weißen Hölzer zwischen die Zähne, stellt auf dessen Ende den zweiten Stab im rechten Winkel auf, und ohne daß er den Kopf oder auch nur das Gebiß zu bewegen scheint, beginnt das vertikale Stöckchen sich zu drehen, zu wirbeln, eine Minute, zwei Minuten, drei Minuten kreist es um seine Achse, springt in die Höhe und bildet plötzlich die Verlängerung des ersten Stabes, der noch immer zwischen den Zähnen des Meisters liegt, nur etwas aufwärts gerichtet.

Werften und Docks

Die christliche Neuzeit hat den Tempel aufgerichtet und nach dem heidnischen Kriegsgott Ares benannt. Kein Theologe und kein Archäologe wäre imstande, den Ritus dieses seltsamen Gotteshauses zu beschreiben. Schiffe werden hier gebaut und das, wessen ein Schiff bedarf: Maschinen und Masten, Seile und Segel, Anker und Antennen, Kessel und Ketten, Schaufeln und Schlote: wenn es Schlachtschiffe sind, und es *sind* Schlachtschiffe, auch Panzer, Geschütze und Mitrailleusen.

Fabriken zur Rechten, Fabriken zur Linken. Essen verbreiten unheimliche Glut, Schlote verwandeln den Horizont in eine geometrische Zeichnung, Werkstättenschiffe schwimmen auf das Land, und Lokomobile rollen ins Wasser — Dampfhämmer sausen — Treibriemen drehen sich nach allen Richtungen — eine Felsenlandschaft steht düster am Rande des Geländes: Kohle — Batterien fahren auf — Dynamos fauchen und zittern — Preßluft von hundertfünfzig Atmosphären wird aus einem Torpedo gelassen und sperrt, eine unsichtbare Schlange, zischend den Weg — Ketten klirren und quietschen — flüssiger Stahl blendet die Pupillen — auf dem für die Schlitten geseiften Boden der Werften gleitet man aus — Eisenbahnzüge queren signallos die Wege — oberhalb deines Schädels baumelt ein Geschützrohr (und wenn auch ein Kranhaken haltbarer ist als ein Pferdehaar, so hat doch dafür das Damoklesschwert sicherlich nicht 46 448 Kilogramm gewogen!) — das Surren des pneumatischen Bohrers läßt an einen kosmischen Zahnarzt denken mit gigantischen Apparaten — über Luftleitungsröhren stolpert man — Stickgeruch der Lacke kriecht in die Lungen — Gendarmen fahnden nach Spionen und überprüfen jedermanns Legitimation . . .

Ja, ja, du siehst höchst verdächtig aus, dieweil du ängstlich überall Gefahren witterst und Feindschaft des Objekts, dieweil dein Blick die Genrebilder und Riesengemälde, die Seestücke und Interieurs aufzunehmen strebt, dieweil du herumirrst im Artilleriebezirk, im Maschinenbauviertel, im Elektroquartier, in der Takel- und Torpedovorstadt und auf der Ile de cité, der Schiffbaustadt, in diesen Komplexen, deren jeder eine Direktion hat und die allesamt dem Bürgermeisteramte unterstehen, als welches den Titel »Seearsenals-Kommando« führt. Etwa sechstausend Bewohner, Werftarbeiter, Nieter, Verstemmer, Kalfatterer, Bohristen, Feinmechaniker, Handwerker, Schiffsleute, Elektriker, Metalldreher, Maschinisten, Schmiede, Tischler, Stahlarbeiter, Offiziere, Ingenieure, Beamte, Bauzeichner, Bootsbauer, Installateure, Soldaten, Matrosen, Seiler,

Kupferschmiede, Werkschüler, Eisengießer, Lackierer, Drechsler, Böttcher — beiläufig fünfzig Berufe.

Alles wird hier gemacht, Konstruktion, Reparatur, Ausrüstung, Instandhaltung, Überprüfung, Taucherkähne, Torpedoboote, Kreuzer, Minensucher, Torpedobootzerstörer, Tender, Barkassen und Plätten, die feinsten Apparate der Starkstromtechnik, Radioanlagen, Ferndrucker, Telefonverbindungen, sogar Textilindustrie, Glasfabrikation und andere Spezialgewerbe werden betrieben, ein chemisches Laboratorium analysiert Spezialstahl, macht Pulverproben, Rauchgas- und Sprengstoffexperimente, stellt Kaloriengehalt von Brennstoffen und die Wertigkeit von Ölen, Fetten und Seifen fest, fabriziert Wanzenvertilgungsmittel.

In einer der Hallen spielen Männer im Sand und graben Ornamente wie Kinder am Strande. Aber ein tiefer Sinn liegt in dem kind'schen Spiel. Nach einem Modell, das in der Tischlerei geschnitten worden ist, werden in den Formkasten auf der Erde die Negative der kompliziertesten Teile geknetet, gepreßt und mit Graphit bestrichen; dann wird flüssiges Gußeisen aus den Kupolöfen eingelassen.

Die Giftküche: Landschaft der Grottenbahn im Vergnügungspark. Grellgrün gefärbte Fabelwesen, gespenstisch, mit vermummten Gesichtern, kochen Grünspan, mischen ihn mit Kolophonium und Leim. Gesegnete Mahlzeit! Die Austern, die Algen und Muscheln und anderes Meeresungeziefer, das sich am lebenden Werk der Schiffe ansetzt, deren Fahrtgeschwindigkeit vermindernd, sollen es fressen und daran krepieren. Nun, sie fressen's — und dennoch ist es aller Toxikologie, allen Hexenkesseln und allen Giftmischern mit Gasmasken und grünen Dämpfen noch nicht gelungen, den Unterwasseranstrich zu mixen, der Fauna und Flora und Rost davon abhielte, als blinde Passagiere auf dem Ozean zu fahren.

Ein Berg verrosteter Ketten. Jahrzehntelang haben sie Meeresgrund mit Meeresoberfläche treu verbunden. Jetzt liegen sie da, ein Häufchen Unglück. Alte, einarmige Anker lehnen an einer niedrigen Mauer gleich Straußen, die sich über eine Hürde recken: wie Augen sehen die Bujen aus, der Ankerarm wie der Kopf und der Schaft wie der Straußenhals.

Der Mallboden ist ein hölzernes Zeichenblatt von mehr als achtzig Meter Länge und fünfzehn Meter Breite; direkt auf das Parkett wird gezeichnet, ein ganzer Dampfer mit allen Konstruktionsteilen in natürlicher Größe. Die Arbeiter, bäuchlings auf der Erde, haben die Detailpläne vor sich, den Zirkel in der Hand und vergrößern nun mit Kreide und Ölfarben die Zeichnung fünfzigfach auf Millimeter genau, den »Stracks«, einen langen, biegsamen Holzstreifen, als Lineal für Gerade und Kurve benutzend. Nach den Konturen auf dem Mallboden schnitzt man die Holzschablonen, und auf der Spantenbiegeplattform gießt man sie in Eisen.

In der großen Schiffsschmiede fallen Hämmer von sieben Tonnen Schwere auf weißglühenden Stahl, der sich dehnt und drückt wie Nougat. Dahinter der Abraum: so lange wurden Asche, Schlacke, Abfälle und Unrat in die See geschüttet, bis Festland entstand, ein neuer Bauplatz gewonnen war. Dafür hat man anderswo dem Meere zwei Absteigequartiere in den Felsenboden gesprengt, die Trockendocks. Diente das Amphitheater des Augustus, dessen Ruinen nahe sind, als Vorbild? Auch hier die Ellipsenform, auch hier die Riesenmaße, auch hier die Verkleidung mit Quadern und Ränge wie für das Publikum!

In dieses submarine Kolosseum schwimmt das erkrankte oder verwundete oder krankheitsverdächtige Fahrzeug, um auf Kielaufklotzungen zwischen Kimmböcke und Seitenstützen gebettet zu werden. Das Dock-Tor, ein Schiff von der Form einer abgeplatteten Kugel, verschließt hermetisch das Dock, aus dem das Wasser ausgepumpt wird. Die Behandlung kann beginnen. Wenn schließlich der Befund auf »geheilt entlassen« lautet, wird durch Röhren wieder Wasser eingelassen, empor steigt der Dampfer, fährt von dannen.

Auch hölzerne Trockendocks gibt es, und weit draußen haben Schwimmdocks ihren Platz, die eigentlich selbst riesenhafte Schiffe sind und Dreadnoughts mit einem Deplacement von zweiundzwanzigtausendfünfhundert Tonnen aufnehmen können. Jedes Dock ein Krankenbett oder ein Operationstisch, die Gesamtheit der Dockanlagen ein Sanatorium. Gebäranstalt sind die Stapel. Hier kommen Schiffe zur Welt. Schräg ist der Boden, die Helling, gegen das Meer geneigt und reicht unter dessen Oberfläche, das Werftdach, aus Eisen und Glas konstruiert, wölbt sich in einer Höhe von dreißig Metern, und dort oben, entlang der Galerie, fahren die Hebezüge. Unten stellt man die eisernen Skelette der Dampfer zusammen, setzt die Extremitäten an, fügt Herz und Eingeweide ein und umgibt das Geschöpf mit Haut und Kleidung und Rüstung; dann rutscht es auf geseiften Schlitten ins Meer hinab, läuft vom Stapel. Odysseus hat schneller gebaut:

Bohlen sodann zum Bord, an häufigen Rippen befestigt,
Stellt er umher und schloß des Verdecks weitreichende
  Bretter.
Drinnen erhob er den Mast, mit der kreuzenden Rahe
  gefüget,
Auch ein Steuer daran bereitet er, wohl zu lenken.

Hoch über alle Dächer des Konstruktionsarsenals und über alle Masten reckt sich der Hellingkran. Seiner schlanken Geliebten auf der anderen Seite der Bucht, der Kranschere, streckt er den Arm entgegen. Tausend Hämmer schlagen auf Eisen.

Es spukt im Mozarthaus

Ganz Smichow weiß davon. Im Bio Knížeci, wo sich alte Frauen an der Kassa für die Sonntagsvorstellung drängen, im »Lavoarek«, dem kleinen Park bei der Bezirkshauptmannschaft, wo die Kindermädchen zusammenkommen, im Kinskypark, wohin die Soldaten in gemischten Doppelpatrouillen gehen, und im »Hotel Hafen«, jenem abendlich viel frequentierten Labyrinth von Brettern und Balken, von dem man, ohne die Moral zu verletzen, nicht erforschen kann, warum man es »Hotel« nennt, im versteckten Beisel »Belgie« und in jedem Vyčep spricht man davon: in der Bertramka gehen Gespenster um.

Die verruchtesten Details sind zu hören: Der Sohn der Hausmeisterin von der Bertramka, der junge Ket, sei in der Nacht einer Weißen Frau vor dem Hause begegnet, habe sie grob angefahren, worauf sie eine Drohung gegen ihn ausstieß. Die Schafferin der Bertramka, Frau Hořejší, habe für eine in der Bertramka vor einigen Jahren verstorbene Dame in der Kapelle des Kleinseitner Friedhofes eine Messe lesen lassen müssen, um der Toten, die sich allnächtlich in ihrem Sterbezimmer zu schaffen machte, einige Ruhe zu gewähren. Ein Jüngling, der im oberen Gartensalon wohnte, sei in seinen Träumen von Vampiren und ähnlichen ungebetenen Gästen heimgesucht worden, bis er sich dem Spiritismus ergab und mit Hilfe der dabei erworbenen Lehren die quälenden Geister für geraume Zeit zu bannen vermochte.

Allen Respekt vor den Gespenstern: kein besseres Plätzchen könnte ein Sterblicher für so okkulte Zwecke ausfindig machen. Unmöglich ließe sich fünf Minuten von der Straßenbahn, den Ringhofferschen Dampfhämmern und den Fabriken der Mewa ein so entzückendes Rokokotuskulum vermuten. Der Graf Clam wollte es mitnichten, daß die neugierige Bürgerwelt Smichows auch nur einen Blick in jenes zärtliche Heim und dessen amouröse Räume werfe, das er für seine erklärte

Freundin, die Sängerin Josefine Duschek, in dem Weinberg Bertramka aufgebaut und mit einem verschwiegenen zweiten Eingang versehen hatte, in Koschiř — dem Portal seiner Klamovka ganz nahe. Wenn es hier Gartenfeste Fragonardschen Stiles gab, drang kein Flüstern und kein Knistern in eine argwöhnische Welt hinaus.

Als es galt, 1787 für den nach Prag gekommenen Compositeur Wolfgang Amadé Mozart ein recht stilles, recht ungestörtes und recht idyllisches Studio ausfindig zu machen, wo man ihn sanft zur Abfassung einer Ouvertüre für seine neue Oper namens »Don Giovanni« zwingen könnte, so war wahrhaftig die Bertramka wie geschaffen dazu. Da hat denn selbiger Kammermusikus in dem kleinen, rot-gold tapezierten Eckzimmerchen mit dem eingelegten Fußboden und an dem Brunnen im Garten geträumt, in sein klingendes Innere hineingehorcht und das Erlauschte mit kleinen schwarzen Punkten notiert. Hernach hat die vielgeliebte Frau Josefine Duschek-Hambacher den hübschen Melodienschöpfer dankbarlich auf das rot-goldene Sofa im Salon gezogen, auf das ihr gräflicher Mäzen oft sie gezogen hatte — aber, zum Teufel, wissen wir denn überhaupt, ob Graf Clam die wunderschöne Pepi hier im Don-Juan-Salon karessiert hat und ob Wolfgang Amadeus solches getan und ob in diesem Salon jetzt Gespenster ihren Spuk treiben? Wie sollen wir das wissen? Die Bertramka ist als Liebesvilla so pst gebaut, daß selbst in diesen doch vierfenstrigen Ecksalon kein indiskreter Blick zu dringen vermag. Von hier oben sieht man nichts als ein grünes Brettertor, den Hofweg, auf dem ein ausrangierter Schubkarren steht und eben eine lahme Katze humpelt, und einen unbewohnbaren Schuppen. Überdies ist noch ein Paravent vor die Fenster geschoben: der großmächtige Kastanienbaum, dessen Laub zwar, wir sind im Spätherbst, »Fiesco« geschoren, dessen Geäst aber derart dicht und breit ist, daß man selbst mit einem Feldstecher von außen nichts erlugen könnte. Längs der ganzen Innenfront ist überdies ein geschlossener Korridor gelegt wie das Schloß auf Papagenos Mund.

Und die Bewohner des Hauses? Die Besitzerin, Frau Sliwenski, die trotz Wohnungsknappheit die Mozartzimmer als ein für irdische Dinge unverwendbares Heiligtum behütet, ihre Freundin, die Pastorswitwe Molnar, deren Gatte einst aus Pilsen nach Prag berufen worden war, um die Leiche von Franz Palacký einzusegnen, und deren Sohn, mit dem ich 1915 im Užoker Paß wirklich gespenstisch-grauenhafte Nächte verbracht hatte — sie zeigen die kostbaren Andenken an den großen Tondichter, sie geben sogar (wenn auch anscheinend nicht gerne) alle Auskünfte über die Gerüchte von Gespenstererscheinungen in ihrer Wohnung, sie weinen, wenn man

von dem oder jenem spricht, der hier in der Bertramka starb und vorher oder nachher mit dem Spuk in Zusammenhang gebracht wurde, sie lächeln gar nicht über die Geistererzählungen, aber. . . Aber: sie fügen hinzu, das Gebäude sei leider so vertrackt gebaut, daß dem Munkeln freie Bahn gelassen ist und man nichts recht überprüfen kann und daß eine merkwürdige Akustik jedes Knacken des alten Mobiliars klingen läßt, als ob zumindest ein Steinerner Gast im Hause wäre. Auch auf die silbernen Birken und die Reste der Rokokostatuen im Garten weisen sie hin, die im bewegten Abendnebel leicht Leben zu gewinnen und Menuette zu tanzen scheinen. Und indem sie dem Geistersucher in alten Tassen heißen Tee servieren, bitten sie ihn »nur« um eines: »Um Gottes willen, nur keinen Namen nennen! Man kann doch nicht tote Menschen in die Zeitung geben und von ihnen schreiben, daß sie bei Nacht herumlaufen.« Der Besucher führt den Goldrand der bauchigen Teetasse zum Mund, und obwohl er in seinem Leben schon lockenden und raffinierten Bestechungsversuchen widerstanden hat, sagt er unbedacht zu, die Namen der angeblich ruhelosen Toten zu verschweigen, trotzdem sie alle mit der Mozarttradition in irgendeinem Konnex stehen.
Die Schafferin wird herbeigeholt, die Großsiegelbewahrerin der Gespenstererzählungen. Gleich wird sie dasein, sie muß bloß erst ihre neue Schürze umbinden; also warten wir ein paar Minuten auf die kokette junge Dame! Dann erscheint sie: Frau Anna Hořejší, vierundachtzig Jahre alt, ein verrunzeltes Frauchen, seit einunddreißig Jahren in der Bertramka bedienstet. Allnächtlich hört sie, wie im Mozartsalon Karten gespielt werden, Schritte gehen zum runden Spieltisch, in den Goldschüsselchen klirren Münzen, wieder werden Spielkarten auf den Tisch geschleudert, und dann macht sich jemand mit Schürhaken und Kohlenschaufel am Ofen zu schaffen. Die alte Hořejší hat dafür eine fromme Erklärung: Jemand, der im Hause gewohnt und eben in jenem Salon gestorben ist und den sie gut kannte, hat Abend für Abend gespielt, auch am Sonntag, ja, und einmal sogar, um Gottes willen, am Karfreitag. Frau Hořejší holte sich beim Kleinseitner Friedhofspfarrer Rat, und der hat ihre Ansicht bestätigt: Die arme Seele habe im Grabe keine Ruhe, man müsse für sie eine Messe lesen. Die greise Schafferin bezahlte die Totenmesse, und seit der Zeit ist das gespenstische Kartenspiel seltener geworden. Auch das Stochern im Ofen, das gleichfalls bei Lebzeiten der verstorbenen Person zu deren Gewohnheiten gehört hat, ließ etwas nach.
Frau Hořejší berichtet ferner von der nächtlichen Begegnung, die der Franz, der Hausmeisterssohn, gehabt hat. Der kommt eines Abends spät nach Haus und sieht im Mondlicht eine ver-

schleierte Weiße Dame um das Haus gehen. »Was machen Sie da?« fragt er. Die Fremde hebt einen Finger und spricht: »Ich gehöre her. Aber *du* gehörst nicht her. Und du wirst in einem Jahr nicht mehr dasein.« Am nächsten Tag hat's der Franz genau erzählt, mit dieser Prophezeiung, nur der Mutter, damit sie sich nicht ängstige, verriet er nicht, was das Gespenst gesagt, und grün wie eine Wiese hat er sich zu Bett gelegt und war lange krank. Einmal schreit er mit einer Gestalt, die ihn erwürgen will; als der Pepi, sein Bruder, der neben ihm liegt und auch Schritte vernommen, jedoch nichts gesehen hat, aufspringt, ist der Geist verschwunden. Am nächsten Tage war der Franz tot . . .

»Das stimmt alles aufs Wort«, nickte die Besitzerin der Bertramka, »aber der Franz hat schwer gefiebert und Halluzinationen gehabt. Und der Pepi war eben auch aufgeregt.«

»Haben Sie einmal einen Geist gesehen, Frau Hořejší?«

Die Schafferin schlägt ein Kreuz. »Niemals. Ich habe sie oft gehört, die Seelen, aber nie gesehen. Der Herr Jesus Christus müßte mich ja strafen, wenn ich etwas lügen wollte. Mit solchen Sachen treibt man keine Scherze.«

Gäßchen der Unterröcke

»Petticoat«, die Verschmelzung eines (verstümmelten) französischen und eines englischen Wortes bedeutet soviel wie »Unterrock«, und der im Londoner Whitechapel von Aldgate East gegen Bishopsgate abfallende Straßenzug heißt von alters her »Petticoat Lane«, das heißt »Gäßchen der Unterröcke«. Was eine ironische Anspielung darauf war, daß Frauen des armen Ostlondon bei der Besorgung von Fisch, Fleisch, Brot und Gemüse hier auch zum Kauf von allerhand Toilettenartikeln billigster Sorte verlockt wurden. Seither sind Zeiten vergangen, die bissige Benennung hat im offiziellen Straßenregister dem Namen »Middlesex Street« weichen müssen, und die Pogrome in Russisch-Polen, die sozialen Mißstände in anderen Ländern, besonders der Pauperismus in Irland, die Judenverfolgungen in Rumänien, das Wachstum des Themsehafens und die freie Ansiedlungspolitik Englands haben den Sprengel der einstigen White Chapel zu einer Riesenkolonie aller Stände gemacht. Der Markt ist zwar am alten Platz geblieben, doch beschränkt er sich längst nicht mehr auf Nahrungsmittel und Schnittware, sondern es sind jetzt Tausende von armseligen Luxus- und Bedarfsartikeln, die dieses Freiluftmagazin feilhält; der Westlondoner kennt die Geusenbezirke nur vom Hörensagen. Er bezeichnet es entweder als Selbstmord, sich in den Bannkreis des Pöbels zu wagen, oder er bestreitet pharisäisch die Echtheit solcher Manifestationen des Volkslebens, sie seien für neugierige Ausländer künstlich gestellt und der ganze Markt von Petticoat Lane von Verkehrsbüros erhalten, die den Touristen für die Besichtigung dieser Sehenswürdigkeiten ihre Detektive vermieten. (Übrigens findet man in der ganzen Welt die Spießeransicht vertreten, daß Massenquartiere und Verbrecherkaschemmen nur Inszenierungen der Fremdenindustrie, Spelünken vom Schlage des »Grünen Kakadu« seien.) Eine Exkursion zur Elendenkirchweih von London genügt, um darzutun, daß selbst Hunderte von Fremden in dem Gewühl erregter Massen verschwinden müssen, genügt, um allzu klar zu erweisen, wie schmerzhaft echt das Fieber des Gelderwerbs, des Feilschens, der Not, der Überredung, des Alters und des Schmutzes ist, das hier die Menschenmenge schüttelt. Am Sonntagvormittag, wenn jedermann Zeit zum Einkauf hat, schwillt das Markttriebe ins ungeheuerliche.

In Liverpool Station verläßt man den Waggon der Untergrundbahn und betritt die Stiege, die aus dem Stollen an die Oberfläche führt, man kann auf der untersten Stufe stehenbleiben, die Treppe rollt empor, aber wer Eile hat, nimmt die Stufen und ist doppelt so schnell oben. Das ist der Vorteil des Trottoir roulant gegenüber dem gewöhnlichen Lift, der nivelliert, auf die Unterschiede der Dringlichkeit keine Rücksicht nimmt und alle in das gleiche Abteil preßt, Gemächliche und Hastige.

Vor dem Ausgang bieten schreiende Knaben Ansichten des Marktes von Petticoat Lane an — sie allerdings spekulieren auf die Fremden, denn die Untergrundbahn kommt vom Westen und bringt nur Outsider. Die wahren Interessenten pilgern zu Fuß aus den Arbeiterhäusern von Shadwell, aus den Docks von Bromley, aus den Seemannsheimen von Blackwall, aus den chinesischen Heizerquartieren von Limehouse, aus den schmierigen Zigeunerhöhlen von Millwall, aus den Werkstätten der »Sweated work« = Schneider in den Minories, aus den Kellerlöchern der Schuster von Shoreditch, von den Kais in Poplar, Irländer aus ihrer geschlossenen Kolonie in der Riche Street, Packer, Auslader oder Gelegenheitsarbeiter. Und armselige Strolche und noch armseligere Huren.

Der Anfang der Middlesexstraße ist frei von Verkaufsständen, massig spreizt sich der Block von Ostindien-Speichern, gegenüber ein Hospiz, dahinter biegt die Straße nach rechts.

Dort ist der Ursprung des Krawalls, der schon hörbar war, als man die Tubestation verließ, dort schaukelt eine unabsehbar lange Kette von Passanten. Kaum elf Meter breit ist die Gasse, durch zwei Budenreihen, die an den Rändern der Fahrbahn stehen, in drei Teile geschieden,
vor den Häusern: auf den Bürgersteig geschobene Tische mit Trödel;
vor jedem Zelt, vor jedem Laden: Besitzer, Aufseher und Ausrufer;
fast vor jedem Stand: ein Meeting von Gaffern, Kauflustigen und Unentschlossenen;
alle drei Schritte: irgendein fliegender Händler;
und durch diese beängstigende Häufung von Ansammlungen, durch die sich berührenden oder sich überschneidenden Menschenkreise wälzt sich ein Riesenstrom rücksichtsloser Passanten.
Den Verkauf von Anzügen, Frauenkleidung, Stoffen und Tüchern betreiben russische Juden mit Schmachtlocken, über denen samtene Jarmilkes sichtbar werden, wenn sie wegen der Hitze ihre steifen, fettglänzend-schwarzen Schildmützen abnehmen. Manche tragen noch Kaftan und Stulpenstiefel. Frauen helfen im Geschäft, Töchter und Söhne, oft kaum zehnjährige Kinder, geben Auskünfte, preisen an, messen und handeln, besser als die Alten, die nicht Englisch können, und, arme Kinder, ebenso tüchtig.
Sicheren Absatz haben die Dinge, deren der Engländer am dringendsten bedarf: die kurze Tabakspfeife, der Rasierapparat und die Pepitakappe, mit der sich der Gentleman aus Whitechapel unendlich nobel vorkommt. Aber auch diese stark gefragten Artikel können der Reklame nicht entraten, denn groß ist die Konkurrenz. So staut ein Mützenhändler vor seinem Stand die Menge, indem er durch seinen schauspielerisch begabten Ausrufer die ganze Brautwerbung Richards III. und die Antwort der Königin Anna pathetisch vortragen läßt. Nur gelegentlich werden zweckentsprechende Varianten geschaffen. Bei den Schlußworten

> Ward je in dieser Laun' ein Weib gefreit!
> Ward je in dieser Laun' ein Weib gewonnen!
> Das glückte mir, weil ich die Mütze trag,
> Die um zwei Schilling ich mir hier gekauft!

bricht das Auditorium in Beifall aus, und einer oder der andere der begeisterten Boys ergreift die Gelegenheit, eine Mütze von der gleichen Bezugsquelle zu erstehen, die einem buckligen Schuft zu so stolzem Erfolg bei einer Königin verholfen hatte.

Ein anderer Händler singt zweideutige Lieder und schaltet vor der zweiten Strophe, deren pikanten Inhalt er bereits angekündigt hat, eine Pause ein, unaufgefordert die Kleider und Taschentücher seiner Zuhörer mit Parfüm zu besprengen. Wer möchte da nicht Käufer sein?

Der Stromrichtung entgegen zwängt sich ein Fünfziger mit Seehundsgesicht. »Ich bin ein fröhlicher Gesell«, flüstert er den Leuten ins Ohr, zwinkert und verzieht den Mund zu einem Lächeln, daß die Stoßzähne erschreckend sichtbar werden. In Kniehöhe steckt er — ostentativ verstohlen — einen Umschlag mit »französischen Photos« denen zu, die ihm den verlangten Penny reichen; wer auf den alten Boulevardschwindel hineinfällt, findet in der Enveloppe eine Postkarte mit dem Bild einer keifenden Schwiegermutter oder eines Betrunkenen oder ähnliche Sujets, wie sie die Schaufenster vorstädtischer Papiergeschäfte füllen.

Fast nackt, am Blumenkohlohr als echter Boxer kenntlich, führt ein Jüngling gegen einen wehrlos taumelnden Punchingball Haken, Schwinger und Uppercuts, um die Kraft der Boxhandschuhe zu beweisen, die er anzupreisen hat; statt männlichen Sportnachwuchses umringt ihn ein Rudel von Mädchen, das sich an seinem Muskelspiel ergötzt. Auf regelrechter Jockeiwaage lassen sich kleine Burschen des East End wiegen und träumen, im Sattelraum von Epsom zu sein. Optische Instrumente, Goldbronze, Amulette, Spielwaren und Speiseeis haben es nicht leicht, Abnehmer zu finden, diese Branchen sind unergiebig für Anreißertricks, doch ohne Reklame floriert der Stand, der Portionen grüner Erbsen mit Pfefferminzsoße verschleißt. Bedrohlicher Andrang herrscht vor dem Gingerschanktisch, die Biergläser sind durch Drähte mit der Theke verbunden, die von einem Kordon ausdauernder Säufer und Säuferinnen zerniert ist; die hinten angestellten Durstigen stoßen mit Schultern, Fäusten und Drohungen vorwärts, aber da eine Frau — die karierte Männermütze vermittels einer Hutnadel an der Ponyfrisur festgesteckt, einen Säugling auf dem Arm — sich durch die kompakte Masse zum Ausschank quetscht, machen alle ihr bereitwilligst Platz. In den Auktionshallen wird entfesselter Kitsch in Goldrahmen abgesetzt wie warme Semmeln.

Der Defekt als Anziehungspunkt: ein Stotterer, auf einem Podium stehend, empfiehlt Seifen, seine Zunge wölbt sich gefährlich aus dem Mund, Worte bleiben im Hals stecken, sein Kopf blaurötet sich, halb belustigt, halb aus Mitleid nehmen ihm viele etwas von seinen Blumenseifen ab.

In den Nebengassen sind Gewühl, Getöse und Schweißgeruch nicht mehr so beklemmend, um so stärker tritt die autochthone Not in Erscheinung. Die einstöckigen, schmutzigbraunen oder einst grünen Häuser sehen wie alte Laubhütten aus, die vor Jahrhunderten zu Wohnstätten umgemodelt worden sind. Darin Trödlerladen mit Aufschriften in jiddischer Sprache und hebräischen Lettern, Fleisch- und Gemüsegeschäfte, Buden voll wurmstichiger Möbel, zerlesener Romane und schwarz gewordener Goldwaren, Straßenzüge mit Fischständen, andere mit Verkaufstischen der Schuster gefüllt. Alle Häuser sind Passagen, Labyrinthe, die vielverschlungen durch schmutzige Höfe und finstere Korridore in andere, nein, in gleiche Bezirke führen.

In einem Winkel zählt ein Mann mit Seehundsgesicht und Stoßzähnen seine Kupfermünzen; der »fröhliche Gesell«, der die Schundkarten als Serie pikanter Bilder verkauft hat. Er blickt scheu, geduckt, ist es wohl gewöhnt, als Betrüger beschimpft, vielleicht sogar mißhandelt zu werden. — Ein Bettler steigt aus seinem Rollwagen. — Auf einer Tonne spielen zwei Männer Karten und laden Passanten ein, mitzumachen. — Notdurft wird überall ungeniert verrichtet. — Bobby, der blaue Hüne, pfeift sich ein Lied bei seinem Patrouillengang. — An der Schwelle einer Haustür sitzt die Frau, der die Durstigen vom Gingerausschank so hilfsbereit Platz gemacht haben, ihre karierte Mütze ist trotz Hutnadel ganz schief ins Gesicht gerutscht, bloß ihr linkes Auge ist sichtbar und von dem nur das Weiße, sie ist offenkundig besoffen, ihr Kleid geöffnet, Baby trinkt an ihrer Brust Gingerbier.

Die Befreiung Orsovas

Schwer hatten die Bewohner Orsovas am Kriege zu leiden. Zwar schützte die Donau, eingedenk des Umstandes, daß sich ihr Lebenslauf fast ganz im österreichisch-ungarischen Staate abspielte, das äußerste Städtchen der Monarchie vor dem Herüberkommen der Serben, deren Gewehrprojektile fanden über das sechshundert Meter breite Strombett kein sicheres Ziel, nur Fensterscheiben fielen den Übungen serbischer Schützen zum Opfer, und die vielen Löcher in den Holzwänden der Hafenmagazine sind kein Unglück. Um so heftiger waren die Kanonen, in den hohen Waldungen von Tekija aufgefahren; sie tasteten das Nordviertel der Stadt ab, wo sie die Staatsbahnstation, die Petroleumfabrik und das Elektrizitätswerk wußten, und am 12. September 1914 steckte auch richtig ein Volltreffer das Bahnhofsgebäude in Brand. Französische Flieger warfen Bomben.

Die Züge mußten schon vor der Stadt, beim Wächterhäuschen 100, Endstation machen, Passagiere und Gepäckträger hatten einen weiten Weg zu Fuß. Tot war der Hafen. Von den Bewohnern Orsovas, die bei Schiffahrtsgesellschaften angestellt oder sonst vom Transportwesen abhängig sind, war die Mehrheit beschäftigungslos geworden. Fünfzehn Monate lang brannte in den Straßen keine Laterne, fünfzehn Monate lang durfte man in keinem Hause Licht anzünden, fünfzehn Monate lang mußte die Bevölkerung mancher Stadtteile in Kellern nächtigen, um nicht schlafend von einem Geschoß zerfetzt zu werden. Zur Zeit der Kukuruzernte trat die Czerna, die hier in die Donau mündet, aus den Ufern, Hochwasser, und die Orsovaner hatten die Wahl, in ihren unterirdischen Quartieren zu ertrinken oder in ihren Wohnungen durch Schrapnelle zu sterben – zwei Grenzmöglichkeiten, innerhalb deren es Zwischenstufen gab, wie Rheumatismus und Verwundung.

Mitte Oktober 1915 traf man Anstalten, das Städtchen zu befreien, geräuschvolle Anstalten: Österreichische Kanonen feuerten in beängstigend kurzen Intervallen gegen Süden, Granaten eines Zweiundvierzigzentimetermörsers flogen über den Strom, daß die Luft und die Donau bebten. Drüben barsten die Gipfel der Hügel, in die Bergwälder wurden Lichtungen gerissen, das Feuer vom anderen Ufer verstummte. Deutsche Truppen kamen. Am 23. Oktober, morgens um neun Uhr (zwei Stunden vorher war, durch drei Mörserschüsse eingeleitet, ein mörderisches Bombardement losgegangen), übersetzten Mackensens Soldaten die Donau. Ganz Orsova sah von den Anhöhen den Pionieren zu, die Pontons in der reißenden Strömung serbenwärts bewegten. Der erste stieß ans gegnerische Ufer, ein schwarzer Fleck, der sich im Nu in Punkte auflöste – die Passagiere schwärmten aus und rückten vor. Auf Zillen, landesüblichen Kähnen und auf dem bislang hinter Ada Kaleh versteckt gelegenen Dampferchen »Sellö« folgten weitere Soldaten und verschwanden in den Forsten des Longtomberges und des Hügels mit dem serbischen Fort »Elisabeth«, das die Donau über das Eiserne Tor hinaus und stromaufwärts zur Felsenenge von Kasan beherrscht. Je zwei Pontons, durch Bretter miteinander verbunden, auf denen Pferde standen, brachten die Maschinengewehrabteilungen. Die Orsovaner lauschten dem Schießen, bis sich dort oben am Kamm, dessen Konturen von aufgeworfenen Schützengräben nachdunkelten, ganze Figuren zeigten: Die Höhen waren erklommen, die Pontons kehrten mit verwundeten Serben, Österreichern, Deutschen und Ungarn zurück, und mittags führte schon ein Telefonkabel aus Serbien in die Monarchie.

Am Abend brennen in den Straßen Orsovas zum erstenmal

seit nahezu anderthalb Jahren die Glühlampen, in den Gasthäusern spielen Zigeunerkapellen, Bürger holen ihre Betten aus den Kellern und brechen die Holzverschalung der Fenster ab, Eisenbahnzüge fahren wieder in die Bahnhofshalle ein und von dort weiter bis zur alten Endstation Verciorova in Rumänien.

Ein Telegramm meldet, die erste bulgarische Armee habe den Anschluß an die österreichischen und die deutschen Truppen bei Kladova vollzogen, gerade an der Stelle, von der aus die Stadt bombardiert worden war. Durch die Besetzung des Ostzipfels von Serbien ist die Stromverbindung mit Bulgarien und der Türkei frei, der Hafen von Orsova Umschlagplatz zwischen Okzident und Orient. Nie hat das letzte Donaustädtchen des Reiches einen solchen Verkehr erlebt, und nie mehr wird es ihn wieder erleben! Stromaufwärts kommen Lastdampfer und Remorqueure mit Warenkähnen, Schafwolle und anderen Rohmaterialien, die in Orsova ausgeladen und in Waggons verfrachtet werden. Vom Norden langen per Achse Tausende von Fässern und Ballen ein, Stoffe, Wäsche, Steinsalz, Zigaretten- und Pflanzenfaserpapier, Weine, Liköre, Sprit, vor allem und jedem aber die Hauptprodukte mitteleuropäischer Kultur, Munition und Waffen, und eine geheimnisvolle Neuheit: lange Eisenbehälter, die giftige Gase für den Frontkampf enthalten sollen. Das alles bringen wir nach dem Balkan. Unaufhörlich, unaufhörlich drehen sich Krane, rollen Ankerketten, pfeifen Lokomotiven, schreien Schiffssirenen, im Tageslicht und im grellen Strahl des Scheinwerfers bilden Hände wallachischer Hafenarbeiter, hierherkommandierter Soldaten, mohrenschwarzer rumänischer Zigeuner und russischer Kriegsgefangener von den Verladeräumen der Schiffe bis zu den Waggons der Lastzüge einen Paternoster, auf dem sich Pakete bewegen. Die Landungsbrücken hinab torkeln Handwagen und Karren, über und über beladen, gelöscht wird und gebunkert, verstaut und geschippt, geladen und sortiert, geheizt und gewogen, wie im größten Meereshafen zu Zeiten friedlichsten Güterverkehrs, Automobile werden von der Rampe auf die Schiffe geschoben, Schienen, Schwellen, Traversen aufwärts und abwärts getragen, Säcke und Kisten aufgeschichtet, Pferde von Fuhrkolonnen mittels Aufzügen an Bord befördert: Jeder Gaul tritt in eine schmale hohe Kiste, deren freie Wand nun durch eine Planke verschlossen wird, der Kran hebt die Bretterbude mitsamt dem wiehernden Inhalt vom Kai und senkt sie in den Laderaum, das Roß zittert und schnaubt wie »Trompette«, der Kohlengaul in »Germinal«, der in den Schacht muß.

Die Schleppkähne des Bayerischen Lloyd sind blau-weiß lakkiert, und auf Deck stehen ein Holzhäuschen mit bunten Fensterläden und Vorhängen, einer Maringotte gleich, eine Speisekammer, eine Hundehütte, ein kleiner Hühnerhof, ein Schweinekoben, ein Gänsestall und ein Taubenschlag. Während die Hafenarbeiter Säcke mit Blaustein, Mais und Fellen aus dem Schiffsbauch in die Waggons umschlagen, plättet eine deutsche Steuermannsgattin, der Schifferstadt Dolna entstammend, die Familienwäsche und schilt ihre auf der Ankerkette schaukelnden Buben. Der Kontrolleur der Donau-Dampfschiffahrts-Gesellschaft, der eben in harbstem Wienerisch einem türkischen Kurier Auskunft über die Kabinen gibt, stammt aus Turn-Severin, das sich aus einer Werft der DDSG zur rumänischen Hafenstadt entwickelte — die Fremdlinge der »Mahala niemcaska«, des deutschen Viertels, sind die Ureinwohner der Stadt. Die ganze Kriegszeit hindurch mußte die Donauflottille in der Matschin, einem Seitenarm der Donau in der Dobrudscha, nahe der russischen Grenze, vor Anker liegen. Jetzt bewegen sich die Dampfer wieder fahrplanmäßig, nur sind die Passagiere größtenteils Offiziere und Soldaten mit Marschroute oder »offenem Befehl«, die keinen Fahrpreis zahlen.

Für Fußgänger ist im Hafen bloß ein Pfad zwischen Kairand und Schienenstrang. Geht man diesen Weg bei Nacht, rennt hart nebenher ein belfernder und jappender Wächterhund, aber er verläßt den Schleppkahn nicht, den er zu schützen hat, springt nicht auf den Kai, und nachdem er den Passanten von Heck zu Bug begleitet hat, übergibt er ihn der Aufsicht des nächsten Hundepostens.

Aus den Schenken und aus dem »k. u. k. Etappenstationsbordell« grölt nächtlicher Lärm. Im Monat nach der Befreiung Orsovas wurden zwölf geschlechtskranke Soldaten an das Garnisonspital Temesvár eingeliefert, im Dezember bereits dreihundertzwanzig, darunter einundachtzig Frauenspersonen und Zivilisten. Dabei ist die Zahl der Prophylaxestationen auf vier erhöht, Tag und Nacht amtieren sie, und ihre »Nichtbenutzung nach vollzogenem Beischlaf wird als Selbstverstümmelung unnachsichtlich bestraft«. Nächste Woche hört der Export nach Temesvár auf — die Volksschule, die als Unterkunft für Flüchtlinge diente, wird zu einem Spezialspital für venerisch Erkrankte eingerichtet, drei Ärzte (ein Psychiater und zwei Zahnärzte) sind schon da.

Ja, Orsova ist zum Welthafen geworden, nicht allein im Waren-, sondern auch im Personenverkehr. Reisende aus aller Herren Balkanländern kommen und gehen. Offiziere aus Bulgarien und aus der Türkei. Gefangene Serben und befreite österreichische Kriegsgefangene aus Serbien. Diplomaten. Etappenkommanden. Stäbe. Kuriere. Händler. Hochstapler. Spionierer und Spione. Ein Schwarm Kokotten, woher kamen sie so schnell? Wie glänzend klappt die Organisation, die sie dirigiert! Eine Budapester Orpheumsgesellschaft, die nur aus Frauen besteht, aber das Repertoire ihrer wahrscheinlich eingerückten Männer mit den ödesten Eindeutigkeiten zum Vortrag bringt, will ein Mädchen des Ensembles als garantierte Jungfrau an den Meistbietenden losschlagen. Viele Häuser sind für Kanzleien requiriert, der Rest der Wohnungen wird im Schleichhandel vermietet, in den Kellern wohnen Offiziersdiener und Ordonnanzen. Die aus dem Schulgebäude vertriebenen Flüchtlinge bauen eine Baracke, die befreiten Bürger der befreiten Stadt Orsova desgleichen. Tag und Nacht arbeitet die Desinfektionsanstalt, es wimmelt von Läusen und Schleichhändlern, von Schiebern, die Nahrungsmittel aufkaufen, von Schiebern, die Wohnungen besetzen, von Schiebern, die Champagner trinken, von Schiebern, die sich die Waren von schönen Gattinnen der Kaufleute nach Hause bringen lassen, von Schiebern, die in den Proviantmagazinen und auf den Schiffen tuscheln. Alles freut sich, daß Orsova befreit ist, Handel und Wandel blüht, und am 21. Januar, zwei Uhr nachmittags, erschien auch Kaiser Wilhelm II., um den Überschiffungsstellen der Truppen die historische Sanktion zu geben und um die dazische Heerfahrt zu kopieren. Allerdings war Kaiser Trajan zu Pferd dieses Weges gekommen, während sein Nachfahr den Salondampfer »Zsofia Hercegnö« der Ungarischen Fluß- und Seeschiffahrts AG benützte, gesichert und umgeben von kreuzenden Minensuchern und Motorbooten und dem Passagierschiff »Ferencz Josef Föherczeg«, die hin und her fuhren in der lachenden Hoffnung, auf eine Mine zu stoßen und solcherart ihr Leben für das des Auftraggebers alleruntertänigst zu opfern. Sechs Detektive stiegen aus dem Kaiserschiff, acht ihrer Budapester Kollegen hatten in Gemeinschaft mit der Gendarmerie und den Spitzeln der Kundschaftsstelle die Kaschemmen durchsucht und auf der Straße jedermann zur Ausweisleistung angehalten; nun standen die vereinigten Sherlock Holmes am Fallreep und lugten mit ostentativen Argusaugen nach Attentätern aus, trotzdem alle Straßen gesperrt und nur den Spitzen der Behörden und den Offizieren Zulaß zum Landungsplatz gewährt war. Se. Majestät geruhten beim Speisen zu sein und die Empfangshungrigen ein Stündchen warten zu lassen, erschienen dann, die Schneejacke über den Ohren, winkten mit einem goldgekrönten Reitstöckchen die vorbereiteten Ansprachen ab, stiegen mit bekannt elastischem Schritte ins Auto und fuhren nach Bazias. Dafür zeigten die Stewards strahlend ihr Eisernes Kreuz, das sie heute verdient. (Passend wäre die Umschrift: Ich servier.) Ausländische Kettenhändler, die keineswegs Interesse daran gehabt hätten, durch ein Attentat den langsamen Prozeß des Krieges zu stören, aber dennoch gestern in Verwahrungshaft genommen worden waren, wurden nun freigelassen und hielten sich nachts in der gastlichen Wohnung von Madame Kutzner aus Arad schadlos, auch der Großherzog von Mecklenburg, Königliche Hoheit, war da, ein junger Mensch und, fern von seinen Untertanen, durchaus kein Spielverderber.

Was die Wöchnerinnen singen

Rot ist die Farbe unvertünchter Ziegel und der Liebe. Demnach stimmt es symbolisch wie realistisch, wenn der Volksmund den schloßartigen Gebäudekomplex, der im Tudorstil mit steilen Treppengiebeln auf dem Windberg den Folgen der Liebe errichtet ward, nicht anders als das Rote Haus nennt. Die Backsteine an der Außenfassade sind glasiert und schamottiert, aber in der spitz gewölbten Vorhalle (wo der Pförtner jeden Besucher, einer veralteten Vorschrift gemäß, streng nach dem Impfzeugnis fragt und sich vielleicht mit der Vorweisung einer Impfpustel in Kronenwährung zufriedenstellen muß) und in dem Stiegenhaus sind alle Wände ziegelrot. Prager Mädchen singen dehnend und tränend die kumulative Selbstbiographie »Já jsem sirotek«:

Bin ein Waisenkind,
In Prag gebar man mich,
Kannte meinen Vater niemals,
Kenn die Mutter nicht.
Dort im Roten Haus
Bei Apollinar
Wissen tausend Kinder nicht,
Wer ihr Vater war . . .

Auch die Ärzte wissen es nicht. Zwar: la recherche de paternité est ordonnée, aber wie soll die Recherche ein Ergebnis haben, wenn selbst die Mütter den Herrn nicht persönlich kennen, von dem sie ein Kind haben. »Ich hab mit ihm in Weleslawin getanzt; so ein Blonder war's!« Was könnt ihr mit solcher Personalbeschreibung anfangen? Oder man bekommt nur die Auskunft: »Ein Jäger im Wald!« Oft wissen die Mütter mehr, aber sie verraten nichts. Und neulich war eine Gouvernante, die sich sehr fein und geheimnisvoll gebärdete, über die Kunst der ärztlichen Diagnostik sehr erstaunt, als bei der gynäkologischen Untersuchung der Assistent zu seinen Hörern bemerkte: »Das ist die Frau mit dem kleinen Becken.« — »Ja«, gestand sie daraufhin, »es ist wirklich ein Kleines vom Bäcken in der Petersgasse . . .« Manche Mütter machen wieder zu weit gehende Angaben: »Entweder war's der oder der!« Sie haben Wahl und Qual. Daß sich ein Vater oft nicht bloß aus wirtschaftlichen Gründen zu nennen unterläßt, sondern aus jenem Schamgefühl, das eine Tat nicht verhindert, aber vom Bekenntnis zur Tat abhält — es wird beinahe verständlich, wenn man in die Zimmer jener Frauen kommt, denen ihre schwere Stunde erst bevorsteht (»Na forrotě« heißt, vom Worte »Vorrat« abgeleitet, dieser Teil der Klinik). Da trifft man auf dem Korridor und an den Fenstern mehr als eine Frau von solcher Häßlichkeit und mit solchen Defekten, daß man den Mann nicht begreift, welcher die Ursache ihrer Hierherkunft war. Natürlich gibt es auch Mädchen, deren gegenwärtige Figur nicht imstande ist, den Gesichtsausdruck äußerster Keuschheit Lügen zu strafen. Und tritt man dann in die Wöchnerinnenzimmer, so findet man alle schön — denn dort liegen sie, Mutter geworden, ihr Kind an der Brust haltend, selig mit dem Säugling tändelnd, verzückt in dessen Augen schauend oder ängstlich nachblickend, wenn die Wärterin es in die Wiege am Fußende des Bettes legt. Anders als anderswo klingen die Kinderlieder. Die Mütter hier singen von ihrem Weg, der immer der gleiche ist: »A ta pražská porodnice — Ta jest pěkně stavená — Toho jsem se nenadála — Že tam budu vězněná.« Die Strophen erzählen den Passionsweg von der schwachen Stunde zu der schweren: »Sto doktoru jich tam stálo — Tam u mojí postele — Toho jsem se nenadála — Že mě sáhnou . . .«, es folgt nun ein Reim auf »postele«. — Die dritte Zeile jeder Strophe ist gleich: »Nein, geahnt hätt ich das niemals«, die vierte Zeile bringt die Überraschung, die keine sein müßte, da die Mehrheit der Mädchenschicksale in gleicher Zeile verläuft.

Übrigens ist es Übertreibung, wenn das Lied behauptet, hundert Doktoren hätten am Bett gestanden. Es waren etwa fünfzehn, darunter höchstens vier richtige Doktoren und der Rest Studenten, die immer auf Lager sind; die Hörer der Medizin werden in Gruppen von zehn bis sechzehn zum Praktikum und Internat, zur Lehre und zum Dienst für eine Woche hierherbeordert.

Sie lernen und betätigen sich auf dem Gebiete der Geburtshilfe, derjenigen der Wissenschaften, die selbst die meisten Wehen zu bestehen hatte, auf dem langen Wege vom instinktiven Helfen bei den Urvölkern und in der Tierwelt mußte sie über unendlich große Hindernisse: Moralauffassung verbannte die männlichen Ärzte vom Frauenbett, Vorurteil ließ die Doktoren die Anwendung ihrer Kunst für einen so vulgären Naturvorgang verachten, ein Aberglauben gab, noch in der Neuzeit, den schwangeren Frauen geschriebene Psalmen zu essen, Konkurrenzkampf zwischen Hebammen und Ärzten erstreckte sich bis zum Lager der Wöchnerinnen, und mörderischer Eigennutz ließ den Erfinder der Geburtszange deren Konstruktion jahrzehntelang geheimhalten. Doch auch heute, da die Gynäkologie schon eine Disziplin von scholastischer Exaktheit geworden ist, kann dem jungen Schüler der Heilkunde nicht ganz der Sinn dafür verlorengehen, daß es ein ungeheures Mysterium ist – der erste Akt des Mysteriums »Liebe und Leben« –, zu dem sich der Vorhang hebt. Und der Kontrast zwischen der Nüchternheit der Kunde, die sich ihm eröffnet, und der Romantik ihrer Ursachen entlädt sich in Liedern, Witzen und Gedichten, von denen wir hier mehr als in anderen Kliniken finden.

»Das Prager Lied«, das man auf Deutschlands Hohen Schulen eifrig sang und das sich noch in den Neunzigerjahren im »Allgemeinen Reichskommersbuch für deutsche Studenten« (Breitkopf & Härtel) und in der Lahrer Studentenbibel vorfand, ist zweifelsohne ein Produkt solcher Laune und erzählt in biderben Biedermeierstrophen und barocken Wortformen die Medizinerfreuden im Prag der Fünfzigerjahre, der Breiski-Zeit:

115. Das Prager Lied

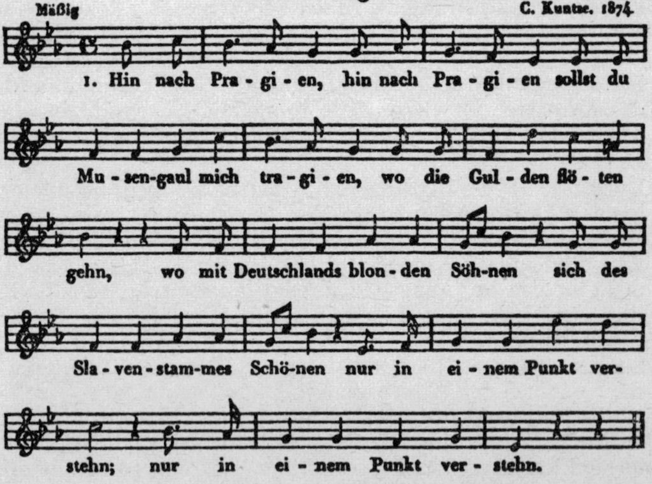

Zum Spital, dem allgemeinigen,
Will ich meinen Fuß beschleunigen,
Wo der Jüngling arzten lernt.
Wo auch ohne venae sectio
Die entzündliche affectio
Aus der pleura sich entfernt. –

Auf den Windberg, auf den steiligen,
Möcht' ich zu den Jungfrauen eiligen
Mit geräumigem Utero,
Drin am Nabelstrang, dem keuschen,
Nach den Placentargeräuschen
Lächelnd hüpft der Embryo. –

Zu Apolligen, zu Apolligen,
Will ich auch im Geist mit trolligen,
Wo der Tischgast atrophiert,
Wo zum Tanz die heska holka
Nach dem Klang der muntern Polka
Den Primär am Bandel führt. –

Zur Bastei möcht' ich hinanigen,
Wo der Herbstwind mit Kastanigen
Nach dem Haupt des Wandrers zielt,
Dort, wo unter Samtmantillen
Für den Lustwandlör im stillen
Menschlich die Chlorose fühlt. –

Endlich auch zum edlen Bindinger
Möcht' ich sein ein Pfadefindiger,
Wo der Hase golden hüpft,
Wo des fröhlichen Tokayer
Kühlend heißes Freudenfeuer
Durch den Pharynx willig schlüpft. –

Hierher wird mit Wehmutstränigen
Stets das Herz retour sich sehnigen
Klopft es wiederum daheim.
Hier, wo jetzt bei Weinesblitzen
Abortiert in schlechten Witzen
Doctor medicinae *Keim* –

Arzt, Chirurgus und für Kinder
Auch vereidigter Entbinder
Aus der preuß'schen Monarchei,
Prag, im Mai am letzten Datum,
In dem Jahr post Christum natum
Achtzehnhundert, fünfzig, drei.

Das Lied hat das Glück gehabt, gedruckt zu werden. Das wäre nur bei dem kleinsten Teil jener Literatur möglich, die in diesem Rayon verfaßt worden ist. Was sich sonst in dem kahlen, fünfzehnbettigen Studentensaal außer Monogrammen und Zirkeln auf den schweren Eichentisch eingeschnitten, in das Innere des Schrankes gekritzelt und auf die Wände gemalt vorfindet, ist allzu derb, wenn auch oftmals künstlerisch. Palimpseste könnten uns weitere Werke bringen, denn schon von alters her bediente man sich der Prager Gebärhauswände zur artistischen Emanation. Der Professor der Geographie und Ethnologie an der Züricher Universität Dr. Otto Stoll schreibt in seinem Werke »Das Geschlechtsleben in der Völkerpsychologie« (p. 790): »Auf weit höherer Stufe der zeichnerischen Kunst standen die detaillierten Zeichnungen, die zu der Zeit, als ich in Prag Geburtshilfe studierte, also lange vor der Erbauung des neuen Gebärhauses, in dem damaligen, als ›Kaserne‹ bekannten Studentenmassenquartier auf dem Windberg zu sehen waren . . . Die ganze Gruppe bildete ein gutes Beispiel der graphischen Medizinerzote und verdiente als solche in bezug auf die künstlerische Ausführung alle Anerkennung, um so mehr, als dadurch nicht, wie durch die obszönen Verunzierungen der Hauswände, öffentlich das Schamgefühl weiblicher Personen beleidigt wurde . . . Unter den mannigfaltigen Wandzeichnungen der alten Kaserne in Prag befand sich auch eine, die in kleinem Maßstab, aber sehr zierlicher Art einen mit gewaltigem medizinischem Apparat in Szene gesetzten Geburtsakt darstellte.« Desgleichen ist noch im neuen Hause zu sehen. Literatur und Malerei schildern, geradezu in Kindbettfieberphantasie, all das, was hier der Tag und besonders die Nacht an Abwechslungen bringen. Wenn man dem Spruch glauben darf, den die — durch Freskenmalerei zur Zunge eines riesigen Teufelskopfes gewordene — elektrische Klingel trägt, so ist die Nacht keines Geburtshelfers Freund: »Bei Tage schweige ich fein still — Doch nachts erheb ich mein Gebrüll — Und wecke dich, als wie zur Strafe — Aus deinem allertiefsten Schlafe!« — Den Fresken nach zu schließen, sind die Träume der Gynäkologiebeflissenen beinahe mit solchen Wehen verbunden, wie sie eigentlich in das höhere Stockwerk gehören: Embryonen erscheinen, sich zu rächen, sie zerquetschen dem Schlafenden mit dem Kranioklast den Schädel, sie hacken und klemmen und schneiden und zwicken ihn und stechen ihn mit Perforatorium, Pinzette, Zange und Küvette und reißen ihm mit Achsenzug die Zunge aus. Nicht minder angenehm muß der Traum sein, der den Schlafenden mit dem »Phantom« vermählt, jener Lederattrappe eines Bauches, an der man diagnostizieren lernt.

Die meisten Bilder und Sprüche sind Lehren — beinahe die

ganzen Wagnerschen Vorlesungen sind schon in Knittelverse gebracht und dementsprechend illustriert worden. Ein großes Tableau, ähnlich dem der Bänkelsänger, warnt davor, die Instrumente falsch zu verwenden, zum Beispiel mit der Othartspritze Feuer zu löschen, mit der Chamberlenschen Zange Zähne zu ziehen, den Ansatz des Irrigators als Zigarrenspitze verwenden zu wollen. Eine Kollektion von Hegarstiften verschiedener Breite ist an die Wand gemalt, und die Legende gibt eine Charakterbeschreibung der zugehörigen Frauentypen. Ein Kolossalgemälde feiert das zehntausendste Baby, dem Mama Vesely, die Schulhebamme, die Einreise auf diese Welt beschaffte, ein anderes den alten Mediziner, bei dessen gynäkologischem Rigorosum sich herausstellt, daß er noch an den Klapperstorch glaubt.

Eine Modernisierung der Rembrandtschen Anatomie schildert in karikaturistischer Übertreibung die Schrecken des Kaiserschnitts, und dem bewegten Zeichner entringt sich ein gereimter Trost: »Zum Kind gibt der Mann den Samen. Gebären dürfen nur die Damen. Gelobt sei Jesus Christus, amen!« Das Bild einer Selcherei mit eigenartigen Waren trägt die Aufschrift »Uteri ovar«, was auf tschechisch »Am Dienstag Krenfleisch« bedeutet. Es ist die Reminiszenz an eine Episode des Prager Gynäkologenkongresses, nach welchem Professor Neißer, der gerade über »infektiöse Erkrankungen von Ovarium und Uterus« vorgetragen hat, mit Professor Pitha durch die Straßen Prags ging und plötzlich vor einem Fleischerladen, auf dessen Schild »Úterý ovar« (»Dienstag Krenfleisch«) stand, entsetzt ausrief: »Um Gottes willen, Herr Kollege, *das* essen hier die Leute?!« – Ein Porträt zeigt Frauen, die entbinden, und den Text: »Parturiunt chontes.«

Das Grüne Buch des Roten Hauses, das Gedenkbuch, ist neueren Datums. Die Gruppen der zum Internat kommandierten Hörerinnen raufen sich mit ihren männlichen Vorgängern und Nachfolgern in Witzen und Versen und vice versa, eine Muster-Geburtsgeschichte ist eingeklebt, schwer geborene Gedichte registrieren die Ereignisse der betreffenden Schicht, manchmal ist's eine medizinische Sensation, zu der die Klingel dreimal läutete und deren Schilderung dann humorvoll wiedergegeben wird, ein Uterus bicornis oder sonst eine Abnormität oder Drillinge (unter achtzig Geburten ist durchschnittlich eine Zwillings-, unter sechstausendvierhundert eine Drillingsgeburt) oder die »Geburt« eines zehn Jahre alten Kindes, eines Lithopädion. Es gibt auch allgemeine Weltsensationen hier oben auf dem dörfisch stillen Platz zwischen Karlshof und Apollinar, zum Beispiel, als die zusammengewachsenen Zwillinge Blažek einen Sohn bekamen und alle amerikanischen Zeitungen Interviews mit der Kindesmutter und ihrer Schwester verlangten; die Schwester verweigerte mir damals energisch jede Aussage, sie erklärte, sie wisse von nichts, sie liege ganz unschuldigerweise im Wochenbette, und die Božena müsse sich hinter ihrem Rücken mit dem betreffenden Ausrufer eingelassen haben.

Wilde Musikantenbörse

Ein Bursch mit kastanienbraunem Teint, starkbuschigen Brauen und dörfischem Anzug hat in der Ansammlung plötzlich seinen Vater erspäht und ist ihm mit einem Aufschrei in die Arme gestürzt, die beiden küssen sich, rumänisch-zigeunerische Worte tauschend, und achten nicht auf die ironischen Zurufe der anderen, »moderato«, »ritardando«, »man nich zu zärtlich«. Diese anderen haben eine andere Gesichtsfarbe, die der ewig durchwachten Nächte, der abgewischten Schminke und des Puders. Mager fast alle, harte Linie der Kinnbacken, hochaufgekämmt halblanges Haar, einige (aus der romantischen Generation stammend) schüttere, melierte, bis zum Hals reichende Locken. Unter dem Paletot sieht man die kühne Lavallière oder die genähte schwarze Masche und eine ansehnliche Fläche der Hemdbrust: Sie tragen ihr Dienstgewand, Smoking oder zumindest Frackweste. Sie warten vor dem Haus der Elsässer Straße, bis es elf Uhr wird, Beginn der Börsenzeit, dann gehen sie, von schwachen Hoffnungen schwach belebt und starke Enttäuschungen stark befürchtend, über den Hof in das Hintergebäude, opfern der Frau, die vor zwei aufeinandergelegten Tellern den Eingang hütet, einen Groschen und dürfen, den Vorhang zurückschlagend, in den großen Wirtshaussaal eintreten. Den füllen sie als ein anarchisches Orchester von unentwirrbarer Kakophonie.

Das ist der »Alte Dessauer«, die »Wilde Musikantenbörse« (nicht zu verwechseln mit der Stellenvermittlung des Vereins Berliner Musiker in der Kaiser-Wilhelm-Straße, wo nur die Organisierten Zutritt haben und wo größtenteils Orchesterpersonal engagiert wird). Hier entspringt der kastalische Quell für die Musiken der kleinen Kinos und Cafés, hier werden Ensemblemusiker geheuert, manchmal auch Solopianisten für Restaurants, für Privatgesellschaften, für Tanzschulen.

Ein weiter Saal, in dem sich — besonders Sonnabend — von elf bis eins diese poweren Börsianer stehend drängen. An der

Wand hängt ein Bild Theodor Körners, beziehungslos oder um der Leier willen, die er neben das Schwert placierte. Ein gemalter Pfeil deutet energisch auf das Brett an der Säule: Leset die Warnungen! Es müssen wahrlich schon kriminell schlechte Stellungen sein, von denen diesen arbeitshungrig-hungernden Menschen abgeraten wird. Selten jedoch ruft ein »Cavete« von den angehefteten Zetteln, heute sind es nur Verkaufsangebote, Offerten. Ein Schreiner verfertigt Notenschränke gegen Ratenzahlung. Ein Klavierbauer und ein -stimmer werden gesucht. Ein Kaufmann aus der Berliner Antarktis, aus Pankow, zeigt an, er übernehme abgespielte Musikinstrumente, Pistons, Tenorhörner, Geigen, Flöten, Mandolinen, Trommeln, Glockenspiele und dergleichen; vielleicht lockt die Anzeige doch einen Stellungslosen, sein Instrument zu veräußern, sein einziges und seine Hoffnung. Zwischen solchem Entschluß und dessen Vollzug läßt sich eine Pause einschalten, ein Sospiro sozusagen, indem man sein Instrument am Schwarzen Brett feilbietet und wartet, ob ein Kollege es benötigt, einen günstigeren Preis zahlt; »Geige, sehr alt, wegen Notlage zu verkaufen«, »Verkaufe Beckenmaschine, wie neu, sog. Fleming«. Auf liniiertem Blatt eines Schulheftes sind ungelenke Buchstaben staccato hingekritzelt: »Kranker Invalide verkauft wegen unheilbarer Krankheit chromatische Harmonika.« Offene Stellen: Sitzgeigerposten mit siebzig Mark Monatsgage und Abendbrot (Frack Bedingung!), Cellistenstelle für Trio, humoristische und stimmbegabte Herren bevorzugt, Engagement für ersten Posaunisten bei Marschkapelle. Niemand beachtet das, jeder weiß, daß unten an diesen Zetteln mit kleiner Schrift die Buchstaben »a. B.« stehen, und außerhalb Berlins will keiner leben, der innerhalb Berlins stirbt, und der letzte Trommler will lieber als Tonkünstler der Metropole infolge Unverstandes der Massen und infolge Hungerödems sein Finale spielen, bevor er in der Provinz eine Ouvertüre versucht.
Beim Fenster hat eine Frau Kolophonium, Bogenbezüge, Notenhalter, Violin- und Zithersaiten, Kinnstützen, Vogelstimmen und Dämpfer ausgelegt, links auf einem Tisch der Längswand ein Musikalienhändler sein vergilbtes Notenlager von »neuesten« Schlagern, Walzer, Märsche, Lieder aus dem »Vogelhändler« und dem »Obersteiger«; auch »Moderne Tänze« hat er, aber in der Maxixeära blieb er stecken.
Sonst ist kein Möbelstück vorhanden, wer ein Glas Bier, einen Steinhäger oder eine Stulle verzehren will, postiert sich an den Schanktisch, hinter dem der Wirt an einem mit braunroter Majolika umkleideten Bierhahn seines Amtes waltet. Günstig der Platz an der Theke, denn wenn ein telefonisches Stellenangebot kommt, ist man a tempo primo beim Apparat, braucht nicht erst prestissimo die Reihen zu durchdrängen, um

dann doch den Einsatz zu verpassen. Durch eindringliche Fragen nach dem Begehr hält der Wirt die fern, die am Schranken nassauern wollen. Der Wirt bedient den Fernsprecher selbst, nimmt den Auftrag entgegen und schwingt dann maestoso eine Glocke, im Rezitativ verkündend: »Harmoniumspieler für's Café. Zehn Mark. Wer zuerst kommt, mahlt zuerst, das heißt, er darf mit dem Besteller durchs Telefon verhandeln und abschließen. Neben dem Hörrohr aber hängt die Einschränkung: »Für die Richtigkeit der telefonischen Musikerbestellungen übernehme ich keine Verantwortung. Der Wirt.«

Wer eintritt und fremd ist, wird mit der Frage nach seinem Bedarf umringt, und man schickt ihm Interessenten zu. Ein Artist findet auf diese Weise einen jungen Mann, der willens und geeignet wäre, ihn auf der Gitarre und auf der südamerikanischen Tournee zu begleiten; er streichelt seinen präsumtiven Sozius während der Unterhaltung, um rechtzeitig zu erfahren, ob dieser gegen liebevolle Behandlung nichts einzuwenden hat. (Drum prüfe, wer sich ewig bindet.) Der Gitarrist läßt sich's gefallen.

Bloß der kleinste Teil der Börsengeschäfte wird an der Bar mittels Ferngesprächs abgewickelt, die meisten Engagementsabschlüsse werden persönlich, zwischen Unternehmern, Kapellmeistern und Musikanten, getätigt, und die mit Energie verfochtenen Ansprüche zweier Partner verklingen mit den Unterhaltungen und Unterhandlungen der übrigen Gruppen zu einer ohrenbetäubenden Diskordanz, die um so heftiger ist, als alle Idiome der Welt in dieser Kapelle vertreten sind. Zwei kaum dem Knabenalter entwachsene Slowakenburschen, ihre Blasinstrumente unverhüllt unter dem Arm, radebrechen mit dem Chef einer Nechanitzer Damenkapelle, der für zwei schwanger und kontraktbrüchig gewordene Harfenistinnen irgendeinen Ersatz sucht; auf einen beleibten Zillertaler, Gemsbart und Lodenhut, Wildzähne und Münzen am grünen Bauch, dringt vivace ein braunblasser, schnauzbärtiger Magyare ein, ihm begreiflich zu machen, daß es sinnlos ist, für eine Schrammelkapelle einen Zitherspieler zu suchen, noch dazu einen, der die Kunst des Jodelns und der Schnadahüpfel beherrscht, während doch in Berlin ein Zymbalschläger für ein Tiroler Ensemble das einzig Mögliche sei. Der Pußtasohn, nicht bloß in der Aussprache, sondern auch in der deutschen Grammatik einen total falschen Anschlag beweisend, wird immer aufgeregter, der Dicke aus dem Zillertal immer gemütlicher, ohne daß Alpen und Alföld zusammenkommen.

Ein Flötenspieler unterhandelt mit einem Fachgenossen, der möge ihn vertreten, da er selbst eine neue Stellung provisorisch annehmen will; sie sprechen leise, das Blasrohr hat ihre Stimme aufgesaugt, man nennt das in Bläserkreisen »Tuba-

Kulose«, und nur durch ein Kopfnicken oder ein Aufstoßen mit dem Fuß geben sie hie und da einem Worte Nachdruck, damit es in dem lauten Gezänke furioso der angrenzend gruppierten Stagione von Italienern nicht verlorengehe.

»Ausjeschlossen«, beteuert ein Berliner vom Kietz unaufhörlich seinem Nachbarn, »ausjeschlossen, een' Bratscher, was Baßschlüssel spielen kann, den findste nich.«

Umschwärmt ist ein Herr im Gehrock, Henriquatre auf rundem Kinn. Er stellt für ein neues Lichtspieltheater auf dem Kurfürstendamm ein Ensemble zusammen. Fremd in Berlin, hat er einen Führer mitgenommen, den Hörer der Staatlichen Musikhochschule, der sich — trotz des strengen Verbots der Schulleitung — seinen Lebensunterhalt durch Spielen in Cafés verdient. Der Konservatorist präsentiert dem Dirigenten einige seiner Nachtkollegen, die übrigen suchen, sich kontrapunktlich anpreisend, in die Duette der Vereinbarungen einzufallen. Ein alter, herabgekommen aussehender Paukenschläger zieht den Mittelsmann beiseite. »Wenn du mir verschaffst, daß ich bei dem da Pauker werde, kriegst du ein Bier und eine Zigarre. Es soll mir nicht darauf ankommen.« Gleichzeitig denunziert ein lächelnder anderer in Moll: »Der will den Pivonka für Oboe engagieren, der hat doch den miserabelsten Ansatz, keine Lippenkraft und Gedächtnis schon gar nicht.« Der Kapellmeister kann sich des Andranges nicht erwehren, er ist kein energischer Herr, unentschlossen streicht er den Bart, der sicherlich ein Grübchen im Kinn verbirgt und wie ein aufgeklebter Pinsel herabhängt. Mit denen, die ihn am hartnäckigsten bestürmen, schließt er ab. Sie zwingen ihn zum Handschlag. Etliche waren jedoch bereits, sie gestehen es auf Befragen, bei dem Konzern beschäftigt, für dessen neues Kino die Musiker bestimmt sind, und dürfen laut strenger Weisung nicht wieder aufgenommen werden, der Handschlag ist nichtig, fortissime schwillt der Protest an, ängstlich duckt sich der Dirigent. In Geigern, Bratschisten und Klavierspielern ist Hausse, und Henri IV. im Gehrock muß Adressen notieren, schriftlichen Bescheid versprechen. Resigniert verläßt die Mehrheit die Börse, manche haben einen Musiker, manche eine Stellung, ein Sohn den Vater gefunden, ein Artist hält den Freund untergefaßt, der ihn in warme Länder begleiten wird, viele, viele haben gesehen, daß ihnen auch heute keine Hoffnung blüht, ein Zymbalspieler paßt nicht in eine Älplertruppe, die Musikalien und Utensilien werden eingepackt, der Wirt wischt die Theke blank, een' Bratscher, was Baßschlüssel spielen kann, den findste nich, verstohlen heftet ein Gelbsüchtiger einen Zettel auf die schwarze Tafel, ein Organist kommt als Ersatz für schwangere Harfenspielerinnen aus Nechanitz gar nicht in Frage, alle sind blasse, enttäuschte, verhärmte

Proletarier der Kunst, die nicht einmal das Glück erreichen können, nächtlicherweile zu Gesang, Trunk und Tanz aufzuspielen, um die Zechenden in noch fröhlichere Stimmung zu versetzen.

Mysterien des Hydrographischen Instituts

I. Merkwürdige Gewächse im Institutsgarten

Du wirst, in das Hydrographische Institut der k. u. k. Kriegsmarine tretend, den Garten zuvörderst für nichts anderes halten denn für einen Luxuspark mit nettem Pavillon, mit Blumenrabatten und frisch aufgeworfener Erde, in die man wahrscheinlich eben Wurzeln gepflanzt hat.

Doch hat der Pavillon, den deine Phantasie mit dem Trianon verglich, niemals eine Pompadour beherbergt, niemals galanten Frauen zum Schäferspiel gedient. Er ist auch nicht so diskret. Im Innern ist einer, der genau aufpaßt, daß die Erde keine Sprünge macht, und jede derartige Entgleisung kreidet er unerbittlich an. Ihm, dem Herrn Horizontalseismographen, ist dieses Institut erbaut, sein Katheder ein betonierter Felsen des Monte Zaro, er selbst von eiserner Strenge und ein gewichtiger Herr von tausend Kilo. Daß in der Klasse Ruhe herrscht, darauf hat er zu achten, und wenn in der letzten Bank gemuckst wird, in Reykjavik oder in Buenos Aires, so merkt er die Bewegung unter seinen kardanisch gelegten Füßen, und in sein Klassenbuch, ein berußtes Papier, das mittels einer Uhr ununterbrochen um eine Walze gedreht wird, notiert er mit seinen feinen Aluminiumschreibfedern genau die Richtung, die Art, die Dauer und die Entfernung der mutwilligen Störung.

Aber die Gartenlaube gegenüber, das ist doch eine Gartenlaube? Nein. Hier ist nicht Raum für Picknick und Familienidyll. Minimalthermometer sind darin, die die niedrigste Temperatur des Tages anzeigen und festhalten — mag sich's das Wetter nachher tausendmal überlegen und in hohe Wärmegrade steigen, die Skala kennt keine Amnestie, keinen Rekurs und keinen Milderungsgrund. Das Maximalthermometer nebenan macht es ebenso.

Die zarten, aus den Beeten sprießenden Röhren sind keineswegs exotische Blumen, sondern Thermographen, unter den frischen Erdschollen nicht Hyazinthen- oder Tulpenzwiebeln, sondern Thermometer. Man muß wissen, wie heiß es vier, sechs, acht Meter tief im Innern der Erde ist, wo nicht jeder Windhauch das Quecksilber beeinflußt.

Auf diesen reizenden Steintisch, geschaffen für ein Symposion, ist nie eine Bouteille Wein aufgefahren, nie ein Braten. Die Platte ist dazu bestimmt, Nivellierungsinstrumente aufzunehmen und zu prüfen.

Die grünen Bäume? Grün sind sie wohl, aber Bäume nicht. Es sind Regenmesser. In den Schalen, die für Baumkronen gehalten werden könnten, sammelt sich Regenwasser, und der Schwimmkörper darin zeigt nach der Höhe und der Geschwindigkeit seiner Steigung auf der Tabelle die Intensität. Der Papierkorb dort? Ist kein Papierkorb, ist ein Verdunstungsapparat. Auch der hohe Mast dient nicht zum Anlegen von Flaggengala, seine Antenne, in den Kohärer leitend, hält Gewitter- und Ätherschwingungen graphisch fest.

Ist das das Gärtnerhäuschen? Abermals fehlgeschossen: das erdmagnetische Observatorium. Seine Kellerräume reichen bis in die Höhlen und ausgemauerten Stollen des Zaroberges, aus denen die Venezianer Saldame holten, die feine Kieselerde, um sie zu Glas zu verarbeiten. Für solchen Mumpitz ist keine Zeit mehr. Jetzt werden da unten Deklination, Inklination, Horizontalintensität, die drei Komponenten des Erdmagnetismus, festgestellt, ohne deren Kenntnis die genaueste Spezialkarte und der schönste Kompaß den Marineuren auf hoher See nichts nützen würden.

Glaskugeln schmücken den Rasen, jedoch nicht zur Zier. Es sind Löschbomben, gegen Feuersbrunst in Bereitschaft.

Und das grüne Zeug auf den Beeten? Das ist Gras, wirkliches Gras!

II. Bitt schön, wie spät ist's?

Die Frage kann wichtig sein: Man könnte ein Stelldichein versäumen, die letzte Elektrische verpassen, zum Abendbrot zu spät kommen oder — zu früh ins Büro. Zum Glück erteilt jeder Passant, jeder Kellner, jeder Kupeegenosse freundlich Auskunft, und auch Damen dürfen auf der Straße Herren ansprechen, um zu erfahren, wieviel es geschlagen hat. Turmuhren, Transparentuhren an Straßenkreuzungen und Schaufenster der Uhrmacher antworten sogar ungefragt.

Auf dem Dampfer gibt es zwar Türme, doch keine Turmuhren, Uhrmacher, doch keine Schaufenster, und gerade dort ist die Zeit das Allerwichtigste, weil aus dem Vergleich der Uhr mit der durch astronomische Beobachtungen festgestellten Ortszeit die erreichte geographische Länge bestimmt wird, wenn man nicht weiß, wo man ist, kann man auch nicht wissen, wie man weiterfahren soll, das Wasser sieht überall gleich aus, und es ist kein Stationsvorstand da, bei dem man sich nach der nächsten Verbindung erkundigen könnte. Soll der Navigationsoffizier, dessen alte Zwiebel in der Westentasche voraus- oder gar kaputtgeht, vom Kommandoturm in die Offiziersmesse hinunterlaufen, zum Steward: »Bitt schön, wie spät ist's?«

Der Erkenntnis von der Unschicklichkeit derartiger Situation verdankt nicht bloß die Erfindung des Chronometers, sondern auch die Einrichtung von Sternwarten bei der Kriegsmarine ihr Entstehen, und besonders die Chronometerdepots, die Ersatzbataillone von Uhren: die werden hier assentiert, präsentiert, ins Grundbuchblatt eingetragen, müssen Kurse mitmachen und Prüfungen ablegen, zur Marodenvisite vorgeführt werden, erhalten einen Militärpaß mit Beschreibung (Uhren höherer Rangklassen eine Qualifikationsliste) und gehen schließlich auf den Kriegsschauplatz ab, von wo sie erkrankt oder verwundet hierher zurückkehren beziehungsweise nicht mehr zurückkehren. Seemannstod. Noch vierundzwanzig Stunden kann die Uhr auf dem Meeresgrund durch den Schlag ihres Räderwerks das sie umlauernde Ungetier davon abhalten, sie anzufallen, dann verstummt dieser letzte Rest von Taktik.

Zuhöchst im Rang der Uhrenhierarchie sind die beiden astronomischen Pendel von Riefler, und nach ihnen haben sich alle zu richten, Büchsenchronometer, Deckchronometer und kleine Sekundenuhren, Chronographen und Stoppuhren. Die zwei Pendeluhren werden auf dem Observatorium mittels Sonnen- und Sternendurchgängen oder Azimutbeobachtung kontrolliert, an Hand des Passageinstruments, das die Zeit nach dem Durchgang der Sterne durch den hiesigen Mittagskreis (55 min 23 sec n. Gr.) feststellt, oder des Meridiankreises, eines Riesenfernrohrs von sieben Zoll Linsendurchmesser, nur längs des Meridians beweglich und in das der Beobachter liegend schauen muß, weshalb auch ein Sofa unter dem Objektiv steht.

Jede Uhr hat täglich genau zur selben Minute Reveille, alle werden in stereotyper Reihenfolge aufgezogen, und das Zimmer weist immer den gleichen Wärmegrad auf. Das Examen der Büchsenchronometer erfolgt in anderen Räumen, den Prüfungssälen, für jeden Chronometer werden auf einem Kurvenblatt die bei steigender und fallender Temperatur (zwischen 10 Grad und 38 Grad Celsius) erhaltenen Gänge graphisch dargestellt und nach Krümmung und Verlauf der Kurven auf kompliziertem mathematischem Wege die absolute Größe des Ganges, die Größe der Temperaturkorrektion und die Gangsprünge konstatiert, die sich bei Änderung der Luftwärme ergeben.

Die Frage »Bitt schön, wie spät ist's?« ist leicht gefragt, aber vom Fachmann nicht leicht beantwortet.

III. Der Barometermacher auf der Zauberinsel

Das erste Stück, bei dem ich im Theater war, war die Zauberposse vom Schiffbruch und Glück des Wiener Barometermachermeisters. Vielleicht brachte ich deshalb die Barometermacher stets mit der Geheimniswelt in Verbindung, vielleicht taucht diese Ideenassoziation von selbst auf, was Raimund veranlaßt hat, einen Vertreter obenbezeichneter Standesgruppe zum Titelhelden seines Stückes zu wählen. Ich habe mir keine Gedanken darüber gemacht, wie eine Barometermacherwerkstätte im allgemeinen und die des fallierten Bartholomäus Quecksilber im besonderen ausgesehen haben mag.
Heute habe ich eine besucht, das Instrumentendepot — eine Fabrik mit Drehbänken, Tischlereien, Galvanisierungs- und Magnetisierungsanlagen und Treibriemen, mit Indikatoren und Vergleichsapparaten, mit langgestreckten und hochgefüllten Versanddepots, mit Feinmechanikern, Uhrmachern und Optikern. Allerdings werden hier nicht bloß Barometer erzeugt wie im Unternehmen des Herrn Quecksilber, sondern auch Aneroide, Barographen, Decklogs, Navigationspeilscheiben, Distanzmesser, Distanzrahmen, Prismenbinokels, Stangenfernrohre, Scherenfernrohre, Peilfernrohre, Spiegelgoniographen, Logs, Sextanten, künstliche Horizonte, Schleuderthermometer, Krängungsmesser, Wasserthermometer, Kompasse für Schiffe und Flugzeuge und ähnliche Dinge, auf deren Erzeugung sich unser Bartholomäus hätte werfen sollen, um keiner Feengaben zu bedürfen und statt mit Hilfe eines problematischen Staberls mit Heereslieferungen Gold zu machen. Denn der Bedarf von Heer und Flotte an solchen teueren Instrumenten ist groß, die Marine braucht zu nautischen Zwekken Tausende davon, auch zu meteorologischen, trotzdem im ersten Theaterstück meines Lebens der Held dies bestritten und eindringlich gesungen hat:

Was braucht man Barometer
Auf dieser Welt noch mehr?
Ein jeder macht sich's Wetter,
So wie's ihm g'fallt daher.

Erste und letzte Ausfahrt der Flotte

Aus ist's mit dem Leben an der Boje, aus mit dem Hafenleben, addio, ihr Polesanerinnen! An Bord wimmeln weit über tausend Matrosen, sie haben Schwimmwesten (unaufgeblasen) um den Leib geschnallt, arbeiten bei den Signalen, Geschützen, Kesseln und Maschinen, der eine oder der andere schreibt noch Feldpostkarten. Boote stoßen ab mit Dienststücken, Akten, Post und auch mit Privatgepäck, um das es schade wäre, wenn der Dampfer unterginge, Wäsche ist teuer, und Parablusen sind heute nicht zu bezahlen; ein Freund vom Hulk oder das Hafenadmiralat nehmen die Habe in Verwahrung bis zu dem Tage, da man zurückkommt, oder bis zu dem Tage, da man sie den Hinterbliebenen in die Heimat schicken kann — je nachdem.

Die beiden Rauchfänge stoßen Qualm aus, und die Brise fegt die Schwaden inklusive Rußkörner über Deck; den Offizieren und der Mannschaft tut das nichts, aber die Seefähnriche reiben sich die schwarzen Punkte aus den Milchgesichtern und schnellen die »Heizerflöhe« von den dottergelben oder weißen Blusen.

Schon ist seeklar gemacht, das Fallreep gehißt, die Boote eingesetzt, die Backspieren eingelegt, die Maschinenprobe beendigt, der Steckkontakt aus der Telefonboje genommen; das Telefonkabel eingerollt, die Kette ausgeschäkelt. Nur noch an einer Pferdeleine, die durch den Bojring geht und deren beide Enden an Bord sind, hängt der Riese.

Der Hornist bläst »Ankerstationen«, alle Mann auf die ihnen bestimmten Plätze. »Los von der Boje!« Der Doppelpart wird losgeworfen. Boje 31, die uns lange genug Festland und Heimat war, schaukelt frei. Noch einmal schmiegt sie sich fest an den Schiffskörper, als wollte sie mit mütterlichem Kuß Abschied nehmen. Wir schreiben den 8. Juli 1918, es ist fünf Uhr p. m.

Von der Signalleine wird der Ypsilontopp eingeholt. Am Achterdeck der »Viribus unitis«, auf dem man einst den ersten Toten des Weltkrieges aus Sarajevo brachte, an der Stelle, wo unter dem Sonnensegel das Zelt des erschossenen Franz Ferdinand und seiner erschossenen Frau stand, ist das Postenquantum angetreten. Der Trompeter auf der »Zriny« schmettert: »Habt acht!«, und unserer erwidert: »Links habt acht!«, drüben salutieren die Offiziere, hüben wir. Einer unserer Seekadetten winkt einem von der »Zriny« zu, gestern abend waren sie mit zwei Signorinen in der Taubengrotte, es war sehr schön, der eine fährt heute ins Gebiet der Tauchboote, Seeminen und Schiffsgeschütze, der andere bleibt zu Haus. Addio, ihr Polesanerinnen! Die Mannschaft stramm, Hand an der Hosennaht, dann wieder »Ruht«, kaum zwei, drei Minuten, schon bläst der nächste Kreuzer den Salut, hierauf der nächste und wieder der nächste, überall stehen die Nachbarn vor den Türen und grüßen uns Auswanderer ins Ungewisse. Es ist die erste Ausfahrt der Dreadnoughtflotte. Wir passieren die Barrikadensperre; die Mitrailleusenbatterie, zur Tauchbootabwehr dienend, wird bemannt. Der Wellenbrecher bleibt hinter uns, wir sind auf offener See, die Heimat ist weit, um Jahre entfernter, um ein Menschenleben entfernter vielleicht als eine Viertelstunde vorher, leb wohl, Mutter, leb wohl, Frau, lebt wohl, Kinder, niemand denkt mehr an Polesanerinnen und Taubengrotte, wir haben den Hafen verlassen. Der Flottenkommandant, Konteradmiral von Horthy, geht auf die Signalbrücke, nicht ohne vorher den Journalisten, der an Bord ist, zur Begleitung aufgefordert zu haben. »Das wird Sie sicher interessieren, Sie können da einen Vergleich machen zwischen der Kommandobrücke einst und jetzt, zwischen ›Tegetthoff‹ und mir . . .«

Gesichert marschieren wir durch die See, ein Torpedozerstörer fährt uns voran, je drei Torpedoboote sichern die Flanken. Wir, das Admiralschiff, bilden die Tete, im Kielwasser folgt uns die »Prinz Eugen« auf vierhundert Schritt, die beiden anderen Dreadnoughts, »Szent István« und »Tegetthoff«, kommen im zweiten Stapel nach. Innerhalb der Schutznetzbarrikaden der Reede von Fasana gehen wir um sechs Uhr abends vor Boje. Meldung: »Bei Bank Pericolosa feindliches Tauchboot gesichtet. Minensucher nehmen die Verfolgung auf.« Um zehn Uhr nachts laufen wir wieder aus, Kurs Süd, fünfzehn Meilen die Stunde. Auf Höhe von Veruda zweites Radiogramm: »Feindliches U-Boot in Fühlung mit Kreuzungsdampfer ›Arsa‹.« Mittels Megaphon wird eines der Begleitschiffe, Torpedoboot 75, auf Preidistanz gerufen, den fünf Sicherungsfahrzeugen das Telegramm weitergeleitet mit der Weisung, bei Begegnung mit »Arsa«, von dieser keine Erkennungszeichen abzuverlangen. In den Räumen der Operationskanzlei sitzt der Flaggenstab, Konteradmiral Horthy hat die Kommandobrücke schon verlassen. Um drei Viertel sechs Uhr morgens werfen wir Anker in der Bocche di Tajer, südöstliche Ausbuchtung der Insel Grosso, südlich von Zara, verbringen dort den Sonntag. Von der Signalstation Sale aus werden Chiffrentelegramme an Bord gegeben.

Mittags wird das Badesegel ausgebracht, Matrosen springen von der Nock des Backspiers oder von der Plattform kopfüber ins Meer oder kraxeln die Jakobsleitern und Hanger hinunter, im Nu sieht das Wasser wie ein übervölkerter Exerzierplatz aus. Jeder schwimmt anders, jeder kann andere Künste, jeder ist anders tätowiert, jeder — je nach der Form seines Trikots — anders abgebrannt, verschiedenartig sind die Schwimmhosen, der eine hat einen Fußlappen umgebunden, der andere abgeschnittene Unterhosen, dem dritten tat es leid, diese zu zerschneiden oder auch nur die Bandeln abzutrennen. Übrigens scheint es, als ob alle lange weiße Hosen anhätten, denn da sie stets mit nacktem Oberkörper in der Sonne arbeiten, sind sie bis zur Taille kastanienbraun, unten aber weiß wie Großstädter. Im Badesegel spielt sich eine tolle Wasserpantomime ab.

Nachts hocken die Leute beisammen, singen oder spielen Karten. Manche lesen Bücher aus der Schiffsbibliothek. Von der Kommandobrücke aufs Deck schauend, kann man sich die Landkarte Österreich-Ungarns imaginieren, denn die Matrosen sitzen sozusagen in Ländergruppen beieinander. Als die Marine noch eine reine Schiffahrtsangelegenheit war, als man Schwimmer, Segler, Steuerleute brauchte, bildeten Istrien und Dalmatien gewissermaßen den Ergänzungsbezirk der Flotte, sogar das Heizerpersonal setzte sich aus italienischen Istrianern und kroatischen Dalmatinern von den Handelsschiffen zusammen, und es ist noch nicht lange her, daß die offizielle Marinesprache Österreich-Ungarns Italienisch war. Aber seither ist der Dienst immer mehr und mehr zu einer technischen Angelegenheit geworden, und die Massen von Monteuren, Elektrotechnikern, Maschinenmeistern, Installateuren, Gießern, Metalldrehern und anderen Spezialarbeitern mußte man aus allen Binnenländern holen. Deutsch wurde nun Vermittlungs-, Verständigungs- und Kommandosprache, und nur der alte Steuermeister redet noch im Kauderwelsch von Anno Dallerup, ein Sammelsurium von Triestiner Dialekt, dalmatinischem Fischeridiom, slowenischen Brocken und deutschen Fachausdrücken.

Sonntäglich ist es im Innern des Panzerschiffs, das auf dem Kriegspfad, sogar die Gefechtstürme sind menschenleer. Aber hier hat eine ingeniöse Technik so gigantische Instrumente des Massenmordes geschaffen, daß man — wenn auch jetzt alles unbelebt ist — erschüttert und an der Zeit verzweifelnd die gräßlichen Wunder sieht. Aufs Flaggentuch des Dreadnoughts gehört das Wort von der Notwendigkeit der Schiffahrt und der Unnotwendigkeit des Lebens. Die Bremer Kaufleute, die den Spruch lateinisch auf ihres Zunfthauses Giebel schrieben, verstanden ihn anders, doch für den Dreadnought, den tausendmal fürchterlicheren Klaus Störtebeker von heute, der, durch Panzer und Gesetz geschützt, den Schrecken der Meere bildet, gelten die Worte erbarmungslos zeitgemäß, denn er belebt sich, wenn er fährt, also ist ihm die

Schiffahrt notwendig, und er tötet das Leben der anderen, denn es ist ihm überflüssig.

Wie gut gewappnet gegen den eigenen Tod und für den der anderen! Vier glatte Rundtürme ragen grau von der schwimmenden Feste. Nicht einmal besonders hoch, vom Krähennest schaut man frei über sie hinweg, selbst die Kamine sind höher. Aber man kann ernsthaft sagen, daß diese Türme im Innern höher sind als außen, gehen sie doch tief in den Rumpf des Schiffes, sieben Stockwerke. Ganz unten, schon nahe am Schiffsboden, steht der Pivot, auf dem der drehbare Bau zentriert ist, darüber das Geschoß der Geschosse, von der nächsthöheren Kammer werden die Patronen emporgewunden, es folgen Nebenaufzugsraum, Hauptaufzugsraum und Umladestation, und aus den Mansardenfenstern des Giebels lugen drei Zyklopen über Land und Meer: 30,5-cm-Geschütze. Die Kanonenrohre, vierzehn Meter lang, jedes dreiundfünfzigtausend Kilogramm schwer, starren parallel aus der Panzerung und sehen einander ähnlich wie Drillinge. Von der Kommandobrücke lassen sie sich einzeln und gemeinsam lenken, dort wird gezielt, Distanz und Seitenverschiebung hierhertelegrafiert, auf einer Tafel tauchen die Ziffern auf, und der Geschützvormeister hat bloß mechanisch zu visieren und elektrisch abzudrücken. Sechsundzwanzig Sekunden braucht es von Schuß zu Schuß, aus jedem Turm können in der Minute sechs Geschosse abgefeuert werden, jedes von vierhundertfünfzig Kilo Gewicht.

Binnen einer Minute vermag man das sechsstöckige Gebäude um zweihundertsiebzig Grad zu drehen, bei kleinster Geschwindigkeit rotiert es ebensolange um seine Achse wie die Erde um die ihre: vierundzwanzig Stunden.

Nicht nur von oben speit der Panzerpirat Verderben, Seitengewehre stecken in seinem Gürtel, ein Dutzend 15-cm-Kanonen, sechs Reduiten steuerbord, sechs backbord. Auf Deck ist leichte Artillerie aufgefahren: Schnellfeuer-, Landungs-, Ballongeschütze, alle 7-cm-kalibrig (L/50, Skoda), und Maschinengewehre. Aus den vierzehn Munitionskammern führen in jeden Turm fünf Munitionsfahrstühle. In den Lancierraum geht es treppab, die Torpedos, braune Riesenzigarren, sind auf Ständern ausgebreitet, eine steckt sogar schon in der zugehörigen Zigarrenspitze, die marinetechnisch Lancierrohr heißt. Sechsundeinviertel Meter lang und dreiundfünfzig Zentimeter breit ist jede und ein gar schweres Kraut, sechshundert Kilogramm; neunzig Kilogramm Schießbaumwolle sind unter dem stählernden Deckblatt. Hermetisch abgeschlossen, wie ein Caisson drei Meter unter Wasser eben sein muß, wird hier weder gezielt noch abgedrückt. Hoch oben und fern steht der Offizier auf dem Kommandoturm, elektrisch lenkt er das Rohr, und elektrisch feuert er. Vorher wurde hier unten der Mündungsdeckel, die »Schleuße«, abgenommen, die See drang ins Lancierrohr, und der Torpedo im Rohr ist vom Wasser umgeben. Auf einen Knopfdruck strömt komprimierte Luft ein und stößt das Geschoß ins Meer. Die Innenröhre des Lancierapparates geht als Schutzhülle mit hinaus, um es vor einer Ablenkung durch den Wasserdruck der Schiffsseiten zu bewahren. Erst wenn der Torpedo bis zum Schwanzstück, dem Steuerkreuz, außerhalb der Bordwand ist, kann er sich — ein selbständiges Schiff, ein U-Boot ohne Bemannung — mit eigener Steuerkraft und eigener Maschine drei Meter unter dem Meeresspiegel in einer Geschwindigkeit von vierunddreißig Meilen gegen das oft sechstausend Meter entfernte Ziel bewegen. Trifft er das feindliche Schiff (unterhalb Panzerung), schnappt die Greifnase auf den Zünder, wodurch die Sprengladung explodiert. Die Innenröhre ist aber, nachdem sie den Torpedo vor die Tür begleitet hat, wieder heimgekehrt, das Haustor schließt sich, und der nächste braune Gast fährt elektrisch vor ... Vier Lancierer haben wir mit, je einen auf den Breitseiten, einen am Bug und einen am Heck. In jeden Torpedoraum führen Kupferrohre von den Luftkompressoren, Torpedos und Lancierreservoire (hundertfünfzig Atmosphären) zu füllen; zum und vom Kommandoturm, von einem Lancierraum zum anderen, zu den Pumpen und Hilfsmaschinen und in die Artilleriewerkstätte sind Sprachrohre und laut sprechende Telefone geleitet.

Er kann Schrecken genug verbreiten, der Dreadnought, kann hundertfachen Tod bringen und mit allen seinen Mannen selbst hundertfachen Tod erleiden. Aber das ficht ihn nicht an und seine Gegner nicht: Navigare necesse est, vivere non necesse est!

Abends um neun Uhr liefen wir von Tajer aus, um halb acht Uhr morgens ankern wir bei Slano im Kanal von Calomotta, etwas nördlich von Ragusa. Im Mittelpunkt eines beinahe kreisrunden Teiches liegen wir. Auf dem Ufer ringsum: Gestrüpp, Blöcke, Pinien, Olivenbäume, ein Kirchlein mit Kegelturm, Steinhäuschen ohne Mörtelverputz, so daß sich vom Grau des felsigen Hintergrundes nur die Ziegelröte der Dächer abhebt, und auch sie nur verschwommen, denn der Rauch der Flotte fährt wie ein Wischer über das hellgrün-hellgraue Bild. Die Torpedobootzerstörer »Tatra«, »Balaton«, »Orjen« und »Uszok«, die Torpedoboote 82, 86, 89, 91 und 95 sind am Kai vertäut, um Kohle von uns zu nehmen. Sie haben Doppellancierer, deren Torpedos zum Unterschied von den Unterwasserapparaten nicht mit Preßluft, sondern mit Pulverladung abgefeuert werden. Offiziere kommen an Bord und erhalten Dispositionen, heute nacht soll's losgehen.

Das weiß jeder. Operationstische und Tragbahren werden hergerichtet, Instrumente und Verbandzeug verteilt, Munition, Stahlhelme und Gasmasken bereitgestellt, Rettungsboote, Rettungsflöße, Rettungsgürtel und Rettungswesten geklart, Weisungen ausgegeben. Alle sind erregt, aber anders ist es als vor einem Sturm bei der Infanterie. Auf den Schiffen ist der Fatalismus größer, die Lüge vom »Heldentum« auffälliger, der einzelne kann gar nichts machen, es gibt keine Flucht, es gibt überhaupt keinen einzelnen, es gibt nur einen Schiffskörper, viribus unitis. Die Mannschaft schlägt wieder (zum Baden ist es zu kalt) die Spielkarten aufs Deck, Offiziere inspizieren und visitieren, und nur die kleinen Seekadetten bitten Gott und Italien um feindliche Gegenwirkung, sonst kriegten sie ja das Truppenkreuz nicht.
Im Saal des Admiralstabes herrscht große Nervosität, deren Ursachen wir um sieben Uhr abends vom Admiralstabschef erfahren. »Leider muß ich den Herren eine betrübliche Mitteilung machen. Unsere Aktion ist nämlich leider Gottes verraten. Die feindliche Bewachungslinie in der Otrantostraße, die wir behupfen wollten, hat sich nach Süden zurückgezogen bis Santa Maria di Laika und noch weiter. So würde uns zumindest der Rückweg abgeschnitten. Auch fahren die Transportschiffe aus Brindisi, Valona, Tarent heute infolge des Avisos nicht aus. Aus Korfu kommen uns die italienischen Dreadnoughts entgegen, aus dem Golf von Tarent französische und italienische Motorboote. Wir haben es aber auf eine Überraschung abgesehen gehabt, also müssen wir zurück, alles war umsonst, die erste Ausfahrt der österreichischen Kriegsflotte ist gescheitert.« Admiral Horthy, der wie immer seinen Abendspaziergang auf dem Achterdeck macht, hat eine traurige Miene angelegt, wirklich traurig sind die Seekadetten, und einer witzelt elegisch: »Die Argonauten zogen von Pola aus, um das Goldene Vließ zu erlangen — wir bringen nicht einmal das Karl-Truppenkreuz heim.« Um drei Viertel zehn Uhr abends lichten wir Anker und fahren polawärts.
Denen im Kesselhaus ist es gleich, ob es zum Gefecht kommt oder nicht. Sie haben es unvergleichlich schwerer als ihre Kollegen auf den Passagierdampfern, sie stehen unter militärischem Zwang, und fürchterlich eng ist ihre Arbeitsstätte. Für das Leben ist wenig Platz auf dem Schlachtschiff, man braucht allen Raum für den Tod des Feindes: für Geschütze und Torpedos. Nur ein Dutzend Kessel hat die »Viribus«, die müssen den Koloß von zwanzigtausend Tonnen vorwärts treiben, zwanzig Meilen in der Stunde, und acht Turbinen und viele Hilfsmaschinen mit einer Wellenstärke von fünfundzwanzigtausend Pferdekräften in Betrieb erhalten. Heizgase umspülen elfhundert Mannesmannrohre, bis deren Wasserinhalt,

selbst zu Gas verflüchtigt, zur Hauptmaschine strömt. Aus achtzehn Kohlenmagazinen fressen die zwölf Ungeheuer, verschlingen stündlich drei Tonnen Kohle. Freilich, Vorrat ist genug da, bei einer Geschwindigkeit von zehn Meilen würde das Kohlenmagazin auf dreitausendachthundertsechzig Meilen reichen, also für eine Fahrt unseres Dreadnoughts bis in die Mitte des Indischen Ozeans.

In Siedehitze ficht hier unten je ein Heizer gegen ein Feuerloch. Der Oberheizer kommandiert, und schon hat der Ofen seinem Gegner einen feurigen Hieb über das verrußte Gesicht geschmiert, aber im gleichen Augenblick ist die Riposte gestochen, mit der beladenen Schaufel in den Leib. Der Sekundantenspeer fährt dazwischen, das Ofentor, und trennt die Gegner für vier Sekunden voneinander. So geht es tagaus, tagein, Hieb und Stich, Hieb und Stich, ein fauchender Assaut von Mensch und Ungetüm in einer Höllenglut, die kein Luftschacht und kein Ventilator und keine Nacktheit und kein Trunk Tee und keine Augenbrille erträglich machen. Die Aschenejektoren, die Lava und Schlacke dieses Vulkans verschlucken und angeekelt in die See speien, lassen keinen Hauch von der Kühle des Meeres, die Schlote von achtzehn Quadratmeter Flächenbreite kein Stückchen Himmel herein in das Chaos von Heißluft, Rußflocken, Wallung, Sud, Dampf, Flammensträhnen, Kohlenstaub, Zittern, Dröhnen, Stürzen, Prasseln und Finsternis, in die Welt schwarzer verzerrter Gestalten mit weißen Augen, gefletschten Zähnen und feucht im heißen Winde flatternden Haarsträhnen. Welch ein Kontrast zwischen diesen ausgemergelten Sklaven und den freien Burschen, die oben in Licht, Sonne und See baden, hoch hinaufklettern dürfen auf den Rahen bis in den Äther, welch ein Kontrast zwischen diesen ausgedörrten Menschenautomaten und — »Fast die ganze Mannschaft meldet sich zum Heizerdienst«, sagt der Maschinenoffizier, »natürlich, keiner will exerzieren!«

Um vier Uhr morgens kommt die Meldung, daß die »Szent István«, die jetzt vor uns fährt, lanciert worden ist; bei der Torpedierung ist eine fünfzig Meter hohe Wassersäule emporgeschossen.

Die ganze Reling und alle Aussichtspunkte werden mit Offizieren und Mannschaft besetzt, die nach Unterseebooten auslugen, die Begleitschiffe schließen sich wie ein Panzer um die »Viribus«, damit es ihr nicht ebenso ergehe wie der »Szent István«, dem größten und modernsten Schlachtschiff der österreichisch-ungarischen Kriegsmarine. Wie wird es die Havarie überstehen? Seit es Dreadnoughts in der Welt gibt, ist noch keiner torpediert worden, wird er wieder flottwerden?

Eine Stunde später kommen wir an dem verwundeten Giganten vorbei. Seine Maschinen arbeiten nicht, der Körper schwankt, daß er zu kentern droht, aber Admiral Horthy lehnt es ab, Hilfe zu bringen, trotz hoffnungsloser Rapporte gibt er den Befehl, daß drüben alle Mann an Bord bleiben müssen, um das Schiff flottzukriegen. Wir dürfen uns nicht aufhalten, erklärt der Flottenkommandant, denn wenn auch wir, das Admiralschiff, einen Schuß abbekämen, so wäre der Siegesjubel in Italien ungeheuer.

Unsere Offiziere schauen mit Feldstechern auf das Wrack, von dem wir uns lösen, ohne ihm beizustehen, und schütteln die Köpfe. »Die ersaufen alle«, murmelt, das Trieder einsteckend und sich von der Bordwand entfernend, der alte Maschinenmaat ... Am Heck der »Tegetthoff« steht der Artillerieingenieur vor dem Filmapparat und kurbelt die schwankende »Szent István« mit den verzweifelt hin und her rennenden Menschen.

Auf der Höhe von Zara kommt die Nachricht, daß die »Szent István« untergegangen ist. Erst um sechs Uhr morgens, als sie bereits zu sinken begann, war »Los vom Schiffe« befohlen worden, aber plötzlich kippte der Rumpf so schnell, daß nur wenige von Bord zu springen vermochten, die meisten wurden ins Meer geschleudert und von Torpedos und von der »Tegetthoff« geborgen. Vier Offiziere und etwa hundert Mann werden vermißt, sie sind entweder ertrunken oder unter dem kenternden Schiffsrumpf begraben worden. — Wir wollten sie »behupfen«, sie haben uns »behupft«.

In unserer Offiziersmesse ist man niedergeschmettert. Mit dem heutigen Tage sind die Dreadnoughts erledigt, sagen alle, die blamable Rückfahrt der Flotte, der Ertrinkungstod von hundert Matrosen und vor allem die Vernichtung eines Schiffes von einer halben Milliarde Baukosten beweise die Wertlosigkeit dieser Riesenwaffe. Wieso es möglich ist, daß die Schotten nicht hielten, daß durch einen Schuß der ganze Komplex untersank, ist unfaßbar. Man spricht von Korruption bei Vergebung der Lieferungen, schlechtem Material und dergleichen.

Es ist drei Viertel sieben Uhr abends, als wir an der leeren Boje der »Szent István« im Hafen von Pola vorüberfahren, alle sehen sie an. Um sieben Uhr sind wir wieder auf dem Bojring 31 vertäut. Kurz darauf legen Boote an, der Kommandant, Linienschiffskapitän Seitz, und Stabsoffiziere von der »Szent István« erstatten Bericht über den Schiffbruch.

Am nächsten Tage lesen wir im Marinekasino das amtliche Telegramm der Marinesektion des Kriegsministeriums: »SMS, ›Szent István‹ wurde bei einer Nachtfahrt in der Adria torpediert und ist gesunken. Linienschiffsleutnant Maxon del Roewid, Maschinenbetriebsleiter Sernitz und Seekadett Müller sowie etwa achtzig Mannschaftspersonen werden vermißt.

Seekadett Serda ist tot. Der Rest der Mannschaft wurde gerettet.« – Die Agenzia Stefani gibt folgende Meldung aus: »Beim Morgengrauen des 10. d. M. griffen bei den Dalmatinischen Inseln zwei kleine italienische Torpedoboote, die vom Korvettenkapitän Luigo Rizzo befehligt wurden, eine österreichisch-ungarische Schiffsabteilung, bestehend aus zwei großen Kreuzern des Typs ›Viribus unitis‹ und durch zehn Torpedojäger beschützt, an. Unsere Einheiten drangen über die Linien der Torpedojäger vor und trafen den vorne fahrenden Kreuzer mit zwei Torpedos. Darauf kehrten unsere Einheiten, die von Torpedojägern verfolgt wurden und einen davon schwer beschädigten, in ihre Basis zurück.« – Das k. k. Korrespondenzbüro fügt dieser italienischen Meldung zu: »Es wurde weder das zweite Schiff der Gruppe getroffen noch ein Begleitfahrzeug beschädigt.«

Die Zahl der Toten ist sicherlich weit größer, als eingestanden wird. Nur zwanzig Leichen wurden geborgen und in Pola bestattet.

So singt Dante (Inferno, IX. 113–117: »... bei Pola dort am Meer – Das Welschland schließt und netzt der Grenzen Graue – Grabhügel sind im Lande ringsumher – Wo auf unebenem Grunde Tote modern.« Auf dem unebenen Grunde von Policarpo modern tote Seeleute. Der eigentliche Marinefriedhof liegt allerdings zu Füßen des Hügels und reicht weit, stundenweit, bis gegen Griechenland und Sizilien, der eigentliche Marinefriedhof ist das Meer.

Oben weint eine alte Frau vor dem Bildnis Christi und küßt den kirchlich geweihten Boden, in dem ihr Sohn nicht ruht. Auf der Marmortafel an der Kapelle liest man Namen der Matrosen, die eine Sturzwelle über Bord gerissen. Sie starben, steht dort, den Heldentod, und Ehre ihrem Andenken, es fehlen die Worte »Friede ihrer Asche« oder »Die Erde werde ihnen leicht«. Es fehlen die Worte »Hier ruht ...«, die man auf allen übrigen Grabsteinen in allen Sprachen einträchtig nebeneinander findet: »Itt nyugsit« – »Qui riposa« – »Zde odpočívá« – »Here is burried« – »Ovdie pociva« – auch in verschnörkelten türkischen Buchstaben mit Halbmond und Stern und in hebräischen Lettern unter dem Doppeldreieck des Königs David. International und interkonfessionell und friedlich ist dieser Friedhof wie kein anderer. Denn er ist ein Kriegerfriedhof.

Ein erhöhter Granitwürfel von großem Ausmaß steht den Toten des Krieges da, von Zypressen umsäumt. In der Mitte ist Großadmiral Haus pompös bestattet, noch wölben sich hier Blumengewinde und Palmenzweige. Knapp an den altersschwach gestorbenen Flottenkommandanten rücken jetzt Knaben heran – Kadetten und Fähnriche der Fliegerabteilung, zu

Brei zerschmettert fielen sie von der Höhe ihrer Jugend. »Geboren 1. Mai 1898« – »Geboren 1899« – »Besitzer der Goldenen Tapferkeitsmedaille« – »Dreimal mit der Silbernen Tapferkeitsmedaille I. Kl. ausgezeichnet« – bedauernswerte Opfer, dafür gabt ihr euer Leben, für all die Medaillen könnt ihr euch keinen Sonntag mehr kaufen, arme Jungen! Sogar fünf Frauen liegen hier, auch sie starben als Opfer der »Pflicht fürs Vaterland«, Munitionsarbeiterinnen, Explosion, wären sie in einer Kohlengrube getötet worden, so gälte das nicht als »Tod fürs Vaterland«, und kein Heldenfriedhof hätte sie aufgenommen.

Massenbeerdigungen, wie sie der Landkrieg nach jeder Schlacht sieht, sind selten. Vielleicht ist heute die erste.

Der Marinepfarrer segnet mit vorgeschriebenen Worten und vorgeschriebenem Gestus die große Erdhöhle, an deren Rand Kränze streng geschlichtet liegen, Kränze, die für einen vom Kommando bewilligten Geldbetrag gemeinsam bestellt wurden. So liegen auch in vier Fünferreihen ausgerichtet und aufgedeckt geschlossene Holzsärge, einer wie der andere. Es sind zwanzig von den hundert Toten der »Szent István«, ihre Namen sind nirgends angegeben. Keine Angehörigen sind da und auch keine Trauer. Der Matrosenzug, den ein Seefähnrich befehligt, besteht nicht aus Leuten der »Szent István«, denn die haben keine Extramonturen mehr, wie sie für einen so repräsentativen Akt vonnöten sind. Die Abordnungen sind sich ihrer Würde bewußt. Vorne steht das Offizierskorps und macht ernste Gesichter, denn sie denken des toten Schiffs, des neuesten, besten und größten, mit solch ungeheueren Kosten erbaut, ein Viertel der ganzen Dreadnoughtflotte untergegangen mitsamt zwölf 30,5-cm-Haubitzen, also mehr, als auf allen Forts von Pola vorhanden sind, und etwa dreißig anderen Geschützen, Lancierern und so weiter, es ist wirklich traurig. Manche denken vielleicht auch des Zylinders, der ihrer harrt; an die Matrosen in der Grube, an die hundert Matrosen am Meeresgrund denkt niemand, vivere non necesse est. Die Bemannung des deutschen Tauchboots, das, mit Tang und Grünspan bedeckt, vorgestern aus Westafrika ankam, ist erschienen; zwei Mann haben sie zur Bewachung des räudigen Kamels und der vier jungen Mufflons zurückgelassen, die zum Gaudium der Polesaner Knaben im Adriapark weiden. Einige einheimische Burschen und Mädchen und viele Kinder haben die Musikband hierherbegleitet und schauen von einem Hügel auf die Zeremonie.

Die Kapelle intoniert einen Choral, dann leiert der Pope ein endloses Totengebet, der Fähnrich kommandiert »Generaldecharge«, Hände klappern auf Patronentaschen, »Hoch an – Feuer!«, die Salve war gut, niemand hat verspätet abgezogen.

Der Befehlshaber des untergegangenen Dreadnoughts wirft drei Schollen Erde in das Loch, schlägt die Hacken zusammen und übergibt die Schaufel gehorsamst dem Herrn Flottenkommandanten, dieser höflich dem Herrn Hafenadmiral Cicoli. Von da ab geht's weder gehorsamst noch höflich, sondern streng nach Anciennität, Generale und Admirale, Offiziere und Kadetten reichen einander den Spaten in der Reihenfolge des Militärverordnungsblattes, dann kommen Unteroffiziere, Matrosen und Soldaten. Aus ist die Feier; die ausgerückte Abteilung nimmt längs der Friedhofsmauer Aufstellung. Zug rechts — schaut, habt acht, Doppelreihen links um, marschieren — Zug marsch, die Kapelle spielt den Radetzkymarsch, und die männliche und weibliche Jugend von Pola schließt sich, pfeifend und einander untergefaßt haltend, der lustigen Kolonne an, oben liegen zwanzig Särge, addio, ihr Polesanerinnen. Die Offiziere nehmen Tschako oder Mütze ab, um den Schweiß von den Stirnen zu wischen, bieten sich gegenseitig Zigaretten an und gehen ins Offizierskasino, davon sprechend, daß man heute die Dreadnoughts begraben hat.

Der Naturschutzpark der Geistigkeit

Es ist für unsereinen recht schön, daß es so etwas gibt wie Weimar: eine ganze Stadt als Reliquie, ein Bezirk als Wallfahrtsziel, weil hier einmal Dichterleben war. Immerhin erfreulicher, wenn nicht Generale an den Straßenecken bronzern Posten stehen, wenn statt der Roons, Winterfelds, Derfflingers und übriger Spitzen der Militärrangliste aus kriegerischen Zeiten ausnahmsweise der Goethe und der Schiller und der Herder und der Wieland in Erz gegossen sind. Selbst den Großherzogen, die auch auf den hiesigen Plätzen versteinert umherreiten, wird diese tributäre Huldigung nicht mit Waffentaten motiviert, sondern mit dem von ihnen getätigten Engagement besagter Dichter. Die heimische Dynastie wird bloß literaturgeschichtlich eingeteilt; jene Großherzogin hat die Sophienausgabe der Goetheschen Werke (ein Stammtischeinfall, von Philologenärschen ausgebrütet) patronisiert, jener Großherzog das Goethe-Schiller-Archiv erbaut, jene Prinzessin ist die Prinzessin, die in der Fürstengruft dem Grabe Schillers gegenüberliegt, jene Großherzogin ist die Gattin jenes Großherzogs, der mit Goethe . . . Und so.

Ganz Weimar ist eine zur Stadt erhobene Dichterbiographie. Wer nicht zumindest einige Werke über das Leben Goethes studiert hat, kann sich in der Stadt verirren. Fragt man den Einheimischen, wie man ins Hotel kommt, so antwortet er, man müsse am Wohnhaus der Frau von Stein vorüber, bei der Bank, bei der Christiane Vulpius ihrem nachmaligen Gatten als fremdes Mädchen mit einer Bittschrift entgegentrat, nach links biegen, dann geradeaus, über die Jahre 1779 und 1784 gehen, entlang der Prosafassung der »Iphigenie auf Tauris«, den zweiten Teil des »Faust« rechts und »Wilhelm Meisters Wanderjahre« links lassend, und schon sei man da, beim Absteigequartier Zelters. Bleibt man im Park einen Augenblick stehen, um endlich Luft zu atmen, gleich läuft der Parkwächter heran, man erschrickt, glaubt etwas angestellt zu haben, nein, er will nur rasch mitteilen, daß in jenem Gebüsch, von niemandem belauscht, Bettina von Arnim dem fünfzigjährigen Goethe einen Heiratsantrag gemacht hat. In dem mit Baumrinde benagelten Häuschen, fügt er pflichteifrigst hinzu, hat Goethe mit Großherzogin Anna Amalia und Hofdame von Göchhausen, mit Doktor Eckermann und Major Knebel einmal gefrühstückt. Bei dem Stein dort — sehen Sie den Stein, ja? — traf Großherzog Karl August IHN nach dessen Italienischer Reise zum ersten Male.

Die Museen — hier ist jedes Haus ein Museum oder ein Gedenkhaus — sind nur Pavillons des großen Museums, das Weimar heißt. Bekneiferte Lehrerinnen führen Mädchenpensionate von Vitrine zu Vitrine, Gänse schnattern, manche seufzen vor irgendwelchen Tabellen zur »Farbenlehre« schmelzend ein »Nein, wie niedlich«, manche kichern vor dem Bett im Sterbezimmer, was übrigens ebenso geschmackvoll ist wie pietätvoll-ergriffenes Seufzen. Der Geschäftsreisende erklärt seinem Ehegemahl branchekundig einige Andenken, der Gymnasiallehrer schwelgt vor jedem Zettel. Im Goethehaus am Frauenplan drängt sich die Masse der Besucher von morgens bis abends. Instinktsicher hat der Spießer herausgefunden, daß Goethes Leben komplementär zu seinem Werke war — so genial dieses ist, so pedantisch, autoritätsgläubig, devot, zeitfremd und egoistisch war seine Privatexistenz. Das hat der Pfahlbürger aller Nationen mit dem lyrischen Genius gemein, das ist es, was ihn zur Wallfahrt nach Weimar treibt, was ihm die Legitimation ausstellt, pedantisch, speichelleckerisch, zeitfremd und egoistisch zu sein und sich dabei goethisch vorzukommen und das »Deutschland Weimars« aus seiner Feindschaft gegen das deutsche Volk auszuschließen, den Geist Deutschlands zu hassen und den Geist Goethes zu lieben.

Auf Fußnoten schleichen die Erbverweser durch die geweihten Räume, häufen Makulatur auf Makulatur, verwandeln geschriebenes Papier in bedrucktes und bedrucktes Papier in geschriebenes, vergleichen die Schreibmaterialien der Goetheschen Sekretäre miteinander und wenden die Methoden der Altphilologie auf die Kunst des neunzehnten Jahrhunderts an — öde Anatomen, einen lebendigen Organismus tötend, um ihn obduzieren, um ihn klassifizieren zu können, Esoteriker und Verächter der profanen Welt. Wenn man sich zum Beispiel nach Briefen von Goethes Mutter erkundigt, die über ihre Beziehung zum Königsleutnant Aufschluß geben könnten (derart stark war diese Beziehung, daß Thoranc die aufsehenerregende Verhaftung seines Quartiergebers wegen demonstrativen »Hochverrats« auf Fürbitte der Frau Rat rückgängig machte, eine offenkundige und öffentliche Pflichtverletzung!), stößt man auf entsetzte Mienen der Tempelhüter. »So etwas wagen Sie mir zu sagen, in den Tagen der Ruhrbesetzung?!«

Um Schiller kümmert man sich bei weitem nicht in diesem Ausmaß; der war kein Staatsminister und kein Bürgermeistersenkel, er wurde verscharrt, so daß man den Schädel gar nicht fand, als man ihm schließlich die verspätete »Ehre« antun wollte, ihn in der Fürstengruft neben leibhaftigen Großherzögen beizusetzen. Ins Nietzschearchiv oder ins Lisztmuseum kommen wenig Besucher, auch nach Andenken Herders oder Wielands forscht wohl nur der Fachmann.

Ja, große Männer haben in Weimar gelebt, und es ist großherzogliche Familientradition geblieben, beizeiten Dichter hierher zu verpfropfen, damit aus ihnen rentable Fremdenattraktionen würden, wie es Goethe war. Man spekulierte daneben: Als letzter Goetheaspirant wurde der Dramatiker Ernst von Wildenbruch, Hohenzollernscher Hauskitschier, in dem Treibhaus Weimar aufzuzüchten versucht.

Lächerlich, solch ein Geniekult, lächerlich, ein Leben in Spiritus zu konservieren, lächerlich, die Bewohner einer Stadt zu Mitwirkenden eines beständigen Passionsspieles zu machen. Aber unsereiner könnte sich freuen, daß man doch noch irgendwo einen Dichter ehrt, indem man seinen Wohnort zu einem Sanktuarium weiht, wenn das Ganze nicht bloß ein Naturschutzpark wäre. Als in Amerika die Urwälder fast überall dem Erdboden gleichgemacht, beinahe alle edlen Tiere erlegt, die Indianer mit Branntwein und Flintenkugeln nahezu ausgerottet worden waren, zäunte man ein Stückchen ein und schuf den Yellowstonepark. Dann zeigte man ihn der Welt, zum Zeichen des pietätvollen Verständnisses, das das angeblich so nüchterne Amerika der Natur entgegenbringe, und konnte ruhig den Rest der Urwälder, der Indianer und der Tiere vernichten. Wir hingegen haben Weimar.

Besuch beim Prager Schinken

Schlendert man, von einer schweinebevölkerten Hazienda kommend, durch die Straßen von Buenos Aires, so grüßt auf einer Firmentafel: »Jamones de Praga«. In Yorkshire, wo es gelungen ist, die berühmten Schweine zu züchten, deren überflüssiger Teil, der Kopf, auf Kosten des Leibes ganz verkümmert ist, achtet man den Bischof Teweles vielleicht nur deshalb, weil er von Zeit zu Zeit seinen Gästen »Prague Hams« vorsetzt, die er sich pietätvoll aus seiner einstigen Heimat schikken läßt. Selbst in Mainz gibt es ein Prager Schinkenstübel, was die französische Besatzung überraschte, da in Frankreich der westfälische Schinken »Jambon de Mayence« heißt und sie nicht begriff, daß in seiner Vaterstadt der Rivale Anziehungskraft besitzen könne.

Dem Prager in der Fremde macht man zuerst das Kompliment, daß seine Heimat guten Schinken hervorbringe; für so viel Liebe, für so viel Nutzen und für so viel landsmannschaftliche Treue ist man in Prag durchaus nicht dankbar. Zwar ist dort »Schinken« kein Schimpfwort wie der Name des Tieres, das ihn spendet, doch kümmert man sich wenig um ihn. Man ißt das, aber man spricht nicht davon; er war eben, nehmt alles nur in allem, ein Schweinepopo. Ein Berliner Importeur Prager Schinkens (er ist nie in Prag gewesen und seine Schinken ebensowenig) ersuchte vor kurzem einen Freund, er möge ihm aus Prag Propagandamaterial mitbringen, Ansichtskarten, Bücher, Embleme, die auf diesen bekanntesten Ausfuhrartikel Bezug haben. Er dachte wahrscheinlich, die Form der Schinkenkeule sei die Umrahmung des Prager Stadtwappens, die Landesfarben der mageren und der fetten Schinkenseite zu Ehren rot und weiß, die Türme und Schlote keulenförmig erbaut und rosa angestrichen, das Zentrum der Stadt heiße Schinkenplatz, die Schutzleute regeln den Verkehr mit dem Schinkenbein in der Hand, die Heimatkunst werfe Hunderte wissenschaftlicher und belletristischer Werke über den Schinken auf den Markt und die Maler schaffen nur Schinkenstillleben. Das Schinkenmuseum, dachte er, stehe als Kathedrale da, die Trichinen würden in einem Konzentrationslager festgehalten, die Universität habe eine schinkologische Lehrkanzel, wenn nicht gar Fakultät, die Zeitungen eine große Rubrik, in der der tägliche Auftrieb von Schweinen samt Gewichten und Preisen börsenmäßig verzeichnet werde, Jubiläen, Biographien, freudige Familienereignisse hervorstechender Schlächter und berühmter Muttersäue, marktwichtige Todesfälle, Spezialberichte aus den Räucherkammern, Statistiken über den

Export und so weiter. Die Coupletsänger stellte er sich mit nichts anderem beschäftigt vor als . . .

Aber weshalb sollen alle seine Vermutungen aufgezählt werden? Genug daran, daß dem nicht so ist. Nicht ein Wörtchen kann man in Prag über den autochthonen Schinken auftreiben. Der Zettelkatalog der Universitätsbibliothek und die Archive der Zeitungen enthalten keinerlei Material, im »Slovník naučny« existiert überhaupt kein Schlagwort »šunka« (im deutschen Konversationslexikon wird unter »Schinken« der Prager Schinken wenigstens lobend hervorgehoben), und sub »vepř« steht auch nichts darüber. Nur in seinem Heim läßt sich der Schinken — den die Prager Deutschen mit beschimpfendem Femininum »*die* Schinke« benennen — finden, in der Selchwarenfabrik.

Zuerst erfährt man dort, was dazugehört, ein Schinkenerzeuger zu werden: man muß Chmel heißen. Wer diesen Namen führt, ob er nun bisher Geschäftsreisender, Bankbeamter, Schneider oder Katechet war, dem stellt man sofort Kapital für die Errichtung einer Selchwarenfirma zur Verfügung. Dagegen ist auch am ältesten und tüchtigsten Metzgergehilfen Chmel und Malz verloren, er kann sich niemals etablieren, wenn er nicht in männlicher Deszendenz dem Geschlechte der Chmeliden entstammt. Der englische Schinken ist salzig, der westfälische schmeckt roh und faserig, der Prager aber ist saftig und zart. Wieso? Die großen Fleischkönige wie Swift oder Armour aus Chicago kamen nach Prag, das zu erkunden, sie engagierten die Meister weg — es gelang ihnen doch nicht, in Chicago Prager Schinken herzustellen. »Es waren eben keine Chmels!«

Ein Mythos schlingt sich um die Prager Schinkenfabrikation: Man erzählt in der Branche des Auslandes, die Schweine söffen vor dem Schlachten Pilsner Bier, der Sole, in der die Schinken lagern, und dem Heizmaterial seien geheime Essenzen beigemischt, für die Räucherung werde besonderes Obst verwendet und der Schinken in einer Umhüllung aus Brot gebakken. Nichts davon ist wahr, versichern die Eingeweihten. »Man muß bloß Chmel heißen, das übrige besorgt der lokale Bazillus!« Und was ist der lokale Bazillus? »Der ist nicht entdeckt.«

Nirgends im Herstellungsprozeß ist seine Spur zu finden. Im gekühlten Souterrain hängen Hunderte von Schweinen — tot. Gestern noch hatten sie wollustgrunzend aus dem Trog gefressen, der diesmal besonders gut gefüllt war, damit in der Prager Schlachtbank ihr Gewicht größer sei, und behaglich im Schmutze wühlend, ahnten sie nicht, heute tot und sauber zu sein. Sie sind bereits abgebrüht worden, und ihre rosaglänzende Farbe erfüllt den Keller mit Helligkeit. Fleischergehilfen hacken mit sicherem Hieb »in den Wirbel zwischen Speckseite und Schinken« — eine anatomisch exaktere Bezeichnung kennen sie nicht — das Hinterteil ab, lösen das Schwänzchen und die Zehen los, schneiden die Hinterbacken auseinander und machen einen die Keule rundenden Ausschnitt. Diese Urschinken werden mit Salz bestreut und müssen nun ablagern; dann wirft man sie in riesige Bottiche mit Salzbrühe, den »lák«, wo sie fünf bis acht Wochen zur Pökelung bleiben. Die Wärmeverteilung ist die wichtigste Prozedur, nach Gefühl und Erfahrung wird reguliert, man arbeitet in verschiedenen Phasen des Pökelungsprozesses mit Temperaturen von 0 bis 48 Grad Celsius. Wenn die präsumtiven Schinken gar sind, vom Salz bis zum Knochen durchzogen (ein an der Färbung erkennbarer Zustand), kommen sie hinauf in die Werkstätten, um in fließendem Wasser mit Reisbürsten gewaschen zu werden. Ein Gehilfe steht am Wasserbecken und sticht mit hölzernem Dolch jedem heranrutschenden Schinken zweimal tief in den Leib und führt die Spitze des Holzstiletts zur Nase — er riecht, ob das durchbohrte Stück nicht minderwertig ist oder gar angefault. Für die gesunden Schinken sind die Räucherkammern bereit: Auf Haken, in dichten Reihen eingerammt, wie in einer Garderobe, hängen sie. Darunter glühen Scheite von Buchenholz, kreuzweis geschichtet, und kreuzweis lekken die Flammen gegen die Reversseiten der Schweine; aber sie erreichen sie nicht. Nur der heiße Rauch küßt sie. (In Westfalen setzt man den Schinken bloß trockenem Rauch von glimmenden Sägespänen aus.) Das Räucherungswerk ist nach zwölf Stunden vollendet, die für den Lokoverkauf bestimmten Schinken kocht man in Kesseln, den zum Export gelangenden (jährlich etwa eine halbe Million) brennt man auf Gasöfen Firmenstempel und Schutzmarke ein, näht sie in Säcke, wenn sie innerhalb der Tschechoslowakei oder nach Wien verschickt werden, verpackt sie in Körbe, wenn sie nach Frankreich, in die Türkei, nach Ägypten oder Griechenland wandern, und in Kisten, wenn ihr Bestimmungsort in Deutschland liegt. Über den Ozean, nach Tokio und Adelaide, fährt der Schinken in Blechdosen: In der Konservenabteilung kann man sehen, wie man ihm den Knochen aus dem Körper zieht und diesen in den blechernen Panzer preßt, darin hermetisch verlötet, kocht und vignettiert. »Jambon de Prague, cuit dans son propre jus« oder »Prague hams cooked in their own juice«.

Das ist alles, lieber Herr Importeur, was ich über den Prager Schinken in Erfahrung zu bringen vermochte, und hoffe ich, daß Ihnen damit gedient ist.

Die Festung Bouillon

In etwas übertrieben romantischer Pose und Kostümierung, die Knie an die Brust gezogen, sitzt auf dem Kamm des ungeheuren Steinblocks ein Recke in Wehr und Zier. Ihm huldigen, von weit her gekommen, die Wälder der Ardennen, auf deren grüne Flächen der Herbst alles Gelb und Braun seiner Tuben gedrückt hat. Der Fluß schlingt willig, den Schutz zu verstärken, einen geschlossenen Bogen um den Fels, weiß umsäumt ist das Wasser von dichten Schaumknollen, die die Wellen des Semoy am Schilfrand geschlagen haben. Eichen, Farnkraut, Hügel, Sonne. Das ist das Schloß Bouillon. Wohin der Burgherr blickte, von welcher der dreihundert Zinnen, aus welchem der schwebenden Erker, durch welche der tausend Schießscharten, überall sah Herzog Gottfried seinen Namen. Er mußte fromm werden, das wunderbare Fleckchen Erde zu seinen Füßen, im eigenen, so gesicherten Besitz, und überall Gottes Frieden; darum wohl gelobte er dankbarlich, auch anderwärts das Wort des Herrn zur Tat zu machen, das da heißt, es sei den Menschen Friede auf Erden. Ich bin, der ich mit Gottes schönster Gabe begnadet bin, der Berufene.
Oder aber: zweifelt er daran, daß das, was sein Eigentum, auch wirklich das schönste Gefild der Erde ist? Scheint es nur so, weil es mein ist? Vielleicht starrt er auf die Berge, als wollte er sie durchbohren, um zu erfahren, ob weit, weit im biblischen Osten nicht üppigere Länder seien. Lockt es ihn deshalb aus Gottes Frieden in Gottes Krieg? Oft eitert das Glück!
Gottfried von Bouillon und Verdun ist von seinem Kreuzzug nicht zurückgekehrt: Als königlich gekrönter Herzog von Jerusalem liegt er in der Heiligen-Grabes-Kirche bestattet, und das Wort vom Frieden auf Erden hat heute noch keine Geltung – nicht einmal im Umkreis seines eigenen Schlosses. Acht Jahrhunderte nach Gottfrieds Tode qualmen Orte des Herzogtums, zerschossen und niedergebrannt, und vom Südosten her tönt pausenloser Donner, den kein Turmwächter des Mittelalters deuten könnte. In den Felsen, der die Burg trägt, ist ein Tunnel gebohrt, die »Porte de France«. Die militärische Kleinbahn fährt durch diesen mehr als bombensicheren Korridor von Sedan nach Bouillon, und eine Schildwache patrouilliert vor dem Ausgang. Sie hat den Verkehr zu regeln, nicht etwa dafür zu sorgen, daß sich jemand der Burg bemächtige. Denn die Feste, für die vor zwölfhundert Jahren der Ardennenfürst Turpin einen so uneinnehmbaren Bauplatz gefunden, die seine Nachfolger, die Herzöge von Bouillon, die siebenunddreißig streitbaren Fürstbischöfe von Lüttich, die

Grafen von der Mark, die Fürsten de Latour-d'Auvergne und Grafen von Turenne, die Rohan-Monbazon, und schließlich die Holländer, Luxemburger, Franzosen und Belgier nach dem jeweiligen Stand der strategischen, fortifikatorischen und ballistischen »Wissenschaften« ausgebaut hatten, ist heute nicht Drohung mehr. Die glatten, lotrecht aufsteigenden Felsen und ihre genaue Verlängerung, das Gemäuer, beide gleichermaßen verwittert, mit Maueralgen, Erika, Moos und Steingestrüpp bewachsen, mögen sie auch eine noch so unteilbare und untrennbare Einheit sein — ein dienstfrei spazierengehender Artilleriste lächelt überlegen, dieweil seine Augen den schwindlicht hohen Stein aufwärts klettern: ein Jahrtausend hat's nicht vollbracht, was heute ein Mörserschuß vollbrächte. Und die Zitadelle, die vom Anfang des Mittelalters an durch alle Kriegsläufte wegen ihrer Unerreichbarkeit den Feinden trotzte, überdauert um ihrer allzu leichten Erreichbarkeit willen die Jetztzeit.
Bouillon-Stadt und Bouillon-Burg haben auch im letzten Krieg keinen Schuß abbekommen. Zwischen den vollkommen unversehrten, weißen Häuschen der Stadt tummelt sich belgische Jugend auf Stelzen und träumt davon, daß die Stangen ins Endlose wachsen und man mit ihnen nach Jerusalem, auf den Nordpol spazieren kann; in den Geschäften verkauft man französische Parfüms, die von Tag zu Tag stärker verschnitten werden, bis nur die Vignette pariserisch sein wird; in den Zigarrenläden kriegt man belgische Zigaretten, an denen tüchtig gezogen werden muß, damit sie nicht verlöschen. Weit und hoch strecken sich Wiesen und Felder.
Droben im »Castell Beulen« lebten die Schloßherren unbedroht, friedlich und glücklich, aber deshalb suchten sie Bedrohung, Unfrieden und Unglück. Selbst ein kleiner pfälzischer Kurprinz, der auf dem Schloß zur Erziehung weilte, hat den längsten Krieg der Weltgeschichte eingeleitet. Dann freilich, in der Not des Feldlagers, mochten sie bitter bereuen, man weiß nicht, was Herzog Gottfried im heiligen Jerusalem dachte, als er elend den Tod fühlte, und der kleine pfälzische Kurprinz, der inzwischen einen Winter lang König gewesen und flüchtig durch ganz Europa geirrt war, starb nicht zufällig gerade dort unten im Walde, von wo er die Burg seiner kühnen Jugendträume sah . . . Und die vielen namenlosen Männer, die im Laufe des letzten Krieges Waffen tragen und Waffen führen mußten, haben sich durchaus nicht kriegerisch gefühlt, nicht einmal innerhalb der wuchtigen Zinnen und krenelierten Mauern. Im Gegenteil, sie träumten, Nachfolger der Minnesänger zu sein: Unter dem bröckelnden Mörtel der Schloßarsenalwände erwachen Palimpseste zum Leben, Liebesgedichte, Herzen und verschlungene Namenszüge, Spuren

jener zweitausendsechsundachtzig französischen Soldaten, die im Jahre 1870, nach der Sedanschlacht, um der Gefangennahme zu entgehen, die belgische Grenze überschritten und hier interniert wurden. Deutsche Soldaten kraxelten über die eingerosteten Zugbrücken, verwitterten Steinstufen, rasenbedeckten Höfe und brüchigen Wehrgänge und verewigten sich gleichfalls mit Namen und Versen, manche mit Rang und Regimentszugehörigkeit. Etwa zweihundert haben angesichts des Gemäuers, das in zwölf Jahrhunderten nicht gestürzt ist, angesichts einer zu kriegerischen Zwecken erbauten Burg, die eben wieder Krieg um sich erlebt, die merkwürdige Erkenntnis gewonnen, daß das Alte stürze, die Zeit sich ändere und neues Leben blühe aus den Ruinen, und nur einer (vom Telegrafenbataillon Nr. 1, Berlin) schrieb einfach die Übersetzung hin: »Bouillon ist eine abgestandene Brühe.«

Prag — Wysotschan — Paris

Von Wysotschan nach Paris geht's schnell, in kaum sieben Stunden ist man mit dem Flugzeug dort. Aber von Prag nach Wysotschan, da ziagt si der Weg! Bevor man den Paß bekommt, muß man die ältesten Steuern und die neuesten Gebühren bezahlen, Photographien beibringen, auf der Polizei warten, Gebühr über Gebühr, französisches Visum, deutsches Visum (für den Fall eines Todessturzes auf deutschem Boden) und überall den Bescheid hören: »Warte nur! Balde.«
Wenn man am Grandprioratsplatz den Paß mit dem Vermerk »Bon pour se rendre en France« doch endlich erhalten hat, dann tut einem der Aufenthalt in Prag nicht mehr weh. Man weiß: Schmeckt mir das Mittagessen beim Piskaček nicht mehr, so nachtmahle ich am selben Abend in der Maison Dorée auf dem Boulevard des Italiens ... Und vielleicht wäre ich, den visierten Freiheitsbrief in der Tasche, aus Trägheit noch den ganzen Sommer in Prag geblieben, wenn ... Der kleine Pilot Gaston, der zweimal in der Woche sein Flugzeug von Prag nach Warschau und wieder zurück nach Prag lenkt, zwinkerte mir am Samstag, im Vorgarten der Passagebar, vom Nebentischchen zu. »Mademoiselle Riri fliegt übermorgen nach Paris ...« — »Allein?« — »Ja.« — Petit Gaston wußte ganz genau, daß die Tänzerin Riri meine Aufforderung, doch mit mir ein Tänzlein zu wagen, hochnäsig abgelehnt hatte. Der kleine

Pilot konnte sich denken, daß ich die übermorgige Gelegenheit, die Dame kennenzulernen und womöglich im Fluge zu erobern, beim Schopfe packen werde. Aber ich habe den Petit im Verdacht einer »Petite«: daß er mir die Mitteilung nicht aus Altruismus machte. Sicherlich wollte er der Tänzerin einen Streich spielen, die für ihre Landsleute und deren Edelvaluta viel Sympathie hat, aber den kleinen Piloten nicht bei sich landen ließ, weil ihr der Generalsekretär irgendeiner französischen Einkaufsgesellschaft noch französischer, das heißt edelvalutarischer erschien.

In der Kanzlei der Französisch-Rumänischen Luftschiffahrtsgesellschaft holte ich mir mein Billett. Mein Vermögen wechselte ich in Franken um, da jeder Passagier nur fünfzehn Kilogramm Gepäck mitnehmen darf. Um halb elf Uhr vormittags war ich mit meinem Koffer im Büro der Aérienne. Einige Pakete mit Gablonzer Ware und ein Kollo mit Briefen wurden dort abgegeben.

Im Auto der Gesellschaft fuhren wir nach Wysotschan, auf das Flugfeld von Kbell, der Direktor der Franco-Roumaine, der jeden Aeroplan abfertigt, ein Beamter, der heute in Straßburg sein muß und mit den Postpaketen in einem eigenen Flugzeug hinfährt, und meine Wenigkeit; Mademoiselle Riri hatte erklärt, direkt auf das Flugfeld zu kommen. Draußen: eine Baracke für Büro, Post, Paßabfertigung, Zollrevision, alles noch etwas primitiv. Man pickt auf meinen Koffer eine Vignette mit blau-roter, dreieckiger Flagge und den Buchstaben FRA. Darüber freue ich mich, denn es ist unendlich lange her, seit mein Koffer mit solchen papierenen Ehrenzeichen beklebt war, zur Erinnerung an schöne Reisen und schöne Stationen. Sieben magere Jahre sind vergangen (auf den Tornister hat man keine Vignetten geklebt), aber jetzt kommt hoffentlich wieder deine Zeit, mein Kofferchen, und man wird dich wieder mit bunten Zetteln schmücken!

Mademoiselle Riri und ihr Generalsekretär waren schon da. Sie trug weißen Crêpe Georgette mit einem Spitzenvolant und machte wieder ihr hochmäsiges Gesicht, als ob ich für sie Luft wäre — aber man soll die Luft nicht unterschätzen, wenn man ins Aero steigt. Ich schaute sie überhaupt nicht an, um den Generalsekretär nicht vorzeitig aufmerksam zu machen. Er brachte ihr aus der Kantine ein Glas Zitronenlimonade, und da es heiß war, hatte ich große Lust, auch eine zu trinken. Aber man hatte mir eingeschärft, zwei Stunden vor dem Start nichts mehr zu essen und nichts mehr zu trinken, und so ließ ich es sein. Unser Vehikel hatte eine zweisitzige Limousine mit gewölbtem Blechdach, in dem zwei gläserne Schiebefenster waren. Über eine angelegte Holztreppe stieg Mademoiselle Riri ein (ja richtig, sie hatte außer dem Crêpe Georgette auch lange, sehr lange weiße Seidenstrümpfe), setzte sich auf ein Stockerl und mochte neugierig warten, wer ihr Partner sein werde. Nach einer Spannungspause schwebte ich, geradezu elastischen Schrittes, auf das Fallreep, warf oben in weitem Bogen die Zigarette weg, da man im Abteil nicht rauchen darf, und sprang neben Mademoiselle Riri in die Badewanne — wie die Pariser sagen: jako by nic.

Das Dach der Limousine wird zugeklappt, das Schiebefenster geöffnet, der Einkaufsgeneralsekretär von Riri macht ein langes Gesicht, der Pilot kurbelt an, die Dame schwenkt ihr reines Taschentuch, ich hingegen das meinige, der Propeller beginnt Krawall zu schlagen, das Flugzeug jagt über das Feld wie ein einbeiniger Storch, hebt sich in die Höhe, macht eine schöne Schleife, ich stecke meinen Kopf durchs Fenster und grüße mit leutseliger Handbewegung den Generalsekretär von Mademoiselle Riri, der Apparat schwingt sich noch höher, der Magen der Dame auch, ihre Zitronenlimonade auf meine Hosen, sie entschuldigt sich mit einer bedauernden Gebärde (denn das gesprochene Wort ist natürlich nicht zu hören), und ich wische die Limonade von meinen Hosen und von ihrem Spitzenvolant, ruhig, wie sich's für einen alten Aviatiker geziemt. (Denn ein Aviatiker — vom lateinischen avis — ist nicht bloß der Pilot, sondern jeder Passagier.)

Wir fliegen über den Holleschowitzer Hafen und haben das Glück, ihn in vollem Betriebe zu sehen, das wogende Hafenleben von der Höhe herab bewundern zu können: Es fährt nämlich gerade ein Maňásek hinaus, der Seelentränker eines Knaben in Schwimmhosen. Über Karolinenthal bis nahe zum Josefsplatz — das Repräsentationshaus sieht von oben genauso schön aus wie von unten — über die Weinberge hin. »Wär's nicht näher durch die Heinrichsgasse?« möchte ich dem Piloten zurufen, der vor der Badewanne sitzt und den wir nicht hören und nicht sehen. Er aber, er kann auch uns nicht sehen und nicht hören, Mademoiselle Riri, ist das nicht fein?

Die Schwimmschulen sind wie winzige Bilderrahmen, an einer Wand hängend, auf dem Schittkauer Wehr sind kleine gelbe Flecke; das sind Männer und Frauen im Badekostüm, und ich weiß auch, welch saubere Reden sie dort führen, und spucke entrüstet hinunter auf das Gesindel; das Flugzeug steigt etwas höher, grüne Rechtecke, gelbe Rechtecke, von weißen Linien durchzogen, sind rechts und links von uns die Felder und Straßen hinter Zlichow; der Apparat schaukelt ein wenig, Mademoiselle Riri fällt in meine Arme, ich halte sie fest . . . Während der Mann am vorderen Volant — dem des Apparates — in eine kühle Höhe von etwa sechshundert Metern geht, sind wir bereits im Himmel; und als ich wieder hinunterblicke, ob wir vielleicht schon über Radlitz sind, sehe ich erstaunt die scharfkantige Kontur von — Stuttgart unter mir. Bald darauf fahren wir ein grauglitzerndes Band entlang. »C'est le Rhin«, rufe ich meiner Freundin zu, ohne allzusehr schreien zu müssen, denn jetzt weiß ich, daß sie, die unten nichts von mir hören wollte, mir hier oben willig Gehör schenkt.

Zu Straßburg auf der Schanz, auf dem sogenannten Oktogon von Neuhof, schwingt sich unser Apparat wieder zur Erde nieder. Wir kriechen hinaus, ich stelle mich artig meiner Begleiterin vor, damit sie weiß, mit wem sie das Vergnügen gehabt hat. Unsere Pässe werden vidiert: »Vu à L'entrée en France par avion; Strasbourg, le 1er août; l'inspecteur de police spéciale: E. Minker.« Auch Zollrevision ist, und mein Koffer kriegt noch ein Zettelchen.

Unser neuer Wagen und drei neue Passagiere warten bereits vor der Tafel, die die Windverhältnisse in Prag, Tabor, Eger und Varsovie anzeigt, und wir steigen ein. Die Limousine ist wieder Type Potez, aber bedeutend größer, für fünf Personen berechnet, und für eine sechste ist neben dem Piloten Platz, der nun auf einem erhöhten Sitze hinter uns ist. Rundfenster auf den Seiten, eine verschließbare Luke über unserem Kopf. Die Korbsessel tragen Riemen, mit denen man sich festschnallen kann, jedoch wir machen keinen Gebrauch von ihnen, sondern klettern abwechselnd auf den Aussichtsplatz neben dem »Chauffeur«, zuerst natürlich Riri.

Eine Abflußöffnung ist nirgends im Boden zu sehen, auch kein Spucknapf oder etwas Ähnliches, für den Fall, daß dem Luftschiffer etwas passieren sollte, wie zum Beispiel meiner Riri mit ihrer Zitronenlimonade. Aber es passiert nichts. Ein paarmal schieben sich schwarze Wegelagerer (oder wenn man will: Wolkenlagerer) auf unsere Strecke, wir springen über sie hinweg oder fahren mitten durch sie, es wird schnell wieder hell, Riri baumelt mit den Füßen, die andern lesen die Zeitung, der Pilot hat den kardanisch gehängten Kompaß neben sich und fährt nach O, was aber nicht Osten ist, sondern ganz im Gegenteil »Ouest«. Unter uns haben Kinder Ritterburgen, Festungen und Städte aufgestellt und aus winzigen Zweigen Gärtchen dazu errichtet, Nancy, Avricourt, Frouard, Châlons, Epernay, dann sieht man in fernen Dünsten den Eiffelturm; eine Abwärtsschwingung des Apparates, ein Gleiten auf weitem Feld, ein Geruch von verbranntem Öl, ein Halten knapp vor dem Hangar der FRA in Le Bourget, dem Aërogare, dem großen Fliegerzentrum des Kontinents Europa. Ein Beamter nimmt die Flugbilletts ab, Autotaxi der Gesellschaft stehen bereit, und ich fahre mit Riri durch die Rue de Flandre, über den Boulevard Strasbourg, den Boulevard Sébastopol, versinkend in einem Wellenstrom des Lichts, durch die Rue de Rivoli — wann fuhr ich von Wysotschan ab, vor sieben Stunden oder vor sieben Jahren? —, durch das Louvre-Tor über den Place du Caroussel, Quai des Tuileries, Pont des Arts und über die glitzernde Seine durch Paris, durch Paris!!

Der Herr der Waggonvilla

»Ja, freilich, es sieht schon ein bisserl anders aus wie damals, als mir her'kommen san.«
Herr Syrowattka wendet sich selbstzufrieden im ersten seiner beiden Waggons um, die ihm und seiner Familie Wohnung sind.
»Als mir her'kommen san — im Zwölferjahr war's, im Mai —, da haben die Leut geschimpft, in Salmannsdorf und die Neustifter auch, hier ist ein Villenviertel, haben sie geschrieben an die Stiftsverwaltung, und meine zwei beiden Waggons verschandeln die ganze Gegend, haben s' gesagt, die Teppen haben gemeint, ich werd die Waggons da stehenlassen, schwarz und schmierig, wie sie g'wesen sein . . .«
»Die zwei, was am ärgsten gehetzt haben, san eh schon g'storben im Krieg«, mischt sich Frau Syrowattka in die Debatte.
»Na, *du* hast z'reden! Du hast mir ja auch nicht heraufwollen, in an Waggon willst net leben, hast g'sagt, wie die Zigeuner. Aber ich hab auch schuften müssen, bevor es so zurecht worden ist.«
Die Frau Syrowattka ist bei dem Vorwurf, sie sei einmal zu stolz gewesen, die Waggonvilla zu beziehen, ein wenig rot geworden, doch da ihr Gatte den Besucher auf den jetzigen Zustand verweist, erwacht in ihr die Hausfrau, und sie entschuldigt sich, wie es Hausfrauen eben tun: »Ist schon lang nicht hergerichtet worden. Mein Mann war fort im Krieg und die Buben auch, zwei sind mir invalid zurückkommen, der eine hat vierundsiebzig Splitter im Leib g'habt, die rechte Hand kann er nicht bewegen, er ist achtzig Prozent arbeitsunfähig, aber jetzt werden wir bald anfangen, das Häusl herzurichten.«
Der Hausherr verrät die neuen Pläne. »Ich werd ein neues Dach machen mit ein' breiten Rand, daß mir das Regenwasser nicht die ganze Außenwand ruiniert, wann's ablauft . . .«
Ich schaue mir die Wohnung an. Eine Proletarierwohnung wie viele, aber mit Symptomen heraufziehender Kleinbürgerlichkeit, eine gehäkelte Decke und ein metallbeschlagenes Pho-

tographiealbum auf rundem Tisch, ein gipserner Goethe und ein ölgedruckter Kaiser Franz Joseph in goldlackiertem Rahmen, Nippesfiguren auf dem Gesims des Sofas. Der achtzigprozentige Invalide spielt mit zwei Brüdern »Angehn«, die Tochter liegt bäuchlings auf dem Kanapee, den Finger in die Nase und den Kopf in einen Roman vertieft, die Mutter steht am Herd, im Anrichteschrank sind Teller und Gläser, auf dem polierten Kleiderstock hängen Beinkleider, Hemden, Unterhose und was sonst noch auf einen Kleiderstock gehört.
Wäre der Plafond nicht auffallend flach gewölbt und aus Holz mit Querrippen, wären nicht oben die typischen Lücken, man würde nicht glauben, in Waggons zu sein. Die beiden Lastwagen sind mit je einer Längswand aneinandergeschoben, eine Tür und Fenster wurden durchgebrochen, die Wände übermauert, ein Herd mitsamt Kamin eingebaut, der erste Wagen durch Bretter in Schlafkabinett und Küche geteilt, ein Keller fehlt keineswegs, das Dach sitzt oben wie auf jedem richtigen Haus, vorne ist ein Ziergärtchen mit Rosenstöcken, hinten ein Schuppen und ein Gemüse- und Obstgarten. Eigentlich sind die beiden Waggons der unwichtigste, der überflüssigste Bestandteil der Waggonvilla und haben ihre Entwicklung eher gehindert und beschränkt als gefördert. Man äußert diese Ansicht. Herr Syrowattka aber lächelt schlau. »Hätt man mich denn bauen lassen, wann ich net mit denen zwei Waggons angekommen wär? Die hätten mich schön davongejagt.«
Wie sind Sie denn auf die Idee gekommen, Herr Syrowattka, sich so mir nichts, dir nichts hier anzusiedeln?
». . . Wissen S', ich hab damals keine Wohnung kriegen können, und ich kann doch nicht mit der Frau und sieben Kindern im Wald schlafen, nicht? Da hab ich gehört, daß man alte Waggons kaufen kann, ausrangierte, so bin ich halt zur Staatsbahn hin und hab mir die zwei ausgesucht. Siebzig Gulden hab ich dafür gegeben, mein letztes Geld. Ich bin ein geborener Neustifter und bin zu einem Pächter in der Ratsstraße gegangen, der hat mich lange kennt, und hab ihn gebeten, ob er mir ein Stückerl von seiner Wiesen abtreten möcht. Der hat nichts dagegen g'habt, aber wie wir hinkommen san mit dem Streifwagen, die zwaa riesigen schwarzen Kisten drauf — das Untergestell mit die Achsen und die Räder haben s' schon abgenommen gehabt in der Werkstätten und die Puffer aa — hat er net mehr wollen, der Herr Pächter. Es geht nicht, hat er g'meint, er wird den Grund jetzt verkaufen, und grad über die Wiesen soll eine neuche Eisenbahnlinie gehen, und solches Zeug hat er g'redt . . .«
Na, und da hat denn der Maurer Syrowattka den Pferden, die an seiner obdachlosen Familie und an seiner zukünftigen Behausung tüchtig zu schleppen hatten, kurz entschlossen ein

paar Peitschenhiebe gegeben, ist bis zum Dorotheer Wald gefahren, auf den Sommerheidenweg hinauf, wo er ein ödes Grundstück wußte (in seiner Kindheit wurde hier Braunkohle geschürft, später war ein Steinbruch da), lud die beiden Wagen ab und stellte darin seine Möbel auf, zum Gaudium der Neustifter Jugend, zum Staunen der Erwachsenen und zum Ärger der noblen Anrainer. Als er gar Miene machte, sich auf dem requirierten Boden für ewige Zeiten einzurichten, hagelte es Beschwerden der Nachbarschaft beim Grundeigentümer, dem Klosterneuburger Stift. »Sogar bei der Polizei hab'n sie mich verpfiffen, so a Gemeinheit, gegen an armen Familienvater die Polizei zu mobilisieren!« Da legte Syrowattka die Schaufel hin, zog einen Rock an, ging zu den hochwürdigen Herren und stellte sich als neuer Pächter vor. Die machten ihm Vorwürfe, daß er nicht vorher gekommen sei, aber er wandte ein, daß sie ihm den Boden ja doch nicht abgetreten hätten und daß er's »nur von wegen die Kinder« getan; weil die Stiftsherren wohl einsahen, er werde ohne öffentlichen Skandal nicht mehr fortzukriegen sein, verpachteten sie ihm das Stück Land, etwa zwölfhundert Quadratmeter, für dreißig Kronen jährlich.

»Und zwanzig Kronen müssen wir Steuer zahlen auf dem Währinger Rathaus«, wirft die Gattin unwillig ein.

Es ist trotz der hohen Steuer noch immer billig. Allerdings war es Brachland, und Herr Syrowattka rühmt sich, ungefähr dreihundert Fuhren Abraum und Gestein planiert zu haben, bevor alles so schön wurde, siebzig Obstbäume gepflanzt werden konnten. Man kann ihm das Lob nicht versagen, daß er da eine kühne Tat geleistet, beinahe eine revolutionäre. Wenn es jeder so hielte wie Sie, Herr Syrowattka, gäbe es bald keine Wohnungsnot, dann ...

»Sö, hören S' mir auf, das tät ja noch fehlen, daß da a jedes hergelaufene G'sindel hier a Häusl aufstellt. Aaner hat's mir eh schon nachmachen wollen, aber i hab an Riecher g'habt, und wie er mit sein Fuhrwerk ankommen is, hab ich die Buben um die Polizei g'schickt, er hat net abladen dürfen, den eingetepschten Personenwagen dritter Klass', wo seine Bankerten schon drin g'sessen san, und mit an Abort auf jeder Seiten.«

»Schön is er wieder obig'fahrn mit sein' Scheißwaggon«, lacht die Dame des Hauses, »der hat sauber g'flucht, der Kerl, haha.«

Er hätte Ihnen wohl den Platz weggenommen?

»Ah na, dös grad net, er wollt ja ganz woanderst hin, zum Waldrand dort, aber man kann das doch nicht einreißen lassen, daß a jeder abgerissene Schlurf sich da sei' Buden herstellt und weiß Gott was für a Wirtschaft hermacht. Hier wohnen lauter feine Leut ...«

Sie haben aber doch auch, Herr Syrowattka . . .?
»Ja, freilich hab i damals aa nix g'habt, aber ich hab doch mein Haus tadellos herg'richt und mach dera Gegend ka Schand, das müssen S' doch selber sagen, net? Und jetzt kommt ein tulli Dacherl mit 'n breiten Rand, dann streich ich die Fassad an, und nächstes Jahr . . .« Ein Schreckgespenst unterbricht die Schilderung seiner Absichten. »Wann nur net der Bolschewismus kommt, die Gaunerbande! Was glauben S'?«
Das kann man heute noch nicht sagen, Herr Syrowattka.
Frau Syrowattka sieht mich besorgt an. »Die Bolschewiken, die täten dem Kloster alles wegnehmen?«
Darauf läßt sich nichts erwidern, als daß dies wohl eine unvermeidliche Folge des Kommunismus wäre.
Die Frau (angstvoll): »Müsseten wir am End dann wieder weg von hier?«
Der Villenbesitzer schwingt wütend die Fäuste. »Dös glaub i, darauf hätt'n die a Schneid! I waaß ganz gut, was dö wolln, an Putsch machen möchten s' und die Regierungsgewalt ergreifen und mir mein Haus wegnehmen und sich selber hereinsetzen, weiter wollen s' ja nix, die Bagasch! Aber das is *mei* Grund, *mei* Häusl, i zahl meine Steuer, sö sollen nur kommen, die Hungerleider, i werd ihnen schon heimleuchten, denen Bolschewisten!«

Pistyaner Schwefel

Morgens kam ich an, Omnibusse standen vor dem Bahnhof und priesen sich den Reisenden laut an, durch lange, ungepflasterte Dorfstraßen ging der Weg. Zweifel tauchte auf: Bin ich in einer falschen Station ausgestiegen?
Ich nehme Direktion nordwärts. Soll das die Badedirektion sein? Ebenerdige Bauernhäuser, dazwischen Höfe, deren Mauern aus Korbgeflecht sind, Holzpumpen; Ochsengespanne kommen mir entgegen, mit Klee beladen oder mit Rutenholz, nicht nur die Kinder sind barfüßig, auch Männer und Frauen und Jungfrauen, welch letztere man weit müheloser erkennt als anderswo, denn sie tragen in der Mitte gescheiteltes, glattgekämmtes Haar, aber zum Unterschied von den verheirateten Frauen kein Kopftuch. Ein Friedhof hält seine Tür offen, ich trete ein, wundere mich, daß in diesem slowakischen Gebiet, das unter langjähriger Herrschaft Ungarns keine noch heute

merkliche magyarische Tünche anzunehmen vermochte, drei Viertel der Grabinschriften deutsch sind. Rathaus und Kirche sind dörfisch, der abgeplattete Steinkegel, frei stehend, ist, so wahr mir Gott helfe, ein Pranger; man sieht die Klammern, an denen die Armensünder angeschmiedet werden. Zur Sicherheit frage ich einen bejahrten Bauer, was das für ein Monument ist. »Das ist der Pranger.« Der Alte beruhigt mich gleich, schon längst sei der Schandpfahl nicht mehr in Verwendung, nur zum Angedenken, damit man wisse, wie böse die guten alten Zeiten waren. Ich erkundige mich bei dem Slowaken nach den Bädern. »Oh, die sind weit, sehr weit: in Teplitz.« — In welchem Teplitz? Hoffentlich nicht in Teplitz-Schönau, wohin eine Schnellzugreise mehr als einen Tag dauern würde, hoffentlich bloß in Trencsin-Teplitz, das zwar gleichfalls viele Stunden entfernt ist, doch wenigstens in der Slowakei liegt? »Nein, in Pistyan-Teplitz«, erfahre ich. Bin ich nicht in Pistyan? Das schon, aber es besteht aus drei Teilen, aus Groß Pistyan, wo ich eben bin, aus dem nur von Bauern bewohnten Pažid und aus Pistyan-Teplitz, wo die Bäder sind.

Ich kehre um, und von Zeit zu Zeit frage ich nach dem Wege. In der Nähe des Parks sind bereits Geschäfte städtischen Charakters. Kurgäste nahen. Die rheumatismuskranken Herren reden sich, wie die kahlköpfigen, gerne ein, ihr Übel sei sozusagen das Zeugnis für reichlich genossenes Leben, für ausdauernden Fleiß und minder entsprechende Sitten, jedoch nur allzu viele holten sich ihr Rheuma im Feld, also als sie solid waren, und ihre Glatzen im Gefangenenlager, wo es keine Frauen gab. Der flachsblonde Bursch mit der breiten Sattelnase, der auf zwei Krücken humpelt, hat sein Gebrechen schwerlich vom Sumpfen, eher von einem Sumpf in der Matschwa, von der Feldwache. In zweirädriger Sänfte zieht man einen verrunzelten Mann vorüber, mit kraftvoller Nase und kraftloser Unterlippe, ich kenne ihn: in feuchtem, stickigem Kellerlokal verkaufte er jahrzehntelang Roßhaar, bis sein jüngster Sohn mit Luftgeschäften so viel verdiente, um den im luftlosen Geschäfte zum Krüppel gewordenen Vater in die Thermen schicken zu können. Ein Slowak mit weißem Haar und zwei Stöcken ist kaum mit jenem alten Slowaken aus dem »Rastelbinder« identisch, der die Frage, was besser sei, ob Schnaps oder Tabak, mit dem Lied beantwortet: »Ein Hubičku vom Mädličku . . .« Die auffallende Dame hat gesunde Beine, wenigstens bis zu den Knien, wovon sich jeder überzeugen kann, da ihr Rock noch kürzer ist, als die Mode vorschreibt. Sicherlich kam sie nicht her, um sich vom Badediener die Kur machen zu lassen wie die anderen. Im Gespräch stelle ich fest, daß sie Ungarin ist, sie trägt einen Ehering. »Gnädigste begleiten den Herrn Gemahl?« – »Mein Mann nit Pistyan«, erwidert sie, was ich zuerst mißverstehe. Sie sei nur wegen der guten Luft hier, die reich an Mineralien ist. »Schwefel«, bemerke ich, und sie nickt. Und sie spielt so gern Roulett, und, joj, tanzt sie gern Foxtrott, und die Bar im Kursalon ist wunderbar eingerichtet, so was gibt's nicht einmal in Budapest, die Séparées: igozán gyönöry, jetzt ist freilich noch nichts los, die »izé«, die Hochsaison, ist erst im Juni, da kommen die Kavaliere ... Ich versichere, daß ich keiner bin, worauf sie sich verabschiedet, weil sie gerade in einem Geschäft etwas zu besorgen hat.

Im Kurpark sitzen auch noch keine Kavaliere, sondern zumeist Heilungsbedürftige und Slowaken und Slowakinnen, die mit dem Munde zu hören scheinen.

Immerfort begegne ich schwarzen Sänften, jede von einem slowakischen Kuli gezogen; selbiges Vehikel, hierorts »Infanterist« geheißen, dient dazu, die schweren Patienten in das Bad und aus dem Bad zu transportieren. Allerdings, wer im Thermia-Palace wohnt, in dem modernen Hotel, den hebt der Lift direkt aus der Schlammkammer ins Hotelzimmer, vorausgesetzt, daß der Aufzug funktioniert. Dies ist allerdings selten der Fall, und die Fremden halten das Wort »Nejezdí« (»Fährt nicht«) für die tschechische Übersetzung von »Lift«.

Eine Betonbrücke führt über die Waag, aus der morgens Schwefelschwaden steigen und die seicht ist um diese Jahreszeit, aber von klarem, reißendem Wasser und nachmittags voll von Schwimmern. Am anderen Brückenende baden die Kranken auf der Insel, wo die Quellen und die Bäder sind und die Gasthöfe. Das neue Riesenhotel ist ein Lagunenbau, errichtet auf Pfeilern aus Gußmörtel; sie einzurammen war schwer, ein Kampf gegen Strahlen beinahe siedenden Wassers, das überall emporschoß. Daneben das Irmabad, eine hochgewölbte Rotunde mit Schamottewänden und Goldleisten und ohne Fundament: Im Bassin steht man auf natürlich aufgeschwemmtem Schlamm inmitten des aschgrauen, heißen, schwefligen Wassers. Allerdings, es wird nicht so heiß gebadet, wie's gekocht wird, die Pistyaner Quellen müssen um vierzehn Grad abgekühlt werden, bevor man sie in die Bäder pumpt. Auf Gartenbänken sitzen die Kurgäste und lassen sich von der Sonne bestrahlen, die freigebiger ist als der Badediener. Der macht die Schlammpackungen nur an jenen Stellen des Körpers, die der Arzt auf der im Ordinationsbuch vorgedruckten Zeichnung eines nackten Menschen rot angestrichen hat.

Die Patienten sind zumeist schwerer krank als die von Trencsin-Teplitz, der Konkurrenz. Ein Wiener, der seit zehn Jahren nach Trencsin-Teplitz zur Kur geht, geriet am Sonntag mit einem alten Stammgast von Pistyan in Streit. Anfangs lobte jeder sein Bad, wie jeder der deutschen Fürsten im Uhlandschen Gedicht sein Land rühmt, aber in der Hitze der Diskussion wurden sie aggressiv, und der weitere Verlauf glich nicht mehr der Ballade, sondern jener Novelle aus den Daudetschen »Lettres de mon moulin«, wo die Bürger zweier Wallfahrtsorte einander in die Haare fahren und jeder die Mutter Gottes des anderen verhöhnt, beschimpft und beschuldigt. Der Pistyaner machte sich mit der Temperatur von 67 Grad seiner Quellen patzig und lachte geringschätzig über die 36 Grad »heißen« Quellen von Trencsin-Teplitz. »Hehe«, blieb ihm der Trencsin-Teplitzer aus Wien die Antwort nicht schuldig, »ihr müßt sie auch abkühlen, bevor sie ins Bad fließen, sonst verbrüht sich der Kranke den Toches! Dabei geht die ganze Radioaktivität flöten, und es bleibt nur gewöhnliches heißes Wasser, da kann ich ja gleich in eine Teekanne steigen. Bei uns entspringt die Quelle im Bad.« — »Und der Schlamm? Den haben wir im Bassin, bei euch muß ihn der Badewärter im Rückenkorb erst von draußen holen ...« Schließlich warf der eine dem andern vor, in dessen Kurort komme man mit dem Čakan und verlasse ihn auf Krücken. Damit hat es folgende Bewandtnis: In den Bädern von Slowensko trägt der Gesunde den landesüblichen Spazierstock mit hölzernem bemaltem Griff von der Form eines Beiles. Schon der berühmteste Trencsiner, der Anno 1713 gehängte Räuberhauptmann Juro Janošik, hatte einen solchen Čakan, und in den Bauernhütten sieht man den sagenhaften Rebellen abgebildet, wie er, die Beine gekreuzt, über ein Lagerfeuer springt, mit dem Terzerol in seiner Rechten die Krone eines Baumes herunterschießend und mit dem Čakan in der Linken die Krone eines anderen hohen Tannenbaumes abhackend. Diese Stöcke tragen also die Sommergäste, auch wenn sie nicht Räuberhauptmänner sind und sich keine derartigen Sprünge leisten dürfen. Die Kranken schleppen sich auf Krücken, da man hauptsächlich Gicht, Rheumatismus und Ischias abzugeben wünscht. Und die im obigen Disput gefallene Bemerkung, man könne hier zum Krüppel werden, ist blödsinnig. Ich habe in Pistyan mehr als einen getroffen, der vor kurzem im Rollwagen geschoben wurde und jetzt selber schiebt, daß es nur eine Art hat. In Trencsin-Teplitz ist die Wirkung noch augenfälliger, dort ist auf der Kolonnade der Raum zwischen Glaswand und Holzdach seltsam gerippt, von Krücken, welche von den geheilten Kurgästen zurückgelassen wurden, erstens aus Dankbarkeit, zweitens zum Andenken, drittens, weil sie sie nicht mehr brauchten, und viertens, weil es nichts kostete; auf einem Karton sind Namen und Adresse des Spenders verzeichnet, man zählt über fünfhundert Stück, ein gan-

zes Zeughaus von Gummistöcken, Holzbeinen, Stelzen und Doppelkrücken mit umpolsterter Stütze.
Im Bassin baden beide Geschlechter, doch ist die Mitte des Spiegels, ohne irgendwie bezeichnet zu sein, ein scharfer Trennungsstrich. Die reinliche Scheidung entstand wohl ähnlich wie nach jenem Experiment, mit dem man scharfsinnig das Vorhandensein des Gedächtnisses bei Fischen festgestellt hat: Man teilte ein geräumiges Aquarium durch eine senkrechte Glasplatte ab und brachte auf der einen Seite Forellen, Goldfische und dergleichen unter, die fröhlich umherschwammen und hierbei ein wenig an der Glaswand anschlugen. In die andere Hälfte ließ man Hechte ein, die schossen sofort gegen die Forellen los, stießen aber mit dem Kopf so heftig gegen die Glasplatte, daß sie — bekanntlich das Zeichen höchsten Schmerzes bei den Fischen — mit den Schwanzflossen herumschlugen. Nun nahm man die Glasscheibe weg, die Hechte kamen nie über die Mitte, Beute zu holen, sie vermuteten die Wand dazwischen. Vielleicht hat sich auch einst im Bassin ein Mann auf die gegenüberliegende Seite zu stürzen versucht und dann (siehe oben) mit den Flossen herumschlagen müssen, und seit jener Zeit überschreitet niemand die Grenze. Man schaut distanziert die Frauen an, wie sie auf der Quelle stehen, die auf der Oberfläche Blasen wirft, in einem Wasser, das grau ist und undurchsichtig. Nur am Strich kann man miteinander sprechen.
Wenn Essenszeit ist, hinken alle Gäste Pistyans zum Diner, unterwegs fegen ihnen die von je einem barfüßigen Slowaken begleiteten Ochsenkarren Staubwolken ins Gesicht.
Ich entfliehe dem Staub und steige zur Ruine Čachtice hinauf, die Csethe hieß, als Gräfin Elisabeth Bathyory oben wohnte, ein Schrecken aller Jungfrauen im weiten Umkreis. Aus den Gerichtsakten geht hervor, unter welch teuflischen Vorwänden sie Mädchen ins Schloß locken ließ und wie sie sie zu Tode folterte. Die Protokolle geben nicht an, wie viele diesem weiblichen Gilles de Rais zum Opfer gefallen sind, man konnte bloß sechshundert Namen der Ermordeten feststellen. Sie marterte aus Sadismus, und sie tötete, um in Jungfrauenblut baden und dadurch schön bleiben zu können. Dieses Rezept der Poppina Sabina half sicherlich, denn bei jeder Kur ist vor allem der Glaube wichtig, ob man nun in Jungfrauenblut badet oder in Schlamm und Schwefel.

Die Dame in Trouville

Ende August

Bedaure, Paris ist momentan nicht zu Hause. Jeder Pariser, männlichen und weiblichen Geschlechts, hat die Stadt den Fremden überlassen. Die ziehen in Rudeln durch Louvre, Notre-Dame und zur Sainte-Chapelle und nehmen mit Entrüstungsrufen die Mitteilung des Fremdenführers auf, daß man während des Krieges die Skulpturen durch Planken und Sandsäcke schützen mußte, weil es die Bomben der Boches gerade auf Kunstwerke abgesehen hatten. Sie riskieren ein Aug für die Exhibition von sechshundert Mädchen in den Folies-Bergère und halten die Eindeutigkeiten der Possen im Théâtre Cluny für französischen Umgangston, obwohl hier nicht einmal ein Mädchen der guten Gesellschaft so etwas in den Mund nehmen würde. Oder sie begeistern sich die vorgeschriebenen drei Minuten lang am enigmatischen Lächeln der Mona Lisa im Louvre. Oder sie fahren abends in Cookschen Mailcoachs gruselnd über den Montmartre und durch die Battignolles und fürchten in jedem braven Spießer einen Apachen. Allerdings in der inneren Stadt und in der Gegend um den Place de l'Etoile würden sie keinem Pariser begegnen. Es ist wie bei Uhland:

Man muß im Lande streifen,
Wenn man ihn fahen will,
Man muß ihn tapfer greifen . . .

Zum Beispiel in Trouville. (Die letzte Zeile reimt sich noch auf die vorigen, ist aber nicht mehr von Uhland.) So, wie es in Österreich als nobel galt, nach Ischl zu gehen, wo der Kaiser war, ist auch Trouville gesellschaftliche Verpflichtung für alle, die noch Wert darauf legen müssen, zu Tout-Paris gezählt zu werden. Ob diese Mode ihren Ursprung auch in der Kaiserzeit hat, ob sie damit zusammenhängt, daß hier am Ärmelkanal Louis-Philippe im Februar 1848 sprungbereit Atem holte, bevor er nach England schwamm, und daß Fürst Murat und Kaiserin Eugénie und Thiers und MacMahon Trouviller Badegäste waren, ist schwer zu sagen. Wahrscheinlicher ist aber, daß man sich hier ein Stelldichein gab, weil man in der Normandie inmitten des sprichwörtlich schlichten Kernvolkes von Frankreich sein wollte und doch noch am Ufer der Seine, der vielbesungenen, die in Paris so gar nichts Poetisches hat. Aber von biederen Normannen ist, selbst wenn man sich auf den Leuchtturm stellt, nichts zu erblicken, und der Pariser wird die Seine schwer erkennen, die er in Paris so seicht und

schlank verlassen hat und die nun in ungeheure Breite gegangen ist, ein einziger Busen, von Trouville bis Havre reichend.
Vom Meer machen die Trouviller Badegäste keinen Gebrauch. Am Strand sitzen hier und da Familien auf Gartenstühlen unter schreiend rotem Riesenschirm, der sich in ein Zelt verwandeln läßt. Die Gartenhäuschen fehlen, in denen man auf der anderen Seite des Kanals, bei Bornemouth oder Folkstone, zur Tafelmusik der Wellen im Badekostüm die Mahlzeiten einnehmen und sogar schlafen kann. In Trouville gibt es nicht einmal Strandkörbe und keine Liegestühle, auch nicht die splitternackten Miniaturbaumeister der Nordseebäder, die aus Sand riesige Ritterburgen bauen; der Sand ist hier zu dünn, kein Baumaterial, und die Kinder von Trouville müssen sich damit begnügen, in gestreiften Seidenjacken und schön gekämmt, ihre Drachen steigen zu lassen. Aber, du lieber Himmel, es sind keineswegs die wunderbar plumpen Drachen unserer Jugend, die wir uns selbst geschaffen hatten, einen Rohrstab um vier Kreuzer, genannt »Rakoska«, umbiegend und zwei Latten an ihren Enden befestigend, mit blauem oder rotem Papier beklebt, eine Schnur mit eingebundenen Papieren als Schwanz angehängt, zusammengeknüpfter Strick als Leitseil um eine Spule gewunden. Nein, diese im Warenhaus »Galleries de Trouville« fertig gekauften Drachen sind ganz anderer Art, sie stellen einen Aeroplan oder einen Vogel oder einen Zeppelin vor, und der Knabe hat eine Doppelwinde mit ach! unzerreißbarer Schnur in der Hand. Die porzellanenen, emaillierten oder baumkuchenartigen Nippsachen, die den Rahmen des Meeres bedecken, beachtet keines der feinen Trouviller Badekinder, denn sie sind alle sehr gescheit und wissen, daß das weder Email noch Porzellan, noch Konfekt ist, sondern schäbige Natur, ganz gewöhnliche Muscheln.
Ein Familienbad existiert nicht, auch in den heißesten Wochen lebt kein Menschengewühl am Strand. Der Ankleideraum der Herren ist von jenem der Damen etwa hundert Schritte entfernt, und man kann einander im Wasser oder am Strande treffen; aber die Narren, die in den Badeort um des Badens willen kamen, sind an den Fingern und Zehen abzuzählen. Einige Gruppen von Badegästen schauen interessiert diesen Masochisten zu, denen es anscheinend wohltut, sich von den Wellen prügeln zu lassen.
Die meisten Leute kriegen, wenn ihre Fenster nicht nach der Nordseite liegen, das Meer fast gar nicht zu Gesicht. Am Vormittag führen sie zwar ihre Toiletten äußerln und wagen sich von der Rue de Paris bis auf den Chemin des Planches vor, der von einer Halbinsel mit muschelbedeckten schwarzen Steinen entlang dem Strand bis zum städtischen Kasino verläuft, aber

dieser mit Brettern belegte Promenadenweg ist von Pavillons, Cafés und Kiosken so eingezäunt, daß man die See nicht sieht, und schreiende Camelots sorgen dafür, daß »Le Matin«, »Intransigeant«, »Le Jockey« und »L'Avenir« den Wellenschlag übertönen. Hier trifft sich die halbe Monde und die ganze, und man sieht Frauen in gestrickten, gehäkelten, seidenen Jumpern und orangeroten, zitronengelben, goldfarbenen und hellvioletten schwarzgeäderten Kleidern. Krapprot haben die Damen auf den Lippen, Zinnober auf den Wangen, Karmin auf den Fingernägeln und überdies auf dem Nagel des kleinen Fingers einen Brillantring, der durch ein Kettchen mit einem gewöhnlichen Ring verbunden ist, von den Ohren baumeln je zwei konzentrische Kreise aus Silber oder Zelluloid. Die Waden sind nackt, und die Füße stecken in weißen Strandschuhen, das ist vielleicht nicht elegant, aber man ist doch auf dem Lande, an der See, in der Normandie, nicht wahr? Im Kasinogarten, beim Bal apéritif du matin, tanzen die Herren und die nacktbeinigen Damen den Shimmy zum Klang der Jazzband. Der Kapellmeister klatscht mit Kopf, Kinn, Nase, Knie, Fuß, Ellenbogen und Steiß auf das Tamburin, der Neger an der bemalten Trommel tritt Pedale, die auf Pauken und Bratschen und Tschinellen schlagen, quetscht eine Autohupe, schleudert Glocken, dreht die Ratsche, brüllt kannibalische Laute ins Megaphon, und dazu schütteln die Pariser und Pariserinnen ihre Skelette, lassen ihre Nabel rotieren. Es gibt keinen schlechten Tänzer, keine schlechte Tänzerin, etliche Frauen sind ausgesprochen hübsch, aber keine erzeugt die wünschenswerte Illusion von Widerstandsfähigkeit, keine lockt zur Aufwendung von Mühe, und keine gleicht jenen auch nackt noch Damen bleibenden Dianastatuen der Renaissance. Die übertriebene Schminke hat soviel Sinn wie jede Mode, vielleicht sogar noch mehr, sie ist Überbetonung, Karikatur, das störend strumpflose Bein mag den ersten Schritt wagen zur Primitivität der Frauenkleidung, der Similischmuck dazu dienen, den Gegensatz zwischen armen und reichen Frauen zu mildern. Man ist in Deauville und Trouville der Mode voraus, aber abstrahiert man die Aufmachung, sind diese Frauen ein vulgärer Typus, den man von überallher kennt. Bloß eine, eine ist da, mit dunklen Kugeln unter gewölbten Wimpern und schmalem Elfenbeinoval des Gesichts unter blauschwarzem Haar, schlank in weiß gestricktem Sweater, die Pariserin, die überlegen Dame bleibt, wenn sie auch nacktbeinig ihren Shimmy vor Niggern tanzen muß, wie einst in Tagen der Sklaverei Negerweiber den Weißen vortanzen mußten . . .

Der Nachmittag von Trouville gehört dem Spieltisch im Kasino, doch versammelt er nicht Spieler, sondern nur Habgierige und gesellschaftlich Verpflichtete, sie schauen nervös, geldgeil und vergeblich bemüht, Nachlässigkeit zu mimen, dem Ball nach, der unschlüssig schwankt, auf welcher Ziffer er halten soll. Wer Geld verliert, verliert die Geduld, schmeißt die letzten Jetons in eines der Felder und springt ärgerlich auf, gewinnt eine von den acht anderen Nummern. So steckt schließlich die Bank alles ein. Hier, bei den »kleinen Pferdchen«, ist man anders angezogen als vormittags: die Frauen tragen Seidenstrümpfe und Schuhe und den Rock, der nach Paquins diesjähriger Adjustierungsvorschrift genau zehn Zentimeter über dem Knöchel enden muß, und Brillanten im Ohr, und die Herren Cutaways, und alle Gesichter sind die internationaler Prostitués. Hat jemand ein paar Runden lang Glück gehabt, mag er fremd und abweisend sein, die exklusivsten Damen legen ihre Jetons neben seine und bandeln an. Allerdings — das dunkeläugige, schwarzumrahmte Elfenbeinoval der schlanken Pariserin streift den Gewinner mit keinem Blick, und ruhig setzt sie, wenn ihm auch zehnmal die Trois gekommen ist, ihre Spielmarken weiter auf Huit und Pair.

Unten im Meer bitten die Wellen laut um Beachtung, lärmen und drehen Pirouetten — ihr Tanz und ihre Melodie sind veraltet, kein Shimmy ist's und keine Jazzband, sie locken keine Seele vom Spieltisch, keine vom Absinth oder vom Sherry-Flip und keine vom Dancing. Man kam nicht zum Vergnügen nach Trouville, muß in Eile heim, die Dinerzeit naht, das ärmellose Abendkleid ist anzulegen, die Ceinture aus Jet unter die Taille zu schnallen, der große Straußfedernhut aufzusetzen, nachdem man sich mit anderen Farben bemalt und mit Abendpuder gefirnißt hat. Noch so viel zu tun heute: Theater, Preistanzen, Varieté; und morgen Pferderennen in Deauville und Golfmatch, übermorgen Regatta und Taubenschießen.

Widersteht man dem Rufe der Plakate und schlendert gegen Deauville, wo an der Digue Magnolien und Rosen in Beeten blühen und langgestrecktes Dünengras ringsumher vibriert, dann sieht man die Sonne zu Bett gehen; Himmel und Meer als Tuch benutzend, wischt sie ihre heißrote Schminke von Lippen und Wangen, streut nachlässig ihren Schmuck auf den Boudoirtisch und verlöscht das Licht. Alles erscheint graublau, bis auf die Fenster des Kasinos und der Villen, das blinzelnde Auge des Leuchtturms und die weißen Agraffen der Wellen. Niemand ist hier, man fühlt die Unendlichkeit, die Einsamkeit, erlebt den Begriff »Atlantischer Ozean«. Die Wogen, die am weitesten sprangen, haben ihre Rekordleistung markiert, indem sie die mitgebrachten Girlanden von Tang an die Auffallstellen legten, und nun verläuft parallel zu den beweglichen Zacken des Meeres noch eine Kontur aus aufgeschwemmtem, schleimigem Schilf. Innerhalb dieser beiden Wellenlinien gleitet man wie auf einem Läufer zwischen den Elementen, kein Steinchen, kein Muschelchen, kein Schaumknollen blieb, bloß dünner, hingehauchter, feuchter Sand. Ein Schritt nach rechts, von wo Zungen aus Wasser lockend den Fuß streicheln, »komm« — und man ist nicht mehr, niemand weiß, wohin man verschwand. Niemand? Zwei Menschen erscheinen, die Pariserin, die blauschwarz-dunkeläugig-elfenbeinfarbene Frau, die schöne Frau aus Trouville. Sie hat die Gesellschaft verlassen, das Spiel und den Tanz, sie sucht die Natur . . . Ihr Gatte, oder ist es ihr Freund, begleitet sie, vier, fünf Schritte entfernt, als Schutz, nicht um sie zu stören. Vorüber schwebt sie, so nahe, man spürt ihren Duft, aber ihre Augen streifen den einsamen Bewunderer mit keinem Blick . . . Da fällt ihr Täschchen zu Boden, man springt hinzu, reicht es ihr, sie nickt königlich mit ihrer schwarzen Krone und sagt leise: »To čumiš, Egonku, vid'?«, was, aus dem Prager Vorstadttschechisch übertragen, ungefähr bedeutet: »Da guckst du, Egonchen, was?«

»Handeln mit alte Kleider . . .«

Man tut gut, beim ersten Besuch der Kleiderbörse, des Cafés Pollitzer, einige alte Monturen in der Hand zu tragen, um nicht höchst mißtrauisch gemustert zu werden, und in den hinteren Korridor, wo sozusagen der Schranken ist, wage man sich gar nicht, denn trotz der über den Arm gelegten Garderobe ist man Außenseiter. Es schadet nichts, ein Außenseiter zu sein, im Gegenteil, es nützt, wenn nicht beim Verkaufsabschluß, so doch beim Anknüpfen von Geschäftsbeziehungen.

Dunst lagert unter den niedrigen Wölbungen des Lokals, dessen eine Ecke als Küche eingerichtet ist, Menschen stehen umher, den Hut auf dem Kopf, und diskutieren lebhaft. Bevor man sich gesetzt hat, bevor man seinen »Schwarzen« bestellt, sind Figuren herangehuscht, haben einen Kreis formiert, halten den Ankömmling an einem Knopf des Rockes fest, den er anhat, oder an einem der Uniformbluse, die, kragenabwärts, auf dem Unterarm hängt. Einige befingerln stoffprüfend seine Hose.

Die Gestikulationen der Gestalten, die man vorher nur gesehen, werden also fühlbar, und allmählich materialisieren sich sogar Physiognomien. Aber Mimik und Gebärdenspiel geben wenig Aufschluß. Wer kann sagen, ob jener Mann, der die Qualität der angebotenen Ware mit mißbilligendem Kopfschütteln negiert, solches nicht bloß deshalb tut, um die Ansprüche des Verkäufers hinabzuschrauben, ob nicht gerade er innerlich am entzücktesten über den Stoff ist und den höchsten Preis nennen wird? Ist sein Antagonist, der den offerierten Rucksack mit hochgezogenen Augenbrauen bewundernd mißt, ein Gurgelabschneider, der nichts bezahlt?

Man erkläre, bloß mit Meisterschitz verhandeln zu wollen, mit dem Mann, der seinen Namen nannte: »Ich heiße Meisterschitz.« Warum gerade mit ihm? Weil man froh sein muß, sich in dieser herandrängenden Flut von Bewerbern an einem Namen verankern zu können. Darum tue man, als ob der Vorsatz, ausschließlich mit Meisterschitz in Geschäftsverbindung zu treten, seit langem gefaßt, sozusagen ein Wunschtraum aus der Jugendzeit sei.

O weh, nun ist man dem Herrn Meisterschitz mit Haut und Haar, mit Schafwolle und Baumwolle verfallen. Die dunkelblaue Paradebluse, in der Helene dich so gerne sah, bevor sie dich ohne sie noch lieber sah, die dunkelblaue Paradebluse — nein, sie gefällt dem Herrn Meisterschitz bedeutend weniger, als sie Helene gefiel. Vergeblich, darauf hinzuweisen, daß sie fast gar nicht getragen wurde, vergeblich, den feinen Kammgarn, Brünner Ware, zu loben. Der Käufer gibt es zu, alles schön und gut, gewiß, aber ich bitt Sie, wer braucht schon heutzutage eine dunkle Offiziersbluse, wer gibt für so etwas Geld aus, und es ist komplett unmöglich, einen Rock daraus zu machen.

Diesen Argumenten kann man sich nicht verschließen. Dagegen ist es nicht verwehrt, dem Gegner die Frage vorzulegen, wozu er die Bluse denn überhaupt erstehen will. Daß er sie erstehen will, ist evident, und seine Skepsis soll nur den Preis drücken. »Weshalb wollen Sie die Bluse, Herr Meisterschitz, wenn Sie nichts mit ihr anzufangen wissen?« — »Na, es kann vorkommen, tommer doch, daß jemand ein blaues Sakko hat und eine Weste dazu braucht. Aus der Bluse da« (welch ein verächtlicher Seitenblick trifft mein schönstes Uniformstück!) »könnt man zur Not« (der Tonfall drückt aus, daß es schon äußerste Not sein müßte) »ein Gilet zurechtschneidern.«

Das lasse man sich von Herrn Meisterschitz nicht einreden. Der wird doch kein Kleidungsstück daraufhin kaufen, weil zufällig einmal jemand ein blaues Sakko besitzen könnte und zufällig keine Weste und zufällig doch eine haben möchte und zufällig gerade zu Meisterschitz kommt, zu einem von tausend Wiener Trödlern! Steige man ihm nur auf die Kappen, und vielleicht wird er eingestehen, daß er die Blusen an Mützenmacher liefert, die daraus Kappen schneiden. Aber mehr als

zehn Kronen ist Meisterschitz, wie er schwört, nicht imstande zu bezahlen, so wahr er lebt, für beide Blusen zusammen zehn Kronen, weil nämlich die dunkelblaue effektiv nichts wert ist, hingegen die feldgraue noch hundertmal weniger. Ist sie doch eine »umgehaute« Bluse, aus einer ärarischen verfertigt, also Staatseigentum, und die kann ihm die Polizei mir nichts, dir nichts konfiszieren. »Erst vor ein paar Tagen hat mir die Streifung stante pede um zweihundert Kronen Ware weggenommen, da, in dem offenen Kaffeehaus, hab ich das nötig? Ich kauf solche Sachen überhaupt nicht mehr.« Er hat das gewiß nicht nötig und kauft solche Sachen überhaupt nicht mehr und gibt zehn Kronen für die zwei Blusen.
Die schwarzen Beinkleider erzielen höhere Preise, denn die werden nicht zu Gilets zerschnitten, nicht zu Mützen, das Ärar hat kein Anrecht auf sie, und man kann sie tragen, wie sie sind. »Man kann sie tragen, wie sie sind?« lacht Herr Meisterschitz. »Sehr gut! Und die Passepoils?« Er rechnet aus, was die Beseitigung der Borte kostet — ein bürgerliches Vermögen, wer hätte das gedacht, man ist erstaunt, läßt sich's aber durchaus nicht anmerken, sondern lächelt ironisch und erhält dann dreißig Kronen. Für den Rucksack zehn.
Nun ist man ohne Sachwert, allein, kein Mensch kümmert sich um einen, selbst Meisterschitz ist im Nebel des Lokals verschwunden. Jetzt erst liest man die Tafel an der Wand: »Handeln mit alte Kleider ist in den Lokal *strengstens* verboten.« Also hat man ein Verbot überschritten, ehe man es kannte, und fürchtet, nachträglich die Gefahr abschätzend, das Ende des Reiters über den Bodensee zu nehmen. Allmählich aber besinnt man sich, draußen vor dem Café andere Inschriften gesehen zu haben, und erkennt, daß sie nicht so wörtlich genommen werden wollen. Zum Beispiel: »Hier liegen alle Wiener Tagesblätter auf.« Wo? Nur zwei oder drei leere Zeitungsrahmen hängen an den Haken, von keiner Zeitung eine Spur, wer hätte auch Muße, zu lesen? Jeder kommt mit Kleidern, Wäschestücken, setzt sich gar nicht, tritt zu Gleichgesinnten. Frauen haben große Pelerinen, unter denen Pakete und Markttaschen sind, manche bringen zusammengebundene Schuhe, Stiefel, Galoschen mit, einer trägt so viele Hüte in der Hand, daß er damit nicht nur durch das ganze Land kommen müßte, sondern durch ganz Europa.
Eine Dame, brav, ernst, mit englischem Schnurrbart, gibt einem sommersprossigen Jüngling Kopfstücke und Ohrfeigen rechts und links, daß es kracht. Anticipando. Erst nachher möchte sie von ihrem Sohn erfahren, weshalb sie ihn geschlagen hat. Kreischend wiederholt sie immerfort: »Was du verkauft hast, will ich wissen!« Quart. — »Nichts, Mutter, so soll ich leben . . .« Er duckt sich. — »Kaffee bist du trinken gegan-

gen?!« Prim. »Ausgerechnet hierher?!« Terz. »Das ganze Lager schleppst du mir weg, du Ganeff.« Rückschneidpatsch.

Ein Gast tritt ein und ruft, noch bevor er die Tür hinter sich offengelassen hat, ins Lokal: »Zwei Zickeln!« Man halte das und ähnliche Ausrufe nicht für Worte der Begrüßung, sie sind es nicht, sondern Ankündigungen dessen, was man zu verkaufen hat. Der letzte eben: zwei Zickeln. Er zieht sie aus einem Sack, sie sind tot, aber Fleisch und Fell finden angeregte Beurteiler.

Im Korridor ist Wäschemarkt. Leintücher werden mit Armen und mit der Elle gemessen, Taschentücher zwischen Fingern abgetastet, Damenhöschen gegen das Licht gehoben, Nachthemden von oben und unten angeschaut, nein, dieses Kaffeehaus gleicht nicht allen anderen Kaffeehäusern der Leopoldstadt, ein Greis läßt einen Ballen von seinem Rücken auf den Fußboden fallen und breitet den Inhalt aus, zehn verschlissene, schwarz-blau gestreifte Fußballhemden mit einem Krikketabzeichen, ein durchlöcherter Sweater und Käppis, die Gäste wenden sich ab von diesen Fetzen, sic transit gloria mundi, ein Männchen im Astrachanmantel kommt, die Ärmel reichen weit über seine Hände, der Saum schleppt, der kleine Mann will aber den großen Pelz auch gar nicht behalten, er zieht ihn aus, streckt ihn in die Höhe, bis zu der Tafel »Handeln mit alte Kleider ist in den Lokal *strengstens* verboten«, und ein Ring begutachtender Hände schließt sich um das Objekt.

Zürcher Zuchthaus

Der Weg dorthin

Um so mehr, als es wegen seiner Anlage, seiner Organisation und seiner Erfolge (beinahe keine Rückfälligen!) in der kriminalistischen Welt bekannt,

um so mehr, als der Justizchef der Züricher Regierung gleichzeitig Zeitungswesen an der Universität lehrt, also ein Mann der Öffentlichkeit,

um so mehr, als über diese Landschaft ein freigebiger Himmel gebreitet ist —

um so mehr darf man wohl hoffen, hier weniger von jenem fürchterlichen Grauen befallen zu werden, unter dessen Bann jeder Zuchthausbesucher steht, der daran denkt, was Jahre im menschlichen Leben bedeuten, daß all unser Wissen von den

treibenden Kräften gleich Null ist, daß es auch ein Verbrechen am Verbrecher gibt.
Im Eisenbahnzug fahren Touristen, die vom Rigi sprechen und vom Pilatus (vom Berg selbstverständlich, nicht von jenem Richter, der zum Tode verurteilte und seine Hände in Unschuld wusch) und sich freuen, in zwei Stunden in Sankt Gallen zu sein. Man steigt in Regensdorf aus, der große Bau links abseits der Bauernhäuschen ist hell, nur steht unfreundlich in seiner Architektur ein breites Eisentor und über dem Portal die Aufschrift: »Kantonale Strafanstalt«.

Ein Verkehrsturm im Zuchthaus

Das Gebäude ist in Kreuzform errichtet, panoptisch, jeder der vier Kreuzflügel vom Mittelpunkt aus genau zu überblicken. Einer dient der Verwaltung, der Kirche und den Bädern, in den drei anderen leben die Sträflinge in Arbeitsräumen, in Tagzellen, wenn sie Einzelhaft haben, und in Nachtzellen. Vier Stockwerke haben die Zellenflügel, und jeden Schritt, den man auf diesen Galerien macht, sieht der Mann in der Mitte. Der ist auf seinen Turm hingestellt wie der Verkehrspolizist auf dem Potsdamer Platz in Berlin. Eine eiserne Fachwerksäule von achteckiger Grundform, zweieinhalb Meter im Durchmesser, ragt als Postament über die Etagen empor und trägt die Plattform. Von dort lugt der Kontrolleur auf das Gewimmel rechts und links und vorne, er lugt in jede Sekunde der vielen hundert Lebensläufe, die sich hier jahrelang, lebenslänglich begeben. Er ist allein und doch kein einzelner, ein Fingerdruck, und Sukkurs ist da: Auf der Tischplatte vor ihm sind Alarmwerke und Telefone nach den Direktions- und Verwaltungsräumen, nach den Arbeitssälen, den Pförtnern und den Angestelltenwohnungen innerhalb und außerhalb der Anstalt und von abends bis morgens auch die Umschaltestation für den externen Telefonverkehr. Selbst wenn der Sträfling bei Nacht in seiner Zelle liegt, endlich entronnen dem Blick auf dem Semaphor, nur ein Weg bleibt ihm, Hilfe zu suchen, sobald ihn Krampf oder Krankheit packt: er kann die Notglocke ziehen, und die Nummer seines Kerkers springt auf dem Läutewerk des Turmes empor, vor den beiden strengen Augen, die um die Nöte seines Tages wissen und nun auch die Qualen seiner Nacht erfahren.

Leben der Gefangenen

Es gab hier schon Bestände von dreihundertfünfzig Sträflingen, und für noch mehr haben die Kreuzgewölbe Platz. Jetzt sind es zweihundertachtzig; die bedingte Verurteilung, die

Ausweisung von Ausländern und Kantonsfremden nach abgebüßter Haft und vor allem das Ende des Krieges, der auch in der Schweiz die »Militärverbrecher« überhandnehmen ließ, haben die Frequenz vermindert. In der Züricher Anstalt besteht das irische System, nach welchem der Eingelieferte zuerst in die erste Klasse eingereiht wird, darin etwa ein Drittel seiner Zeit verbleibt: isoliert muß er arbeiten und schlafen, niemanden bekommt er zu Gesicht, außer den Wärter, der die Zelle betritt, oder den Werkmeister. Rückt er in die zweite Klasse auf, arbeitet er in den Gemeinschaftswerkstätten, schläft und ißt aber allein. Alle zwei Monate kann er einen Brief absenden und einen Verwandtenbesuch empfangen — noch trauriger ist der Inhaftat der ersten Stufe daran, der jedes Vierteljahr bloß einmal besucht werden und bloß einen Brief schreiben darf. Bei klagloser Aufführung verbringt er das letzte Drittel in der Probeklasse, die vielfach landwirtschaftliche Arbeit leistet; nun sind ihm allmonatlich ein Besuch und ein Brief erlaubt, und auf dem Acker kann er vielleicht in unbeaufsichtigtem Moment ein Wörtchen mit dem Mitgefangenen wechseln — sonst lastet das Redeverbot durch die langen Jahre der Haft auf allen . . . Stummer als die Trappisten, denn nicht einmal deren »Memento mori« darf über die Lippen!, gehen die Sträflinge jahrein, jahraus an Schicksalsgenossen vorüber, wortlos arbeiten sie in der gleichen Werkstätte die gleichen Dinge zehn schwere Stunden des Tages, ohne zu sprechen, wandeln sie miteinander tagtäglich eine halbe Stunde im Spazierhof, und allein lesen oder dösen sie in der Zelle, bis es Viertel neun schlägt, Hosen und Schuhe vor die Tür gehängt und die Pritschen heruntergeklappt werden, das Licht erlöscht und sie schlafen dürfen.

Am Sonntag in der Kirche sitzen sie auf Stühlen, von denen jeder rechts und links durch ein mit Schnappschloß versehenes Türchen versperrt ist, zur Halshöhe reichen die Wände, der Sträfling sieht nur den Pastor auf der Kanzel. Zum Gottesdienst, der evangelisch ist, müssen sonntags alle, seien sie auch Katholiken, Juden oder Mohammedaner. Auf fromme Einkehr legt man Wert: Der Neuankömmling erhält Bibel und Gesangsbuch in seine Zelle sowie ein Buch zum Lesen, das nach vierzehn Tagen ausgetauscht wird.

Bilder aus den Arbeitsstätten

Achtzehn Gewerbe werden in der Züricher Anstalt ausgeübt, und jeder Arbeitssaal bietet Anlaß zu seltsamen Assoziationen: In der Schneiderei machen struppige, in plumpen Zwillich gekleidete Männer elegante Anzüge nach neuestem Schnitt, an die Wand geklebt sind Bilder der Mode, nach der sie arbeiten und deren Anwendung sie niemals sehen; in der Druckerei stehen sie am Setzkasten, ohne »freie Jünger der Schwarzen Kunst« zu sein, oder sie bedienen die drei Schnellpressen – die Presse ist frei; in der Korbflechterei sitzen Gestalten mit bedrohlichen Blicken, sie schwingen scharfgeschliffene Riesenmesser, um dem Blumenbehälter ornamentale Gleichförmigkeit zu geben, und weben Matten für Damenfüßchen, an Haken hängen Stricke und Seile, lang genug, einen Flüchtling vom Dach der venezianischen Bleikammern zum Canale Grande hinabzulassen; in der Schmiede arbeiten alte Einbrecher an sicheren Schlössern und schmieden und feilen Ketten; in der Bäckerei kneten sie Berge von Teig und bekommen außer dem Tee oder der Suppe mit Kartoffeln und Gemüse bloß fünfhundert Gramm Brot pro Tag; in den Galerien stehen viele, viele Särge, die, in der Schreinerei gearbeitet, nun prunkvoller Adjustierung harren, für reiche Bürger. Hundertzweiundzwanzig Hektar umfaßt der Ackerbaubetrieb, weit weg von den Mauern des Zuchthauses, in das die unfreiwilligen Landarbeiter abends wieder heimkehren. Auf dem Dach der Anstalt wird eine Reparatur ausgeführt, Sträflinge besorgen das; in der Tischlerwerkstatt hat ein mechanisch begabter Häftling das Modell einer Guillotine konstruiert, es wird hier aufbewahrt mitsamt dem Miniaturkarren, der die Aufnahme der Leiche veranschaulicht – nach diesem Muster hat der Kanton Schaffhausen seine Hinrichtungsmaschine herstellen lassen.

In der Weiberabteilung,

einem eigenen Gebäude, von der Männeranstalt durch eine hohe Innenmauer getrennt, wird für alle Insassen gekocht und gewaschen, das Hauptgewerbe ist die Wäschenäherei; an einer Nähmaschine sitzt ein schwarzes Mädchen mit kurzgeschnittenem Haar – der einzige Bubikopf, den ich bisher an einer Schweizerin gesehen. Sonst sind es meist grauhaarige, abgehärmte Greisinnen, die an den Kochkesseln und an den Wäschetrögen des Weiberstrafhauses ihr Tagewerk verrichten.

Wie die Arbeit bezahlt und ausbezahlt wird

Fünf Prozent vom Arbeitsverdienst erhalten Sträflinge der ersten Klasse, die der zweiten sechs bis zehn Prozent, die der dritten zwölf Prozent; im vorigen Jahre betrug der Arbeitsverdienst vierundzwanzigtausend Franken. Dem Häftling teilt der Werkmeister mit, wie groß sein Anteil ist, der zu vier Prozent verzinst, aber erst bei der Entlassung ausbezahlt wird. Viele verdienen bloß siebenundzwanzig Rappen (zwanzig

Pfennig) täglich, manche, zumeist Herrenschneider, kommen auf anderthalb Franken, also etwa eine Mark zwanzig Pfennig pro Arbeitstag. Wer die Anstalt verläßt, kann von seinem Lohn Anzug und Schuhe kaufen, hat er aber zuwenig Geld erarbeitet, so bezahlt die Kleider der Schutzaufsichtsverein; jeder muß mindestens fünfundzwanzig Franken in der Tasche haben, wenn er in die Freiheit geht. Draußen hat er sich zunächst beim Inspektor des Vereins zu melden, der verpflichtet ist, für erste Unterkunft zu sorgen und ihm eine Stellung zu suchen. Stirbt ein Sträfling während der Haft, fällt sein Arbeitsverdienst der allgemeinen Sparkasse zu, aus der Prothesen, Bruchbänder und Brillen für die gekauft werden, die deren bedürfen.

Lebenslängliche

Drei Monate sind das geringste Ausmaß, mit dem man hierher eingeliefert wird, die meisten aber haben reichlicher bemessene Strafen abzusitzen. In der Weiberabteilung sind von achtundzwanzig Sträflingen nicht weniger als fünf lebenslängliche — ein erschreckend großer Prozentsatz, um so erschreckender, da im Kanton Zürich für Kindesmord an Neugeborenen nur zwei bis drei Jahre verhängt werden. (Todesstrafe gibt es im Kanton überhaupt nicht.) Zwei dieser Frauen sind Komplizen, sie haben in Gemeinschaft mit einer dritten, die inzwischen verstorben ist, die Gattin des Straßenbahnschaffners Karli in dessen Auftrag im Jahre 1911 vergiftet. Zwei andere haben ihre Gatten gleichfalls durch Gift getötet, die fünfte erschlug ihr erwachsenes Kind.
Von den zweihundertzweiundfünfzig Männern sind acht bis an ihr Lebensende hierher verdammt, für Taten, aus grauenhaft-menschlichen Motiven begangen, von denen sich der Autor der »Züricher Novellen« nichts träumen ließ. Der eine hat einen Mann mit Einverständnis von dessen Frau erstochen, um sie heiraten zu können; zehn Jahre lebte er dann mit ihr in normaler Ehe, bis sie ihn eines Tages, aus Wut über schlechte Behandlung, dem Gericht anzeigte. Er wurde zu lebenslänglicher Zuchthausstrafe verurteilt, die Frau wegen Gehilfenschaft zu fünf Jahren — sie ist seit sieben Jahren frei und besucht ihn wieder, den Mann, der um ihretwillen gemordet hat und den sie für immer in den Kerker brachte. — Drei der Lebenslänglichen haben 1921 gemeinsam einen Raubmord an dem Besitzer des Automatencafés in der Züricher Bahnhofsstraße verübt. — Zwei sind Einbrecher mit nachfolgendem Totschlag, sie sind bei Diebstählen (Repischthal und Zürcherberg) von dem jeweiligen Hausinhaber überrascht worden und haben diesen getötet. — Ein Vagant namens Jureczek aus der

Slowakei ist schon vierzehn Jahre hier, im Horgen am Züricher See hat er einem schlafenden Handwerksburschen das Felleisen zu entwenden versucht, als der erwachte, dem Räuber an die Gurgel sprang, schlug ihn Jureczek mit einem Stock auf den Kopf, und der Junge blieb tot liegen. — Einen Doppelmörder beherbergt die Anstalt: in Hinwyl unter Diebstahlsverdacht festgenommen, erschoß er den Polizisten und dessen Frau.
Jeder Lebenslängliche darf nach zwölf Jahren einwandfreier Führung um seine Begnadigung beim Obersten Rat der Eidgenossenschaft einkommen. Doch nicht einmal nach fünfzehn Jahren pflegt einem solchen Gesuch die Bewilligung zu folgen; sie sind streng, die Schweizer Bürger, und glauben an ihr Recht, zu strafen. Und das Züricher Gefängnis ist ihnen ohnedies zu human. Zu human! Stumm leben, nicht rauchen, kärglich essen und gegen kärglichen Lohn jahrein, jahraus zehn Stunden täglich roboten, monatelang keinen Brief und keinen Besuch sehen, nichts von den so nahen weißen Alpen und den hellblauen Seen — das ist zu human!

Die Giftschränke der Deutschen Bücherei

Benachbart jenem Saal der bibliophilen Kostbarkeiten, in dem die Deutsche Bücherei ihre pflichtgemäße Sammeltätigkeit zu ästhetischer Wertung steigert, sich vom Stapelplatz bedruckten Papiers zu einer Walhalla des Buchgewerbes erhebend, benachbart jener Schaustellung der schönen Bücher ist das Versteck der häßlichen Bücher, ist die verfemte Literatur gesichtet und verzeichnet: Kartothek der verbotenen Druckschriften.
Denn auch die Beschaffung und Aufbewahrung der nach § 41 StGB unbrauchbar zu machenden Presseerzeugnisse, der durch die Militärbehörden beschlagnahmten, aus dem Handel zurückgezogenen oder auf Wunsch der Verfasser und Verleger geheimzuhaltenden Werke gehört zu den vielen Obliegenheiten der Deutschen Bücherei in Leipzig. Sie wendet sich mit der Bitte um Überlassung derartig abgetriebener, totgeborener oder umgebrachter Exemplare an alle Regierungen, und diese willfahren im allgemeinen dem Wunsch, sei es aus eigenem Verständnis für den Wert eines solchen anatomischpathologischen Museums der Literatur, sei es auf Grund der Unterstützung, die die sächsische Staatsregierung dem Gesuch

auf diplomatischem Wege angedeihen läßt, sei es, weil die deutsche Zentralpolizeistelle zur Bekämpfung unzüchtiger Bilder, Schriften und Inserate in Berlin (Telegrammadresse: »Polunbi«) und ihre Filialen froh sind, etwas von ihren Beständen loszuwerden.

Übrigens ist nicht alles lebensgefährlich, was die Giftkammer beherbergt, so zum Beispiel die vertraulichen Mitteilungen diverser Organisationen, Betriebsnachrichten, studentische Zeitschriften privater Natur (»Intime S. C.-Nachrichten«, Kneipzeitungen und »Kommersblätter«) und ähnliche Manuskriptdrucke, deren Deponierungszweck sozusagen im Futurum praeteritum liegt: Es wird nach Jahren wertvoll sein, sie beizeiten angesammelt zu haben, da auf diesen Tummelplätzen kleiner Zirkel erfahrungsgemäß die künftigen Größen ihre ersten Gehversuche machten. Der brave Wilhelm Raabe muß sich gar mit seinen Gesammelten Werken in der Zelle der Verfemten sehen! Daß er nichts dafür kann, ist eben der Grund dieser Verdammung: Die Ausgabe erschien ohne seine und seines rechtmäßigen Verlegers Einwilligung, und alle unbefugten Nachdrucke werden urheberrechtlich verfolgt, die Exemplare aus dem Buchhandel gezogen, vernichtet und nur eines — zu ewigem Gedächtnis — der Deutschen Bücherei überantwortet.

»Nicht verleihbar!« steht auf jedem Zettel, deren Gesamtheit den deutschen Index seit 1913 bildet, und fast immer auch Namen von Autor und Drucker, obwohl diese nur selten im Exemplar angegeben sind — staatsanwaltschaftliche Recherchen haben es an den Tag gebracht und der Deutschen Bücherei gemeldet. Zwei Hauptgebiete lassen sich in dieser klandestinen Bibliothek unterscheiden: Politik und Erotik, und innerhalb jeder der beiden Gruppen zwei Kategorien: Schundliteratur und wissenschaftliche Forschung.

Die politischen Schriften hängen naturgemäß zumeist mit dem Weltkrieg und der Revolution zusammen. Aus dem Krieg sind pazifistische Vorschläge vorhanden, die als streng geheime Privatdrucke von politischen Persönlichkeiten an den Kaiser, die Regierung und die Oberste Heeresleitung abgingen und schon 1914 oder 1915 dartun sollten, daß ein Friedensschluß notwendig sei, da Deutschland einen Krieg gegen die ganze Welt aus wirtschaftlichen und militärischen Gründen verlieren müsse. Ihnen stehen annexionistische Immediatanträge gegenüber, darunter der einer schlesischen Adelsgruppe vom Herbst 1918, Deutschland möge nicht bloß von Belgien, sondern auch von einigen anderen Staaten definitiven Besitz ergreifen. Ungeheuer ist die Menge der illegalen spartakistischen Flugschriften, besonders aus den Tagen der Novemberrevolution und der Märzaktion von 1921. Selbst nie erschienene Bücher, beispielsweise die aus dem Druck zurückgezogenen Kriegsmemoiren des Generalstabschefs Moltke, wußte die Deutsche Bücherei zu erlangen.

Die Flut der erotischen Buchproduktion hat die Giftschränke der Deutschen Bücherei überschwemmt und Rückstände hinterlassen. Neben Kunstwerken, wie den beschlagnahmten Mappen des kühnen Malers George Grosz, den sechzehn Radierungen zur Erbsünde – einer erotischen Schöpfungsgeschichte von Walter Klemm –, neben Blättern von Rembrandt, Peter Fendi, Nepomuk Geiger, Beardsley, Klimt und Kainer, neben deutschen Übersetzungen von Verlaine, Gautier, Musset, Huysmans und Baudelaire, neben den Zeitschriften »Die Opale« und »Der Amethyst«, neben Franz Blei, neben gelehrten Untersuchungen, wie den »Anthropophiteia«-Bänden von Professor S. Krauss, oder kulturhistorischen Originaldenkmälern, wie dem indischen Liebeslehrbuch »Kamasutram«, gibt es spekulative und pornographische Zustutzungen des Aretino und des Boccaccio, des Casanova und des Faublas, des Marquis de Sade und des Herrn von Sacher-Masoch, illustrierte Privatdrucke von Goethes »Tagebuch«-Ballade und Schillers erotischen Hymnen, lithographierte Hefte mit nahezu tausend Strophen zum »Wirtshaus an der Lahn« (es ist erstaunlich, was Frau Wirtin alles hat!), die apokryphen Selbstbiographien von Sängerinnen, Tänzerinnen, Masseusen, Klavierlehrerinnen, Kammerzofen (die Octave Mirbeausche mußte sich vielerlei Bearbeitungen gefallen lassen) und Kontrollmädchen, von denen »Josefine Mutzenbacher« aus Wien die am häufigsten aufgelegte ist, ganze Serien »Salonbibliothek«, »Schlafzimmergeheimnisse«, »Bücher der Leidenschaft«, »Bibliothek moderner Erotik«, uralte saudumme Cochonnerien, welche dennoch (oder deshalb) immer wieder ihren Spekulanten finden, »Indiskretionen eines Hotelbettes«, »Aufzeichnungen der Witwe Nimmersatt«, »Lesbische Pensionate«, »Mysterien der Insel Lesbos«, »Flagellantinnen im Kloster«, »Der strenge Rektor der Mädchenschule«, »Mit Stock und Peitsche« und ähnliche Hilfsmittel impotenter Phantasie, Komplizen der geistigen Vergewaltigung.

Allzu tief ist die Hölle nicht, die das letzte Jahrdutzend geschaufelt hat, lange nicht so tief wie jene Hölle der Bibliothèque nationale, deren Abgründe Guillaume Apollinaire kartographierte. Und dabei sind diese deutschen Bücher und Büchlein des Leipziger Orkus nicht einmal alle in Deutschland gedruckt, viele kommen aus der Schweiz, aus Budapest, aus Amerika, und man ersieht, daß das verbotene Buch dort am üppigsten wuchert, wo die strengste Zensur den Dünger liefert.

Polizeiakten des Baumgartens

Er liegt dezemberlich da; was noch vor kurzem Blumenbeet war, ist jetzt Glatze, was vor kurzem als Gehölz emporragte, ist ein Bündel impotenter Stöcke, was noch vor kurzem lauschige Ecken waren, sind jetzt verdächtige Schlupfwinkel. Schwärmer gibt es, die behaupten, ein winterlicher Park habe etwas besonders Schönes an sich. Jedoch, hart an der Stadt gelegen, ist ein Park nicht einmal im Frühjahr wirkliche Natur, mag er auch noch so groß sein, noch so müde Weidenzweige haben und noch so strahlende Rosen und noch so alte Bäume. Nein, er ist von der Großstadt infiziert, wovor ihn keine exterritoriale Behandlung schützen kann; ob er nun Bois de Boulogne heißt oder Tiergarten, Prater oder Baumgarten – er kriegt sein Faszikel wie jede andere Lokalität und jedes andere Individuum. Im Prager Polizeipräsidium liegen diese Akten gegen den Baumgarten, Strafsachen, Frührapporte, Verkehrsvorschriften, Protokolle über verlorene und gefundene Gegenstände, Beschwerden, Anzeigen, Dinge der Liebe und Dinge des Todes, humoristische und tragische, vergilbte und neue.

Höchst aufgeregt ist ein Akt, den Anno Domini 1852 der Obersthofmeister Kaiser Ferdinands II., Exzellenz Leopold Graf Thun-Hohenstein, an die Polizeidirektion richtet, weil am Sonntag die vor dem Musikpavillon der ersten Restauration aufgestellten Equipagen, Fiaker und Droschken den Wagen Seiner Majestät *beinahe* am Vorüberfahren gehindert haben; Polizeidirektor Päumann beeilt sich, für den Wagenverkehr der hohen Herrschaften solche Vorschriften zu erlassen, die dem Wagenverkehr der allerhöchsten Herrschaften förderlich sein sollen. Der Adel fährt hier täglich spazieren, am 1. Mai sogar in Viererzügen, und oft gibt es Festivitäten, zum Exempel jene rauschende Gedenkfeier, die 1811 Oberst Graf Bentheim seinem Regiment zur Erinnerung an den zwei Jahre vorher erfochtenen Sieg bei Aspern gab; sogar aus der aktenmäßigen Notierung der vorgerückten Nachtstunde und der durch keinerlei »Vorfallenheiten« gestörten gehobenen Stimmung kann man die Begeisterung des polizeilichen Zaungastes herauslesen. Bäumen sich die Pferde einer Kalesche ein bisserl auf, so meldet es ein k. k. Kommissär und fügt freudestrahlend hinzu: ». . . die im Fond sitzende Komtesse Henriette Chotek, Erlaucht, kam mit dem bloßen Schrecken davon.« Bei Reitunfällen wird bemerkt, daß ein Akazienbaum beschädigt wurde, »doch wird beantragt, von Schadenersatz Abstand nehmen zu wollen«. – »Se. Hoheit der Herr Großherzog von Hessen-Kassel, derzeit wohnhaft im Sommerschlößchen Kinskygarten, fährt täglich mit dem bekannten Vier-Falbenge-

spann in umgekehrter Fahrtrichtung über die Méczeri-Serpentine; da die Karosse im Baumgarten nicht hält, kann der Kutscher hieramts nicht verwarnt, bzw. in Strafe genommen werden.« (Meldung vom 1. Juni 1867.)
Sonst sind die Behörden des Baumgartens beileibe nicht so hilflos. Wenn ein Aufseher (ein gewöhnlicher Aufseher natürlich und nicht jener Landesausschußrat, dem der Titel eines »Aufsehers des Bubentscher Parks« ehrenhalber verliehen wird) ein Mädchen attrappiert, das im Rosengarten »zwei Narzissen im Werte von zwanzig Kreuzern« oder »Jasminblüten im Werte von fünfundzwanzig Kreuzern« oder gar »acht Rosenknospen im Werte eines halben Guldens« abgerissen hat, bekommt die Täterin unnachsichtlich achtundvierzig Stunden Arrest aufdiktiert. Die Burschen, die in der Nähe der Kaiserinsel Weidenruten abgerissen haben, werden nach dem Prügelpatent zur Höchststrafe von fünf Tagen verdonnert, weil »im Hinblick auf das bevorstehende Osterfest Gefahr besteht, daß im Baumgarten die Diebstähle von Ostergerten (pomlásky) überhand nehmen könnten«. Auch die armen Waaberln (lies: Baben), die am Weg zum Birkenwäldchen, an der Biegung der Promenade, die berühmten Bubentscher Kolatschen mit Powidel, Mohn oder Quark, Rosinen und halben Mandeln feilzubieten versuchen (drei Stück: fünf Kreuzer), kriegen die Polizeihaft zu schmecken, wenn sie nicht eine marktpolizeiliche Verkaufsbewilligung haben. Einem Manne aus Holleschowitz, der trotz wiederholter Verwarnung an der Überfuhr nach Troja eine Personenwaage aufgestellt hat, wird die Waage konfisziert. Wer in den Spargelgarten des kaiserlichen Lustschlosses eindringt, um rote Rüben zu stehlen, der wandert ins Strafgericht, obschon der Kommissär mitleidig bemerkt, »daß Inhaftat arbeitsunfähig ist und nachgewiesenermaßen mit seiner kranken Frau und den beiden kranken Kindern seit zwei Tagen nichts gegessen hat«. Mancher schnitt es gern in alle Rinden ein: Dein ist mein Herz und soll es ewig bleiben! Solchen jubelnden Mitteilungsdrang romantischer Gemüter bezeichnen die Akten einfach als Baumfrevel und taxieren ihn mit fünf Gulden oder vierundzwanzig Stunden Arrest. Auch in der Schule kann man dadurch Verdruß haben! »Der siebzehnjährige Schüler Siegfried Polatschek des Staatsgymnasiums Prag-Altstadt wurde heute um sechs Uhr dabei betreten, als er in der Nähe der Landesausstellung in einen Kastanienbaum ein Herz mit den Buchstaben S. P. und A. K. einritzte. Corpus delicti: Taschenmesser mit brauner Hornschale.« Ach, hätte er damals seine vier Buchstaben nicht in den Baum gekratzt, sondern sich auf sie gesetzt und für die Matura gelernt, so wäre er wahrscheinlich ein angesehener Advokat geworden, hätte die A. K. geheiratet; so aber ist er

ledig und Journalist. Wegen Trunkenheitsexzesses wird fast allmorgendlich irgendeine Gesellschaft vorgeführt, denn es ist üblich, nach durchlumpter Nacht im Fiaker, in der Droschke oder nur in der Dreierelektrischen in den Baumgarten hinauszufahren, »um sich auszulüften«, welche Prozedur traditionsgemäß unter allerhand Krawallen vollzogen wird. Gegen Exhibitionisten, die bei jungen Mädchen verständnisvollstes Ärgernis erregen und diese zum Weg aufs Kommissariat und zu detaillierten Angaben für das Protokoll veranlassen, gegen Männer, welche Frauen anfallen, gegen Platten, die nächtlicherweile Liebespaare mit materiellen und anderen Erpressungen angehen, werden bei der Polizei Klagen erhoben; mit dem Vermerk »Nachforschungen eingeleitet. Ad acta« wandern sie in die Registratur.

Immer erwischt dagegen werden die Leichen der Selbstmörder. Lebensmüde haben von jeher mit Vorliebe den Baumgarten aufgesucht. Die Schleife der Buschtiehrader Bahn unterhalb der Kunstakademie ist ein besonders beliebter Punkt für jene, die sich unter eine Lokomotive werfen wollen, und im Birkenwäldchen pflegt man sich zu erhängen. Einmal schwingt sich der Polizeirapport aus solchem Anlaß zu makabrem Humor auf: »Es wird bemerkt, daß sich an dem Baum, von welchem der oben beschriebene Leichnam abgeschnitten wurde, seit 12. vorigen Monates bereits drei Personen erhängt haben. Diesbezüglich wird um allfällige Weisungen gebeten.« Will der Wachinspektor die vorgesetzte Polizeibehörde frotzeln, die besonders im Baumgarten alle Privatangelegenheiten kontrolliert und sich daher auch zutrauen könnte, durch das Fällen der Selbstmörderbirke, Aufstellung eines Postens und dergleichen dem Tod hier das Handwerk zu legen? Oder glaubt der Inspektor wirklich an die magnetische Kraft dieses tödlichen Baumes, dessen perlmutterne Rinde er nachts im Mondschein an den Leib eines Toten sich schmiegen sah? Ebensogut könnte er annehmen, daß der ganze Park die Lust zum Tode wachrufe; hat er denn nicht selbst das Protokoll geschrieben, dem zufolge bei dem Ablassen des Karpfenteiches zwei Leichen am Grunde aufgefunden wurden, von denen laut beiliegendem Lokalbefund des Polizeiarztes die des Rudolf M. höchstens eine Woche, die der unbekannten Frauensperson etwa drei Monate im Wasser gelegen hat? Über diesen Toten aber schwammen fröhlich die Karpfen und majestätisch die Schwäne und nahmen gnädigst die ihnen von Kindern zugeworfenen Brezeln an. Jetzt sind freilich keine Schwäne mehr da, denn im Kriege verschwanden die Brezeln, und da konnten sie sich nicht mehr ernähren. Und die Karpfen, die immerhin an den Menschenleichen etwas zu essen gehabt hätten, wurden selbst aufgegessen.

Überhaupt hat sich seit dem Kriege vieles geändert. Von den Umzügen der Arbeiter am 1. Mai wird der Polizeirapport kaum mehr melden, daß »die Demonstranten Tafeln mit der Forderung nach gleichem, direktem und allgemeinem Wahlrecht (auch für Landtag und Gemeindevertretungen!) und ähnlichen destruktiven Schlagworten« trugen; die Jagd, die der Landesausschußbeisitzer Kanonikus Burian alljährlich zum Abschuß der Hasen und wilden Kaninchen veranstaltete und die »ohne Zwischenfall« verlief, ist nicht mehr am Repertoire, der Muster-Schützengraben, der im Baumgarten dem entzückten Hinterland den Komfort der Front vorzauberte und dessen Besucherzahl täglich gemeldet wurde, ist wieder dem europäischen Erdboden gleichgemacht, und auch der stereotype Rapport fehlt seit 1918 in den Akten: »Se. Exzellenz der Herr Statthalter Herr Graf . . . haben mit Familie heute im Lustschloß Baumgarten Séjour bezogen.« In dieser gotischen Ritterburg hat nach dem Umsturz zuerst Minister Staněk gewohnt, dann zog hier die YMCA ein, und jetzt leben Damen darin, die einen höheren Kurs für soziale Fürsorge besuchen. So ändern sich die Zeiten, die Personalien, die Besitzverhältnisse, die Verkehrsvorschriften, die Blumenbeete und die Protokolle.

Nur die Liebe und der Tod bleiben auch im Baumgarten ewig gleich. Der letzte Akt des polizeilichen Baumgartenfaszikels bezieht sich auf einen schreienden Säugling, der von einem Schutzmann auf der Bank bei der Modernen Galerie gefunden wurde. Das Kind hatte nichts bei sich als einen beschriebenen Zettel: »Auf diese Bank, auf der meine Liebe erblühte, lege ich ihre Frucht.«

Sonntagsfahrt durch Nordseeland

Noch sind die Seen in der Stadt gefroren, nur am nördlichsten Teil von Sorte Dams-Sø ist das Eis geschmolzen, weil hier die Abflußwässer der Gasanstalt münden; tausend Möwen nehmen ein Sitzbad in diesem Wasserstreifen, von tausend Menschen ist die Straße darüber betupft. Fahrräder, Motocycles und Kleinautos in lückenloser Kolonne, der Strandvej, der sich stundenlang fortsetzt, von Kopenhagen bis zum Kattegat, ist voll von ihnen. Der Sund: verrammelt von ineinandergeschobenen, übereinandergeschichteten Eisblöcken. Schnee run-

det die Kanten. Landungsbrücken, die sich im Sommer den Jachten und Booten entgegenstrecken, sind eingezogen, damit der Winter sie nicht sprenge. Hinter Hellerup aber baute man heuer eine aus Stein und Stahl, sie sollte dem Eise trotzen — ihre imposanten Trümmer sind noch zu sehen. Der Kristall der Luft verbindet mit dem schwedischen Ufer, den Villen Malmös, den Häusern Landskronas, dem flachgeschnörkelten Rand der Lommabucht. Eine Insel, die Ufer steil aufsteigend wie Festungsmauern, schiebt sich zwischen Schweden und die Fahrt: das ist Hvenn, das Uranienborg Tycho Brahes.
Allzu dicht steht das Spalier von Villen, Schlössern, Hotels, Sanatorien, an ihren Seitenwänden vorbei kann der Passant auf die Meerenge schauen oder Bäume atmen. Frappant ähnlich ist diese Landschaft des hohen Nordens dem Bosporus, der Villenkolonie Böjük-dere, wohin im Sommer die Gesandten aus Konstantinopel übersiedeln. Auch hier, am Öresund, sind noble Villeggiaturen. »Hvidöre« heißt die Villa der Kaiserin Dagmar von Rußland, nicht weit davon das Schloß des Grafen Bernstorff und die Residenz des Bankiers Glückstad, beneidenswerte Menschen, denen das Glück treu blieb: Dagmar kann froh sein, daß es ihr nicht wie ihrem Sohn erging, dem letzten Zaren, Bernstorff konnte froh sein, daß er nicht wie sein Beschützer, der Kanzler Struensee, geköpft wurde, und Glückstad konnte froh sein, daß er starb, bevor das Fallissement der Landmandsbank vor dem Strafgericht verhandelt wurde. Zahllosen Königsschlössern begegnet man: Charlottenlund, Skodsborg, Eremitage, Sorgenfri, Frederiksborg, Fredenborg, Kronborg, Borg auf Borg!
In den Fischerdörfern bessern Männer und Frauen Netze aus, die sehr schadhaft sein müssen, wenn man noch während des Winters den Sonntag verwendet, sie zurechtzuknüpfen; hinter und neben den kleinen Häuschen von Taarbäck und Lyngby hängen endlose Flächen gekreuzter Stricke zum Trocknen. Die Villen sind noch versperrt, erst in drei, vier Monaten werden sie ganz Kopenhagen aufnehmen, das dann hier wohnt und morgens aus dem Bett in den Öresund steigt; achtzehn Züge schickt die Küstenbahn im Sommer täglich her.
Die Landstraßen sind makadamisiert oder kilometerweit gepflastert, kein Staub, die Markierung verschwenderisch: je hundert Meter werden von einem Stein gekennzeichnet (anderswo würde er als Grabmal dienen), auf jedem tausendsten Meter erhebt sich (sozusagen) ein Monument, nach je siebeneinhalb Kilometern ein Meilenstein (der eher ein Obelisk ist oder eine Siegessäule). So geht es entlang dem Buchenforst und dem Meer, vorbei an Windmühlen und Landhäusern, bis hinauf nach Helsingör. Dort ist man an der Spitze der Landzunge, neben sich Kronborg in reichem Barock und leuchtender

Patina, über sich den flatternden Danebrog und den hellen Himmel, links die Unendlichkeit des Kattegat und rechts die schmalste Stelle des Sundes: In zehn Minuten wäre man mit dem Motorboot in Schweden, man kann in die Fenster von Helsingborg schauen. Paßvorschriften liegen jedoch dazwischen. Gut, daß wenigstens die Kette abgeschafft ist, die nichtdänischen Schiffen die Durchfahrt verwehrte. Ozeandampfer schwimmen jetzt ungehindert in den Hafen von Helsingör und in den von Kopenhagen. Auch Hamlets Papa spukt kaum mehr auf den Mauern, obwohl ihn Engländer und Engländerinnen suchen, ebenso wie Hamlets Grab.
Durch das Innere des Landes kehrt man heim. Anfangs, wenn die Straße etwas ansteigt, taucht zu linker Hand für einen Augenblick noch ein Streifen des Sundes auf oder Schiffsschlote, und der Esromsee täuscht eine geraume Strecke lang das Meer vor; aber er ist ein Binnensee, seine Ufer Binnenlandschaft. Windmühlen tragen Zwiebelkuppeln, die Flügel, mit Segeln bespannt, ächzen in der abendlichen Brise. Rote Fassaden der Häuser, vergoldete Stierköpfe auf den Fleischerläden. Eine greise Bäuerin (in Bauschrock, schwarzes dreieckiges Käppi mit Goldborte auf dem Scheitel, Gebetbuch in der Hand) eilt. Aus einem See steigt ein Renaissanceschloß empor, ein Schwelgen in Ornamenten und figuralem Frontenschmuck, bizarre Giebel und Zinnen und Türme: Frederiksborg, ein Palast auf Lagunen. Inmitten von Wäldern läuft der Weg, olivenfarben die Stämme, braungrün das Moos. Dörfer, kleine Städte. Die Schornsteine gehören zu den Genossenschaften, zu ihrer Molkerei oder ihrem Schlachthaus. Auf alten Bauernhäusern sind Gedenktafeln: Hier starb der Folkethingsmand Christian Soundsosen; darunter ein Spruch von Grundtvig. Kirchtürme haben quadratischen Grundriß und hohe Treppengiebel. Die Bauernburschen, die an Gasthausmauern »Klink« spielen, können schwer unterscheiden, ob sie Kopf oder Adler werfen. Kühl wird es und feucht, skandinavischer Abend. Signale der Hupen und Radglocken häufen, die Geschwindigkeiten verlangsamen sich, Kopenhagen fährt heim, vom Sonntagsausflug nach Nordseeland, aus der Natur.

Raubtiere fressen

Zeitlich und räumlich ist es noch weit zur Fütterung, und schon hört man das Getöse der Ungeduld, Tiger und Löwen brüllen, Schakale und Wölfe heulen, Jaguare und Leoparden fauchen, das ist die »Stille des Dschungels«, dessen unheimlicher Lärm erst beginnt, wenn alles schweigt.

Die Gitterstäbe schwächen der Töne bedrohliche Wirkung, schrecklich aber sind die Gesten der Tiere, die wissen, daß die Stunde ihrer Sättigung naht, ihre Erwartung ist Gier. In der Mitte der Halle steht der Handkarren mit Fleisch. Sie wittern ihn. Ein Tiger, seit langen Jahren hat er eine Höhle im Amurgebiet mit dem ersten Käfig des Berliner Raubtierhauses vertauscht, drückt sich an das Gestänge, starrt hypnotisiert in die Saalmitte. Mit nassem Tuch auf einer Stange kommt der Wärter heran, von außen den Fußboden zu scheuern, denn der soll jetzt Tisch sein; auch unter dem Tiger muß gesäubert werden, Unrat liegt dort, aber »Erich« läßt sich keineswegs beiseite schieben, keinen Stoß verspürt er, rührt sich nicht, ist in die Richtung gebannt, aus der ihm Nahrung kommen muß.

Der Riesenlöwe Leander (laut Visitkarte an seiner Wohnung stammt er aus Rhodesien) ist gerade bei der Nachbarin zu Besuch. Die schaut ihn gar nicht an, von einer Ecke des Zwingers rennt sie zur anderen, manchmal nach rechts, manchmal nach links sich wendend. Leander trottet hinter ihr, die Mähne hart an ihr Hinterteil gedrückt, und dreht sich rechts, wenn die Löwin die Drehung nach rechts macht, links, wenn die Löwin Direktion links nimmt, und wenn sie auf ihrem Rundgang innehält, um zu brüllen, dann bleibt auch er stehen, öffnet den Rachen, in dem Stalaktiten sind, und brüllt noch zehnmal lauter. Alle Tiere rennen im Kreise umher, immerfort im Kreise, immerfort im Kreise, befallen von Delirium tremens.

Nur ein diskret schwarzweiß gesprenkelter Leopard kauert ruhig an der Stelle, die vom Fleisch und von den Besuchern am entferntesten ist: auf dem höchsten der künstlichen Äste, die den Käfig diagonal durchziehen, in die hintere Ecke der Zelle gelehnt. Er ist der einzige Reglose im ganzen Hause, das vom Fieber umherjagender, schreiender, hungriger Bestien erzittert.

Der Wärter setzt den Speisewagen in Bewegung. »Minderwertiges, aber gesundes Fleisch« liegt darauf, von Rind, Kalb und Pferd, vom Zentralviehhof roh hierhergeliefert. Kein Menschenfleisch, auch kein minderwertiges, nicht einmal ungesundes. Arme Tiere, wie würde es ihnen schmecken! Besser als in der Wildnis, wo sie den Menschen noch nicht kannten und nicht wußten, daß er ihresgleichen in lebenslänglichen Kerker sperrt und überdies zum Schauobjekt für Kinder und Müßiggänger macht.

Blutige Klumpen, von je fünf Kilo Gewicht, sind auf dem Karren; jedes der großen Raubtiere hat täglich (außer Montag, der fleischlos, für Raubtiere also Fasttag ist) auf zwei solcher Stücke Anspruch. Das wissen sie genau, vom Tiger Erich an, der schon vor dreißig Jahren im Zoologischen Garten seine Lebensstellung antrat, bis zum Löwen Roland, der am 9. November 1921 hier das Licht der Welt erblickte. Wenn der Wärter die erste Portion zwischen die Stäbe zwängt, schlägt der Inhaber des Käfigs Pranken und Zähne in den Bissen, zerrt ihn nach innen und läßt ihn liegen, den zweiten zu erwarten. Der rhodesische Riesenlöwe äugt lüstern nach der Rinderrippe, die sich in das Gitter schiebt, aber er nähert sich dem Happen nicht – er weiß, daß der für die Löwin bestimmt ist, deren irrem Lauf er seit Stunden gefolgt ist, den Rachen an ihren Hintern geschmiegt. Ungestört zieht die Dame, die den Herrscher der Tiere beherrscht (sie heißt »Schensi« und ist in Leipzig geboren), das erste Stück in einen Winkel ihrer Häuslichkeit, der als Speisekammer zu dienen scheint, und holt nun die anderen zehn Pfund ein. Leander jagt nach Hause ins Nachbarzimmer, und hinter ihm senkt der Wärter die Verbindungstür, indem er dem Publikum erklärt: »Sonst würde sie hineinkommen und ihm alles auffressen.« Ach, majestätischer Leander! Der Mensch muß dich schützen vor deiner Leipziger Nachbarin.

Die letzten Illusionen zerstört der Bericht des Wärters. Der sibirische Tiger zum Beispiel, der noch hinter den enggekreuzten Stahlstangen eine grausame Drohung ist, dieser Gigant, der den Eingang des Saales bewacht – ist tuberkulös, hat Darmgeschwüre, und sein rechtes Auge ist erblindet. Er, den man für blutrünstig hält, hat sich nur durch strenge Diät, Milch und Hefe, so weit erholt, daß man ihm Kalbfleisch verordnen konnte. Einstweilen leckt er es bloß ab, er hat keinen Appetit und ist altersschwach; bald wird er den Gnadenschuß bekommen und, wenn er Glück hat, ausgestopft im Museum ausgesetzt sein der Neugierde, wie zu Lebzeiten, oder aber, wenn er Pech hat, als Bettvorleger einer Nobelnutte dienen. Auch die anderen Bestien – mit Ausnahme der Hyänen, die ihre Ration rasant hinunterschlingen – beeilen sich nicht mit dem Fressen, sind sie doch jetzt des Besitzes sicher. Der Silberpuma aus Punta Arena rollt spielerisch die beiden Fleischklumpen mit Tatzen und Schnauze von einer Ecke in die andere und springt ausgelassen umher. Der junge Löwe Roland stellt Posen: Er stemmt die Pranke auf die ihm zugeteilten

Fetzen eines Pferdeleibes, als ob es der Nacken eines besiegten Feindes wäre, und richtet sich empor, wie ein Mensch vor dem photographischen Apparat. Klein Roland, wo hast du das her? Frau Schensi aus Leipzig hat nun die zwanzig Pfund Rindfleisch in ihrer Vorratskammer geschlichtet und beschnuppert sie fachmännisch.

Der abessinische Leopard, jener mit dem diskret schwarzweiß gefleckten Fell, läßt sogar seine Menage an der Stelle liegen, wohin der Wärter sie geschoben hat. Noch immer sitzt er auf dem Baumstamm in der hinteren Ecke, dem lauten, widerlichen Treiben dieser Welt abgewendet . . .

Es dauert lange, ehe die Tiere zu fressen beginnen. Dann knacken ungeheure Knochen mit adäquatem Lärm auseinander, und der Größe der Rachen entspricht die Vernehmlichkeit des Schmatzens. Im Kotter der Dingos, australischer Windhunde, schauen drei Weibchen (eine Mutter und zwei Töchter) neidisch dem Männchen zu, der fast alle vier Menüs verspeist. Manchmal nähert sich eine, um auch etwas zu schnappen, doch wenn das Dingomännchen drohend die Schnauze öffnet, weicht die Vorwitzige erschreckt zurück. Sie fürchten ihn — aber sie fürchten vor allem, seine Neigung zu verlieren, denn er ist mit allen dreien verheiratet.

Um vier Uhr hat die Fütterung begonnen, erst gegen sechs sind die Fleischstücke verschwunden, die von den hungrigen Raubtierrachen und den hungrigen Raubtiermagen in einem Augenblick verschlungen werden könnten. Frisches Wasser läuft in die Tröge, und die Bestien saufen, rekeln sich faul auf der Erde oder geben sich ungeniert ihren Liebesspielen hin. Der schwarzweiß gefleckte Leopard aus Abessinien hat eine Leopardin in seinem Käfig. Sie hat bereits ihre Mahlzeit verzehrt, die des Männchens liegt noch unberührt da. Oben auf dem Baumstamm kauert er, streift das lebende Menschenfleisch und das tote Rindfleisch mit keinem Blick. Wird ihm das Weibchen sein Nachtmahl nicht wegnehmen? »Warum frißt er nicht?« fragen Besorgte den Wärter. »Ach, der? Der ist erst drei Monate hier — er hat noch nicht einmal einen Namen. Ganz scheu ist er, frißt nur bei Nacht, trinkt nur bei Nacht und liebt nur bei Nacht. Aber«, fügt der Wärter zuversichtlich hinzu, »er wird sich schon ändern.«

Dieser Leopard scheint das einzige anständige Wesen im weiten Umkreis zu sein, inmitten einer Welt, wo Löwen Pantoffelhelden und Löwinnen sächsische Hausfrauen sind, wo der Roland zum Poseur und der Dingo zum Haustyrann wird, wo der Tiger von Tuberkulose befallen wird und Milch trinkt, wo sich Raubtiere bei ihrem Fraß von Journalisten beobachten lassen müssen und bei ihrer Liebe von neugierigen Berlinerinnen! Mit welcher Verachtung der Leopard da oben sitzt, er

zeigt nicht Gier, nicht Geilheit und hat sich in Berlin noch nicht einmal einen Namen gemacht!
Aber er wird, man kann der Prophezeiung glauben, sich schon ändern!

Böhmisches Dorf in Berlin

Die weißen Porzellanbuchstaben auf der Fensterscheibe des Gasthauses sagen: »Inhaber Willibald Spazier«. Spazier ist ein Name, der eigentümlich klingt, selbst hier, wo auf Straßentafeln und Häuserschildern meist Namen stehen, die nichts weniger als berlinisch klingen. »Paloucek« heißt der Platz am Ende der Kirchstraße, in der die bethlehemitische Kapelle der Böhmischen Brüdergemeinde steht, durch die Jansastraße geht man, durch die Bartastraße, Liberda-, Benda-, Niemetz- oder die Wanzlikstraße, durch den Stadtbezirk 11, Neukölln, der den Kelch im Wappen führt und dessen Ämter derzeit folgendermaßen verteilt sind: »Vorsteher: Rentier Schlossareck, Schudomastraße 51; Schiedsmann: Kaufmann Albert Maresch; Waisenrat: Landwirt Albert Motil; Postamt Nr. 5, Ecke Johannes-Hus-Straße und Böhmische Straße.« Ist das Berlin? Ungepflastert ist die Kirchstraße und führt, ein beinahe deplaciertes Idyll, zwischen Scheunenfronten und Gartenzäunen, hinter denen ebenerdige Dorfhäuser typisch böhmischen Charakters Bauern sudetischer Herkunft gehören, dem Duschek und dem Christek und dem Radnick und dem Stierschick und dem Schmarar und dem Przygoda und dem Sponar und dem Rossum und dem Zoufal. Aber aus diesem exterritorialen Landschaftsbild tretend, ist man vor einem Denkmal, breitspurig, in brauner Bronze, steht Friedrich Wilhelm I., der Begründer des preußischen Militarismus, auf dem Postament. Ist er hierhergestellt, den ortsansässigen Fremden eindringlich zu sagen, daß man in einer Stadt Preußens ist, trotz dieser Fata Morgana eines böhmischen Dorfes? Nein. Auf der Rückseite ist in Erz gegossen zu lesen, wer dies Monument aufgerichtet hat: »Die dankbaren Nachkommen der hier aufgenommenen Böhmen.« Das Seitenrelief stellt eine Gruppe aus dem Zug der Emigranten dar, die, vom unerbittlichen Habsburg verfolgt, die Heimat um des Glaubens willen verließen: Mit beladenem Karren und schwerem Ranzen schleppt sich eine Familie ihres Weges, die Mutter, den Säugling so liebevoll-ängstlich an die

Brust gelegt, wie der Greis, dem der Bildner einen Comeniusbart gegeben hat, die Kralitzer Bibel unter den Arm gepreßt – das tschechische Wort des Evangeliums. Die andere Seite des Denkmals zeigt im Relief einige Dächer über spärlichen Buden; darunter die Inschrift »Rixdorf 1747«. Das soll besagen: Ja, ihr nahmt uns auf, da wir elend von Haus und Hof mußten (Relief 1), aber kümmerlich sah die Gegend damals aus, wo wir uns als Kolonisten niederließen (Relief 2), und blickt umher, wie der Ort heute dasteht! Neukölln, das einstige Rixdorf, ist der größte Vorort Berlins, rangiert unter den zwanzig volkreichsten, modernsten Großstädten Deutschlands.

Ein zweites Denkmal ist da, ein ganz neues; im Garten der Brüderkirche, wo noch hussitische Choräle bei festlichem Gottesdienst erklingen, ein Obelisk zum Andenken an Söhne der Brüdergemeinde, die für Deutschland im Kriege gefallen sind, »Paul Maresch, Walter Sponar, Gustav Maresch, Paul Wanzlik . . .«. Sie starben an der Marne, an der Somme, am Chemin des Dames, vielleicht im Kampf gegen tschechische Legionäre, die Mareš, der Šponář, der Venclik . . .

Das sind die Namen, denen man überall begegnet zwischen alten deutschen, manchmal ist auf Firmenschildern dem tschechischen Familiennamen die deutsche Übersetzung beigefügt, »Emanuel Lischka, genannt Fuchs« oder »Johann Amos Wesseli, genannt Lustig«. Jener Gasthausbesitzer Willibald Spazier ist eines Auswanderers Enkel, der auf den viel weniger seltenen Namen »Procházka« gehört hat. Die »Feinbäckerei Friedrich Bescheiden« dürfte ein weniger feiner, aber desto biederer Bäcker namens Pokorný begründet haben, und die vielen Noacks hier schreiben sich gewiß von den alten Nováks her. Die Rixdorfer Böhmen sprechen heute nicht mehr tschechisch, doch ist es verwunderlich, wie lange sie in dieser nivellierenden Umwelt um die Wahrung ihres Volkscharakters bemüht waren. Wenn man beim Pfarrer sitzt, in Schriften und Akten blätternd, stößt man auf Belege für dieses Bestreben. Kaum daß die über Gerlachsdorf und Kottbus eingelangten Emigranten hier auf den Feldern der Mark Brandenburg ihr Dach über dem Kopfe hatten, waren sie schon bemüht, ihre eigene Schule zu besitzen, Schulgebäude und Lehrer, und de dato 9. März 1750 wird ihnen vom Königlich preußischen Departement für geistliche Affären der Schulplatz zugewiesen, »bald vorn in Rixdorf, ein Keil Landes, einem Triangel gleich, welcher rechter Hand an das freie Feld, linker Hand an den Hof des Bauern Rittmann anstoßet und 94 Strich breit und 140 Strich lang«. Auch zwanzig Stämme Bauholz werden ihnen zum Schulbau bewilligt. Und nun beginnen nationale Schulkämpfe, die bis ins letzte Viertel des neunzehnten Jahrhunderts dauern. Die Schulgemeinde Deutsch-Rixdorf beschwert sich nämlich mehr als einmal, daß nicht nur deutsche Eltern aus Böhmisch-Rixdorf, sondern auch deutsche Eltern aus Deutsch-Rixdorf ihre Kinder in die böhmische Schule von Böhmisch-Rixdorf schicken, und sie bittet die königliche Regierung, solchem geneigtest einen Riegel vorschieben zu wollen. Die Regierung in Potsdam verfügt jedoch, es bleibe den Eltern der beiden Rixdörfer freigestellt, in welcher Schule der zwei Nachbargemeinden sie ihre Kinder unterrichten lassen wollen.

Die Heimat fanden sie nicht wieder, aber was sie in dem fremden, dem deutschen Lande fanden, war Freiheit ihres Glaubens und Gerechtigkeit. Wenn wir in den Akten von Landeszuweisungen in Rixdorf an böhmische Bauernsöhne lesen, die auf preußischer Seite im Siebenjährigen Kriege gestritten hatten, so können wir in ihnen freiwillige Kämpfer gegen das verhaßte Habsburgergeschlecht sehen, das katholisch zu sein vorgab, indem es fromme Andersgläubige mit fanatischem Haß und beispielloser Unerbittlichkeit verfolgte und marterte. Der Bombardier Johannes Wiskotschill, dem Friedrich II. Anno 1750 fünfzig Strich Grund und Boden in Böhmisch-Rixdorf anweist, ist nach dem Kriege, so viele gute Kameraden er im Feldzuge gefunden haben mag, von neuem ein Böhme unter seinesgleichen. Seine Kinder, seine Enkel auch. Sie werden auf dem alten Kirchhof am Kirchenplatz begraben, wo Hunderte alter tschechischer Grabsteine sind. Aber nach 1871 kommt der riesige Aufschwung Berlins, die Baugründe in und bei Berlin steigen ums Tausendfache im Wert, und was die brutalste Persekution in der Heimat nicht vermocht hatte und was die innigste Nachbarschaft in der Fremde nicht vermocht hatte und was die Kriegskameradschaft und die Liebe und die Jahrhunderte nicht vermocht hatten, vollbringt bei vielen die Lockung des Geldes. Mancher Emigrantensproß verkauft sein Haus, mancher stellt die Übersetzung seines Namens zuerst neben diesen, läßt dann den ursprünglichen weg, einige übersiedeln ins elegantere Berlin, ins Tiergartenviertel oder auf den Kurfürstendamm oder werden zu Bayrischen-Viertel-Kavalieren, und mancher geht dort als feiner Herr Spazier spazieren, der einst ein schlichter Procházka war. Und wenn in einer Sektdiele oder einer Nobelbar oder einer Likörstube irgendein Chauvinist um die Morgenstunde bei der Musikkapelle das »Heil dir im Siegerkranz« bestellt und von Revanchekrieg und Vorherrschaft seiner Edelrasse faselt, so muß man diesen Herrn Unbescheiden gut darauf ansehen, ob sich nicht vielleicht noch sein Vater Herr Bescheiden nannte und sein Ahne vor Gott und Menschen Pokorný gewesen ist!

Lenins möbliertes Zimmer

Die Spiegelgasse buckelt sich aufwärts und seitwärts, sie ist eng, daß selbst ein Handkarren nicht durchfahren könnte, und wenn sie auch anfangs Miene macht, den Züricher Berg zu erklimmen, so muß sie doch dieses Beginnen auf halbem Wege aufgeben und sich wieder senken, ohne den Fenstern ihrer Häuschen eine Aussicht auf die Wellen des Limmat, auf die kristallene Unendlichkeit des Sees und die blaugrünen Bergwälder zu gewähren. Hier wohnen keine Touristen, keine Vergnügungsreisenden, hier sind kleine Handwerker und Arbeiter ansässig, hier hat Wladimir Iljitsch Uljanow gelebt, in Sozialistenkreisen unter dem Namen Lenin bekannt, von den Fraktionsgenossen verehrt, von den anderen wegen seiner Konsequenz und Konzessionslosigkeit belächelt — ein Mathematiker der Utopie, ein Narr, der Details für eine Diktatur des Proletariats ausrechnete, als ob die Romanows gewillt seien, sich ihres seit Jahrhunderten ererbten Thrones wegen dieser Berechnungen eines Exilierten zu entäußern und den Kreml zu verlassen, damit dort der Untermieter eines Züricher Flickschusters einziehen könne . . .

Ja, Herr T. Kammerer ist ein Flickschuster; ich habe seine Bekanntschaft gemacht, indem ich seinen Laden in der Spiegelgasse aufsuchte, um meine Stiefel ausbessern zu lassen. Nachdem er die Arbeit mit achtzig Rappen bewertet hatte, zog ich die Schuhe aus, er stülpte sie über den Leisten, und das Gespräch konnte nun leicht auf den Mieter gelenkt werden, der anderthalb Jahre, von Anfang 1916 bis zum April 1917, bei ihm logiert hat, im Hause neben der Schusterwerkstätte, Spiegelgasse 14, oben im zweiten Stock. Meister Kammerer hat die Wohnung zum Maitermin 1917 gekündigt und ist in die Culmannstraße übergesiedelt, wo er für Herrn und Frau Uljanow gleichfalls ein Zimmerchen reservierte.

»Es ist leider nicht dazu gekommen«, erklärt der Schuhmacher, »am 8. April 1917 hat mir Herr Uljanow mitgeteilt, daß er gleich abreisen muß. Ich hab ihm geantwortet: ›Das Zimmer ist doch bis zum 1. Mai bezahlt, warum wollen Sie jetzt schon weg?‹ Er hat dringend in Rußland zu tun, sagte er mir darauf. Na, ich hab den Kopf geschüttelt, denn daß jemand die Miete für einen halben Monat verfallen läßt, und dazu, wenn man kein überflüssiges Geld hat wie Herr Uljanow, ist sehr komisch, das müssen Sie doch selbst zugeben. Was er für ein Mieter war, der Herr Uljanow? Mein Gott, ich war zufrieden mit ihm, achtundzwanzig Franken hat er monatlich für das Zimmer bezahlt, das war genug im Krieg, heute würde es

mehr kosten, fünfunddreißig bis vierzig Franken mindestens, und er hat uns nicht viel zu schaffen gegeben. Küchenbenutzung war ausgemacht, Frau Uljanow hat gekocht, meistens Eier, soviel Pfeffer hat sie daraufgestreut, und Tee haben sie immer getrunken. Herr Uljanow hat den ganzen lieben Tag am Tisch gesessen, Bücher gelesen und Zeitungen und bis spät in die Nacht hinein geschrieben. Jesus, hat der Briefe und Zeitungen bekommen! Sehen Sie, dieser Winkel war täglich voll, und Herr Uljanow hat sie geholt, damit der Postbote nicht so oft die Treppen steigen muß.«
Der Winkel ist die Ecke eines Regals gleich neben der Tür, eine Reihe alter Pappkartons mit der Aufschrift »Bottines« liegt unten, und darüber ist Raum genug, Briefe und Berichte von Gorki, von Bucharin, von Sinowjew, von Rosa Luxemburg, von Tschitscherin und Radek aufzunehmen.
»Manche Briefe waren an ›Lenin‹ adressiert, und ich hab die Frau Uljanow gefragt, wieso das kommt, da hat sie mir erklärt, ›wir sind russische Flüchtlinge, und das ist ein angenommener Name‹ — ›gut‹, hab ich gesagt, ›das geht mich nichts an, Sie sind beim Meldeamt eingetragen, alles andere kümmert mich nicht‹.«
Herr Kammerer sitzt auf dem Schemel und hämmert auf den Absatz meines Stiefels, sein jüngster Sohn hockt, mit der Ahle hantierend, neben ihm. »Wie sie weggezogen sind, Herr Uljanow und seine Frau, hab ich eine Unmenge von Schriften und Zeitungen verbrannt, einen ganzen Berg, ich konnt's ja nicht in die neue Wohnung mitnehmen, und daß er ein so großes Tier in Rußland wird, hätt ich nie gedacht, das schwöre ich Ihnen. Zum Abschied habe ich ihm Glück gewünscht und ihm gesagt: ›Hoffentlich werden Sie in Rußland nicht so viel arbeiten müssen wie hier, Herr Uljanow!‹ Da hat er nachdenklich geantwortet: ›Ich glaube, Herr Kammerer, ich werde in Petersburg noch mehr Arbeit haben.‹ — ›Na, na‹, hab ich darauf gemeint, ›mehr schreiben als hier können Sie ja gar nicht. Werden Sie denn gleich ein Zimmer finden in Rußland, dort soll doch große Wohnungsnot sein?‹ — ›Ein Zimmer krieg ich jedenfalls‹, hat der Herr Uljanow zu mir gesprochen, ›aber ob es so still sein wird wie bei Ihnen, Herr Kammerer, das weiß ich noch nicht.‹ Dann ist er halt weggefahren.«
Herr Kammerer klopft, zur Bekräftigung dieses von seinem Mieter erhaltenen Lobes, mit dem Hammer auf den Flicken, der meinen Stiefel zieren wird, nimmt das Geld entgegen, und während ich die Schuhe anziehe, zeigt er auf das Nachbarhaus. »Da oben das Fenster, dort hat Herr Uljanow sein Zimmer gehabt. Der Tapezierer Stocker wohnt jetzt drinnen.«
Abgebröckelter Mörtel kennzeichnet die Fassade, ebenerdig ist eine Gastwirtschaft »Zum Jakobsbrunnen«, die Holztreppe

steil — schon mehr Leiter als Stiege. Frau Stocker führt mich in die Kammer, die Herr Kammerer an Lenin vermietet hatte. Ganz niedrig ist das Zimmerchen, man kann den Arm nicht hochstrecken, ohne die flache Decke zu berühren, drei Meter breit, kaum vier, fünf Meter lang, rechts an der Tür ein eiserner Ofen, dessen Rohr durch das ganze Zimmer geht, in der Holzverkleidung der Mauer neben dem Fenster eine eingelassene Kommode. Das Doppelbett und die vielen Heiligenbilder an den Wänden sind Eigentum der neuen Mieter, doch die Anordnung der Möbel dürfte auch früher nicht wesentlich anders gewesen sein. Dort, wo jetzt der Tisch ist, muß, denn sonst ist kein Platz da, immer ein Tisch gestanden haben in dieser dumpfigen Armeleutestube für achtundzwanzig Franken Monatsmiete, der Tisch, an dem ein Flüchtling im trüben Licht der engen Gasse saß.

Die Geheimnisse des Salons Goldschmied

So weit die Akten reichen, beschäftigen sie sich mit der unerlaubten Liebe, seit eh und je wollte die hohe Obrigkeit strenger sein als Gott, der Adam und Eva ohne priesterlichen Segen und ohne Standesamt zusammen leben ließ, immer war ein hochwohlweiser Magistrat bemüht, die Erbsünde aus der Welt zu schaffen, die Gott geschickt hat. Hunderte der vergilbten Pergamente im Prager Stadtarchiv erzählen vom Kampf gegen die Prostitution, Bewilligungen und Verbote wechseln, Schließung und Öffnung von Freudenhäusern, Bestrafungen und Verwarnungen.
Militius von Kremsier, ein Vorläufer des Johannes Hus und der Heilsarmee, konzentrierte die Prager Dirnen in einem Heim »Jerusalem« auf der Altstadt, sie zu bekehren. 1483, im Stiftungsdokument des Rejczekschen Studentenkonvikts, wird den Kollegiaten mit der Relegation gedroht, wenn sie fürderhin »amasirum vel meretricum« besuchen sollten. Die öffentlichen Häuser trugen einen Hahn als Wappen, und »Hahnpaß«, »Hahnbeiß« oder tschechisch »Hampejs« nannte man sie. Anfangs des sechzehnten Jahrhunderts wird ihre Sperrung verfügt, in der Polizeiordnung des Jahres 1527 weist man den Zehentmeister an, darauf zu achten, daß kein Gastwirt leichtfertigen Frauenspersonen Unterkunft gebe. Die Prostitution geht auf die Straße, und Historiograph Lomnicky

beklagt sich, man könne in Prag die Dirnen von anständigen Frauen nicht unterscheiden, während zum Beispiel in den pfälzischen und schweizerischen Städten Huren, Juden und Henker durch einen gelben Fleck an den Kleidern kenntlich seien.

Überdies gibt es, dem Verbot zum Trotz, ganze Ansiedlungen von Huldinnen, vorerst außerhalb der Stadt, hinter dem Baumgarten, hinter den Koschiřer Weinbergen und in Smichow, oft werden die Mädchen vom Stadtrichter ausgehoben und am Strick nach Prag geführt; die Bürgerfrauen, die zufällig vorübergehen, mustern neugierig, die würdigen Ehemänner mit versteckt lüsternem und ostentativ verächtlichem Blick die angebundenen Arrestantinnen. Der Koschiřer Gemeindeangehörige Johann Pulpit, gegen den die Anzeige vorliegt (Prager Stadtarchiv, fol. 122), daß er 1581 dem Stadtrichter mit dem Schwerte nacheilte, ihm die am Halfter geführte Buhlerin zu entreißen, selbiger Johann Pulpit aus Koschiř ist ein romantischer Held, wenn nicht gar ein Revolutionär. Sympathischer ist er jedenfalls als die Masseuse Susanna des Altstädter Königsbads, die Wenzels IV. Majestät in einem Kahn vor den Aufrührern rettete, wofür die Zunft der Badehuren als ehrlich erklärt ward und einen Eisvogel als Wappen erhielt.

Seit langem waren im Weichbilde Prags gleichfalls verrufene Häuser entstanden, ein Akt des Landtagsarchivs vom Jahre 1518 befaßt sich mit dem unsittlichen Gewinn, um dessentwillen es so weit gekommen sei, daß es in Prag »kaum ein Haus gibt, in dem nicht solche verdächtige Frauenspersonen zu finden seien«. Trotzdem haben die Inwohnerinnen eine öffentliche Mission, Vollstreckerinnen der bürgerlichen Moral zu sein: Sie holen gefallene Mädchen und sündige Witfrauen (falls selbige an ihrer Familie keinen Schutz finden) aus deren Heim ab, stecken ihnen einen Strohzopf an und führen sie — den Verlust der Ehre auf Kupferschüsseln austrommelnd — in das Frauenhaus als neue Kollegin ein; manchmal setzen sich die derart Eskortierten mit Messern zur Wehr und entweichen. Gegen zwei Juden wird 1547 Klage erhoben: die standen vor dem Dobřichovskyschen Hause und lockten Männer zu einem Mädchen namens Anička, das sie durch Wegnahme der Kleider an der Flucht gehindert hatten.

Als schlimmste Kupplerin von Prag wird Anno 1587 eine gewisse Knobloschek genannt: Sie prügelt ihre Dirnen, nimmt ihnen alle Einnahmen weg, läßt ihnen nicht einmal das übliche Viertel des Liebeslohnes und hält sie, indem sie ihnen die Gewänder verschließt, bei sich fest. Halbnackt stürzen die Ärmsten einmal auf die Straße und wehklagen, daß es »in diesem Hause ärger ist als im höllischen Feuer«. Zur Strafe für solche Untaten wird die Hurenmutter (Johannes Hus bezeichnet in seiner »Postille« die Inhaberin dieses Amtes mit dem deutschen Wort »Hoffart«, das Volk nannte sie »Harapanice«) im erwähnten Jahr ertränkt.

Rudolfs II. Prager Hofhaltung und die vielen Fremden bringen die Prostitution zur Blüte, die Buhldirnen werden jetzt auch in den Akten »Damen« genannt, und ein Kaufvertrag ist uns erhalten, laut dem »das hochgeborene Fräulein Magdalena Minkwitzow von Minkwitz« um vier Dukaten von einer Kupplerin an die andere als Dame veräußert wird.

Vom »Mäuseloch« auf dem Frantischek, der Kupplerin Alena gehörig, vom »Teppich«, vom »Königshof« bei der Zeltnergasse und von mehreren Häusern an den Stadtmauern und Stadttoren ist Ende des sechzehnten Jahrhunderts in Kriminalprotokollen die Rede. An der Stelle, wo heute die Nikolander-Realschule steht, war das Haus des Tobias Nejedly, von dem ein Gerichtszeuge aussagt, »daß es in ganz Prag kein Haus gibt, wohin die Gäste wegen solcher Ungebühr kommen, als wie sie hier beim Nejedly herrscht«; aber nicht deshalb kam Tobias Nejedly vor Gericht, sondern weil er eines Abends den Herren von Wartenberg und Ritter Vinzenz Žampach das Tor nicht öffnen wollte und sie beschimpfte, als sie es mit einem Balken aufzusprengen versuchten. Der Adel war von alters her eine gute Kundschaft der Bäder und Kuppeleihäuser, besonders des Nachtlokals »Zur Kanzlei« in der Gasse »Na Slovanech«, wohin wohlriechende Mädchen in sauberen Mänteln kamen und die welschen Höflinge Rudolfi Secundi, ja sogar ein bayrischer Herzog »Kanzleibesuche« machten. Einige Aristokraten hielten selbst Bordelle; das schöne Laubenhaus, das der Theinkirche auf dem Ring vorgebaut ist, gehörte dem Herrn von Slawata, der es von einer berüchtigten Kupplerin namens Rachatschek verwalten ließ. Die Terzkys erbten dieses Frauenhaus an der Kirche und lösten es auf; als der Stadtrichter Tischler Mathias die Dirne Polyxena von hier wegführte, rief sie von der Straße ihrer Hauswirtin zu: »Elende, du hast so viel Geld für mich eingeheimst, gib mir wenigstens meine Hemden heraus.« Ganz offentlich vollzog sich der Besuch der Lokale. »Leute kehrten bei hellem lichtem Tage ein, vornehme Herren mit goldenen Ketten, Herrschaften, Beamte, Offiziere.« Die Adeligen ließen ihre Pferde vor dem Tore stehen, Knechte hielten diese, und die Nachbarn beobachteten aus den Fenstern den Betrieb.

Als aus dem Getto hinaus durfte, wer mochte, und da Verbleiben beinahe ein Zeichen von Armut war, zogen die Freudenhäuser in den dunkelsten Stadtteil, in das »fünfte Viertel Prags«. Und mehrten sich. Über den schmalen Eingängen baumelte eine Laterne mit bunten Scheiben, »Salon Nr . . .« stand darauf, vor den mit schmutzigen Vorhängen bedeckten Fenstern des Erdgeschosses war eine Blechtafel mit der verlockenden Aufschrift »Sodová voda dra Zátky«, hinter den Stores lugten geschminkte Frauen im Nachtgewand hervor, lockten durch Klopfen und Winken die männlichen Passanten oder steckten die Zunge heraus, wenn Frauen oder Schulknaben neugierig guckten. Es war eines der seltsamsten Mysterien des an Mysterien wahrlich überreichen Prager Gettos, daß in den Häusern, in denen die Prostitution so aufdringlich betrieben wurde, Judenfamilien in fanatischer Frömmigkeit und intensivster Zusammengehörigkeit lebten: Die dünnen Wände trennten Welten und Weltanschauungen voneinander. Sogar an Synagogen schmiegten sich Kaschemmen, wie zum Beispiel der Salon Dvořak in der Pinkasgasse.

In den Jahren 1900 bis 1905, als Beil und Spitzhacke der alten Judenstadt ein Ende machten, mußten zweiundsechzig »Salons« hier ihre bunten Glastüren schließen, um sie in anderen Gegenden Prags wieder zu öffnen. Im Seminargäßchen, das längs des Klementinums von der Karlsgasse zum Marienplatz führt, im Břetislawgäßchen oberhalb der Welschen Gasse auf der Kleinseite war fast jedes Haus ein öffentliches; auch der bekannte Kunstsammler und »Dreschflegelaktionär« Neumann hatte hier das Parterrelokal seines Hauses einem Bordell eingeräumt, nur um seine Verwandten zu ärgern und von einem Besuch bei ihm abzuhalten. Das gefürchtete Soldatenbeisel »Zur blauen Nudel« auf dem Kleinseitner Karlsplatz wurde in zahllosen Marschliedern der Achtundzwanziger besungen. Die Besitzerin des »Salons Kisch«, Ziegengasse Cons.-Nr. 826 (später am Zderas), hielt auf Ehre und Reputation und veröffentlichte bei passendem Anlaß in den Zeitungen, sie sei mit dem Schriftsteller E. E. K. weder verwandt noch verschwägert. »Im niedrigsten Bordell Prags« (seine Zimmer waren nur anderthalb Meter hoch) im Borschhofgäßchen wurde am 19. Januar 1918 ein Raubmord verübt. Das im zweiten Stock von Nummer 965 des Kotzengäßchens gelegene »Hamet« (vormals Brückner und Flaschner) ward durch den Tod eines hohen Beamten berühmt. Nur durch einen labyrinthartigen Gang war »Belgien« zu erreichen, Smichower Burschen verdienten ihren Lebensunterhalt, indem sie Neulingen den Weg wiesen. Leonhardiplatz Nr. 109 im Barockgebäude »Zum blauen Löwen« lebte der »Salon Dessort«, wohin Detlev von Liliencron mit Oskar Wiener kam und wo er für seinen »Poggfred« den Vers verfaßte: »Auch saß ich sehr vergnügt im Blauen Löwen – die Wolken flitzten drüber hin, wie Möwen«; der Salon Dessort vegetierte später in der Fischmarktgasse; als die Räume solideren Zwecken dienstbar gemacht werden sollten, stürzte das Gemäuer ein. In dem beängstigend schmalen Gäßchen »U Vokenice« beim Königshof war das Lokal des Herrn

Sekač, der eine seltsame Vorliebe für Napoleon Bonaparte hatte und alle Wände mit dessen Bildern schmückte, so daß seine Wirtschaft unter dem Namen »Napoleon« populär wurde. In der Benediktgasse hielt sich der »Salon Schuha« auch noch nach dem Tode seines Gründers, Herr Koutsky (außerdienstlich schrieb er sich Kaucký und war nicht mit sich identisch) hingegen überlebte die Demolierung seiner beiden Häuser im Saazer Gäßchen und in der Plattnergasse noch lange, und als er starb, gaben ihm die Geistlichkeit, Vereine in corpore und das Schützenkorps von der Weinberger Kirche aus ein pompöses letztes Geleit.

Das berühmteste oder, wenn man will, berüchtigste Etablissement hat den Umsturz nicht lange überdauert: der »Salon Goldschmied« in der Gemsengasse, international unter dem Kosenamen »Gogo« bekannt.

Das »Bürgerliche Haus zum Roten Pfau im Gemsengäßchen, Neuer Nummer 243«, das laut Eintragung in den »Zweiten Band der Prager Stadtbücher vom Altstädter Hauptviertel« von seinem Erbauer Anno 1804 um viertausend Gulden an Andreas Trägner verkauft worden war, erstand im Kriegsjahre 1866 Herr Emanuel Goldschmied. Er begann daselbst, ohne bei den Behörden um die Befugnis eingekommen zu sein, ein offenes Haus zu führen. Die Ämter, durch Kriegsgefahr und Truppenzusammenziehungen in Anspruch genommen, legten dem feuchtfröhlichen Unternehmen — unter anderem wurde dort Wein und Kaffee ausgeschenkt — keine aktenmäßig nachweisbaren Hindernisse in den Weg. Herr Emanuel Goldschmied, früher Trödler, fuhr nun im Zweispänner, Brillantringe bedeckten seine Finger, er erschien in einem Bankgeschäft, um Hundertpfundnoten zu wechseln, und die Prager Bürger munkelten, im Keller des Goldschmiedschen Hauses sei ein reicher Lord erschlagen und beraubt worden. Man hatte nämlich einige Wochen hindurch in der Mittagsstunde einen Engländer mit grauem Zylinder und Backenbart täglich vor dem Goldschmiedschen Haus in einen Fiaker steigen und binnen einer Stunde (wahrscheinlich nach eingenommener Mahlzeit) zurückkehren gesehen, plötzlich aber war er verschwunden, ohne daß die lebhaft interessierte Nachbarschaft von einer Abreise des Fremden etwas bemerkt hatte. Auf Grund der Gerüchte erschien am 7. Juli 1866 eine Polizeikommission, um der Sache nachzugehen. Man untersuchte vom Dachboden bis zum Keller alle Räume und verhörte Besitzer und Personal auf das eingehendste, fand jedoch keine Spur eines verübten Mordes. Der Engländer hatte tatsächlich dort gewohnt und war, nachdem er seine Zeche von elfhundert Gulden österreichischer Währung anstandslos beglichen, nach Monatsfrist abgereist. Zweifel der Behörden mußten verstummen, als »Preciosa, recte Anna Kulhánková«, die Favoritin des Fremden während seines Prager Séjours, einen liebesglühenden Dankbrief vorwies, den er ihr erinnerungsschwelgend aus Dresden gesandt hatte und in dem er baldige Rückkehr versprach. Die Polizeiorgane mögen sich bei diesem Besuch wohl überzeugt haben, daß der Betrieb den langwierigen und kostspieligen Aufenthalt eines Engländers und das Versprechen seiner Wiederkehr rechtfertigte, und Herr Goldschmied erhielt zwar wegen unbefugten Verschleißes von Waren und Ausschanks geistiger Getränke eine Geldstrafe von vierhundert Gulden, aber das nicht in feindseliger Absicht, denn bereits am 1. September 1866 wird ihm das Recht zur Ausübung eines freien Handels nach § 38 der Gewerbeordnung verliehen.

Das größte Geschäft brachte dem jungen Unternehmen der Aufmarsch der Truppen zum Kriege, dann aber ihr Zurückfluten und die Besetzung Prags durch die Preußen. Wie früher die sächsischen und österreichischen Offiziere Stammgäste des Nachtlokals im Gemsengäßchen gewesen waren, wurden es nun die preußischen. Und es ist interessant, zu erfahren, welch organisatorischen Einfluß die Preußen auf das keimende Leben dieses Hauses genommen haben: Während bisher die Annahme einer Einladung zum Tête-à-tête von dem Geldbetrag abhängig gemacht war, den der Gast dem Mädchen oder dem Inhaber gesprächsweise zugesagt hatte, verlangten die Preußen nunmehr, daß diese »echt österreichische Schlamperei« abgeschafft und eine Einheitstaxe eingeführt werde. Zunächst wurde ein Betrag von drei Gulden (beziehungsweise ein Taler) festgesetzt. Es war natürlich dem Ermessen des Gastes anheimgestellt, der Dame außerdem ein Geschenk zuzustecken (am Wiener Kaiserhof wurde dies »Strumpfgeld« genannt), jedoch sollen die Preußen von diesem Rechte fast niemals Gebrauch gemacht haben, wenn man der alten Blažena glauben darf, die vom ersten bis zum letzten Tag bei Gogo Köchin gewesen ist, in diesen dreiundfünfzig Jahren viel geschaut und viel erlebt und viel Versuchungen an sich herankommen gesehen hat; denen zum Trotz ist sie auch als Virgo immatriculata eine Virgo immaculata geblieben, und bei ihren ehernen Prinzipien steht zu erwarten, daß sie ihre volle Unschuld draußen bewahrt hat, als sich der Siebzigjährigen die Pforten endlich öffneten, um sich den anderen zu verschließen.

Den Erinnerungen der alten Blažena, Wahrerin der Gogo-Tradition, ist es zu danken, daß der Besuch eines hohen Offiziers im Frauenhaus beim Karolinum nicht in Vergessenheit geriet. So schildert Blažena seinen Eintritt in das Freudenhaus: »Jo, Panečku, er war in Zivil, aber alle haben ihn gleich erkannt — no jo, so ein Kerl, er war so groß wie ein Kandelabr — wis-

sen Sie, die preußischen Offiziere sind aufgesprungen, wie wenn man ihnen die Rockschöße angezündet hätte. Da hat er zu ihnen gesagt — seine Worte hab ich mir gemerkt, jedes Wort und genau den Ton! — ›Setzen S' Ihne nur wieder, meine Herren‹ — das hat er genau so gesagt, ich erinnere mich sehr gut, aber die Herren sind alle stehen geblieben wie . . .« (Hier gebrauchte Jungfer Blažena einen Vergleich, der nicht wiederzugeben ist.) »Und dann hat der General gesagt: ›Ich bin ja auch nicht von Holz‹, und nach einer Weile ist er aufs Zimmer gegangen, mit der Luise zuerst, und dann ist er wieder heruntergekommen und hat mit der Peptscha gesprochen, die war ganz außer sich vor Respekt und hat ihm immerfort ›Herr Oberkommissär‹ gesagt, und dann ist er mit der Peptscha hinaufgegangen und dann mit der Ophelia — sechsmal war er auf dem Zimmer, und die Offiziere haben die Augen aufgerissen, wie er immer wieder hinaufgegangen ist und heruntergekommen — schon vom Treppensteigen hätten einem anderen die Beine weh tun müssen! — wir haben ja so hohe Stufen, aber er ist gestiegen, wie wenn er zwanzig Jahre alt wäre — und die Offiziere haben gesagt: ›Der ist wirklich nicht von Holz, der ist ja von Eisen‹, und alle haben gelacht; am nächsten Tag waren sie wieder bei uns und haben nur vom ›Eisernen‹ gesprochen, und der Name ist ihm geblieben, aber er ist nicht wiedergekommen. Schade, ein so feiner Gast: Sechsmal war er auf dem Zimmer.«
Ein als noch ehrenvoller empfundener Besuch war, ein Menschenalter später, der eines Erzherzogs, der als Oberleutnant bei den Lothringer Dragonern in Brandeis an der Elbe stand und oft nach Prag fuhr. Im Kreise seiner Kameraden im Hotel de Saxe kam er eines Abends um elf Uhr ganz unvermittelt auf die Idee, sich das berühmte Nobelbordell anzusehen; alles beglückwünschte ihn zu diesem Einfall, und man brach auf. Merkwürdigerweise hatte die Polizei jedoch schon um neun Uhr früh davon gewußt, daß um elf Uhr nachts Seine Kaiserliche Hoheit den ausgefallenen Vorschlag machen werde, und außer der ärztlichen Untersuchung, die Chefarzt Professor Pečírka im Doktorzimmer bei Gogo an diesem Tage mit unendlicher Genauigkeit vornahm, wurde noch eine besonders hygienische Reinigung aller Lokalitäten durchgeführt. Zwei Detektive musterten jeden Eintretenden mit Inquisitorblikken daraufhin, ob er wirklich nur ein Bordellgast und nicht etwa ein politisch Unzufriedener sei. Um elf Uhr schloß man die Tür des großen Salons — über die Treppe kam eine Gesellschaft von Kavallerieoffizieren mit aufgeschlagenem Mantelkragen. Von da ab wurde die Hansi von den Stammgästen gefrotzelt, sie könne um den Titel einer Kammerlieferantin ansuchen. Herr Klein aber, im Tanzmeisterschritt den Saal

inspizierend, bemerkte, der Titel gebühre ihm, denn er habe ja für den hohen Gast die Kammer beigestellt, den mit blauer Seide ausstaffierten Salon im zweiten Stock, der seither das »Prinzenzimmer« hieß.

Die Zahl der hochgestellten Persönlichkeiten, Mitglieder von Regentenhäusern und von Regierungen, der Heerführer, die inkognito hierher auf die »Gemsenjagd« kamen, ist Legion. Während des Weltkrieges, im Jahre 1917, wurden Journalisten der neutralen Staaten, die von einem vom k. u. k. Kriegspressequartier veranstalteten Besuche in den Škoda-Werken über Prag zurückkehrten, nach einem Souper im Hotel »Blauer Stern« zu Gogo geleitet, wo für diese Nacht die strenge Sperrstunde aufgehoben worden war, und man führte ihnen, um ihre Sympathien für die österreichisch-ungarische Monarchie zu wecken, im türkischen Zimmer (erster Stock, links) lebende Bilder vor.

Die Boheme versammelte sich allnächtlich nach Kaffeehausschluß hier, nicht jeder aber besaß den Betrag, der für die Zeche erforderlich war. Eine Tasse Kaffee wurde nicht serviert, sondern nur eine Portion, ein Tablett, worauf die elegante Silberkanne und fünf Porzellantassen standen. Ob nun eine Gesellschaft von fünf Personen oder ein einzelner kam, war gleichgültig, man mußte eine Portion Kaffee bestellen, die vier Kronen kostete. Deshalb versuchte man immer, vier Partner zu gewinnen, und wartete an der Ecke der Eisengasse und des Gemsengäßchens auf bekannte oder fremde Pilger, mit denen man eine freie Interessengemeinschaft schließen konnte.

Die Prager Literaten waren mit den Damen des Hauses sehr befreundet; da diese — die Damen nämlich — viel Geld und Zeit hatten, so ließen sie sich Bücher empfehlen und erlangten bald eine größere Bildung als ihre Lehrer, die ja doch zumeist nur Buchtitel, Autor und Verleger kannten. Angela war direkt literaturwütig, und jeder Schriftsteller, der ins Haus kam, mußte in ihrem Stammbuch verewigt sein. Unter anderen fand sich darin die Unterschrift »Christian Morgenstern« unterhalb eines echt Morgensternischen Gedichtes:

Palmström bei Gogo

Palmström sucht (gleich anderen vielen)
Wie man, ohne zu verspielen,
Mittels Formel finden könnte,
Wieviel jeder, wenn er wollte —
Angenommen, daß er könnte —
Wieviel jeder zahlen sollte,
Wieviel jeder, wenn er könnte,
Angenommen: daß er wollte,

Wie wenn sollte, wollte, könnte,
Der Kaffee zu zahlen wäre
Pro Person nach Recht und Ehre,
Wenn der, der aufs Zimmer rennte
Und sich von den andern trennte,
Der nun auszulassen wäre.

Palmström beginnt zu dividieren,
Er versinkt in den Papieren,
Er versinkt in dem Probleme,
Wieviel wohl auf jeden käme,
Wenn — wie oben es notiert.

Während er noch dividiert,
Hat — wohl nur damit er prahlt —
Hat ein anderer bezahlt.
Palmström denkt: es ist genog,
Nimmt sich Hut und Stock und Rock;
Denn nicht an mehr — meint er — käm' es
Auf die Lösung des Problemes.

Eine Spezialität des Lupanars in der Gemsengasse war die ausgezeichnete Musik. Viele Jahre lang spielte Weißmann dort Klavier, der Komponist des populären Walzers »Goldene Jugend« und nachmaliger Freund des Königs von Rumänien. Nach ihm kam Golczewski, der tagsüber in Privathäusern zimperlichen Bürgermädchen Klavierstunden gab, ohne daß der Bruder oder der Vater einer seiner Schülerinnen ihn jemals verraten hätte. Sein Nachfolger war Madl, ein Virtuose.
Der seltsamste aller berühmten Gäste der Maison Goldschmied war entschieden Gustav Mahler. Oft stürmte er um vier Uhr nachts in derangiertem Anzug herein, setzte sich im japanischen Zimmer an das Klavier und begann daselbst, niemals den Eintritt eines Mädchens duldend, bis zum späten Morgen zu phantasieren und zu notieren. Es ist anzunehmen, daß er das Lokal aufsuchte, um daheim durch Spiel und Komposition Familie und Nachbarschaft nicht zu stören. Beim Morgengrauen bezahlte der »Herr Kapellmeister« (so sprach man ihn an, hinter seinem Rücken aber nannte man ihn den »Meschuggenen«), was er nicht getrunken hatte: eine oder zwei Flaschen Sekt oder noch mehr — je nachdem, wie vielen Gästen das Betreten des Séparées mit dem Hinweis, daß es besetzt sei, verwehrt werden mußte.
Dramatisch war die Peripetie, die sich hier, ja hier bei Gogo, im Leben des jungen Bierbrauersohnes Alfred Piccaver aus Albany, Staat New York, vollzog. Mr. Piccaver hatte 1907 eine Europareise unternommen und kam auf der Fahrt zu

Frau Jäger-Wltschek in Hallstadt, die während des Engagements ihres Gatten, des Tenors Jäger an der Metropolitan Opera, die Gesangslehrerin Piccavers gewesen war, nach Prag. Sein einziger Prager Bekannter, der Hopfenlieferant von Piccavers Vater, machte ihn mit einem anderen Bierbrauersohn bekannt, und die three men on the bummel gerieten auch in die Goldschmiedewerkstätte der Prager Altstadt. Dem Amerikaner gefiel besonders die Mizzi, und vielleicht um ihr Herz zu erobern, sang er zur Begleitung des Herrn Madl die Matinata von Leoncavallo. Fraglich ist, ob Mizzi ebenso hingerissen war wie ein Gast, der auf den breitschultrigen American zutrat, sich als Opernregisseur Trummer vom Prager Deutschen Landestheater vorstellte und sehr enttäuscht war, zu erfahren, daß der begabte Sänger ein Industriellensohn sei, den die berüchtigten Gagen Angelo Neumanns schwerlich zur Änderung seines Berufes bewegen würden. Regisseur Trummer lud ihn ein, ihn am nächsten Vormittag im Theater zu besuchen, und Mr. Piccaver versprach, bestimmt zu kommen; kam aber nicht. Dafür war er abends wieder bei Gogo. Anscheinend hatte die Matinata gestern doch großen Eindruck auf die Mizzi gemacht, denn als ihr Sänger eintrat, stürzte sie auf ihn zu und blieb die ganze Nacht an seiner Seite, wie sehr auch andere Freunde sie herbeizulocken versuchten; sie schmiegte sich an ihn, schwur ihm Liebe, bat ihn, sie nicht zu verlassen, nicht fortzufahren. Piccaver begann wieder zu singen; im selben Augenblick tauchten im Türrahmen zwei Männer auf, die bisher im kleinen Séparée (dem getäfelten, an den Salon angrenzenden Zimmerchen, dem Frisierzimmer gegenüber) gesessen hatten. Der eine war Opernregisseur Trummer, der andere ein Herr in Pelz und Hut, das Taschentuch vors Gesicht gepreßt. Das Lied war kaum zu Ende, als Regisseur Trummer den Sänger ins Séparée bat. Dort wurde Piccaver dem großen Angelo Neumann vorgestellt. Angelo Neumann, der sonst nicht einmal in einem Kaffeehaus erschien, weil er dies unter seiner Würde fand, Angelo Neumann war hierher — in ein Bordell! — gekommen, denn es handelte sich um seine Passion: die Entdeckung von Talenten. Er bot dem verdutzten Sänger vierhundert Kronen Monatsgage — selbstverständlich bloß für den Anfang, es wird bald mehr sein — und garantierte ihm eine glanzvolle Zukunft. »Junger Mann, ich habe auch Richard Wagner eine glanzvolle Zukunft garantiert und habe mein Wort gehalten. Unterzeichnen Sie diesen Kontrakt auf ein Jahr!« Piccaver unterschrieb, hier bei Gogo, blieb in Prag, blieb bei der Mizzi, die ihn doch gebeten hatte, nicht wegzufahren, und dadurch beigetragen, daß er sich so schnell zum Bleiben verpflichtete. Aber die Mizzi war, ein paar Wochen später erzählte es Trummer in Gegenwart Piccavers lachend und belacht bei Gogo, bestochen gewesen, bestochen vom Regisseur im strikten Auftrage Angelo Neumanns, des genialen Managers der deutschen Bühne.

Die Anekdoten der Berühmtesten sind nicht so berühmt geworden wie die der Unberühmten. Zwei Freunde unterhielten sich mit zwei jungen Mädchen und gingen dann mit ihnen in deren Zimmer. Oben trennten sich die Paare, nachdem der eine Herr dem anderen als Memento an den Vorstand der dermatologischen Klinik, Hofrat Philipp Pick, zugerufen hatte: »Bei Philippick sehen wir uns wieder!«

Ein polnischer Jude kam in den Salon. Trank seinen Kaffee und wollte von dannen gehen. Man machte ihn darauf aufmerksam, daß es üblich sei, etwas für die Musik zu bezahlen. »Ich bin nicht musikalisch«, erwiderte er und verschwand. Seither war für Gäste, die nicht die obligate Krone aufs Klavier legten, die Charakteristik gebräuchlich: Der ist auch nicht musikalisch . . .

Von langweiligen Bällen der Gesellschaft entliefen oftmals alle Herren hierher, wo es lustiger war und man den Theatervereinsball parodieren konnte: Das Mahagoniséparée war Komiteezimmer, die Vortanzpaare versammelten sich da, jede Dame nahm einen der Kunstblumensträuße aus den Vasen in die linke Hand, in Saalmitte bildete sich, von einer Schnur umwickelt, die Herreninsel, ordensgeschmückt und würdig erschienen Honoratioren, einzeln mit Namen angekündigt, von Herrn Madl mit Tusch begrüßt, von einem Rattenschwanz von Balljacheln (an Armschleifen als Komitee kenntlich) auf das Sofa hinaufgehoben, die Estrade. Die Klänge der »schönen blauen Donau« ertönten, die Herren in Frack tanzten mit den dekolletierten Vortanzdamen herein, die die kurzen Röcke wie Schleppen hoben und die Nasen emporreckten, als ob ihr Papa Kommerzialrat sei und sie also ein Recht dazu hätten. Die Jünglinge, die sich hier nicht anders gaben, als wie sie immer waren, und die Mädchen, die etwas persiflierten, was sie nie gesehen hatten — es war ein gelungenes Satyrspiel auf den Dünkel der Gesellschaft, diese Theatervereinsbälle bei Gogo.

Die Stammgäste, die sich derart aufspielen konnten, schauten mit Verachtung auf die ungelenk die gewundene Stiege hinaufstapfenden Outsider. Aber diese Fremden, denen Reseks Winterfahrplan aus der Rocktasche guckte, die ihre Kipfeln in den Kaffee tunkten oder gar mitgebrachtes Schwarzbrot in die Silbertassen brockten, diese Bauerngruppen, die man verhöhnte, waren die besten Gäste. Der glattrasierte dicke Mann zum Beispiel, den einige »Vicar of Wakefield by Goldsmith« nannten, kam jeden Samstag um neun Uhr abends, blieb mit dem Koffer in der Hand zehn Minuten im Salon stehen, mit tiefem Blicke jede der Damen musternd, und verschwand dann mit der Glücklichen seiner Wahl, von der er sich erst Montag sieben Uhr morgens verabschiedete.

Ein anderer keuchte schon, bevor er am Fuß der Treppe angelangt war; von dort rief er, so muß wohl das Röhren eines Hirsches klingen, seine Bestellung hinauf: »Jednu tlustou — eine Dicke!«

Es war nicht klug, sich mit den Fremden etwas anzufangen. Eine Gruppe von Kadettoffiziersstellvertretern frotzelte eine Gesellschaft, die sich am Nebentisch allerdings plump genug benahm. Da kommt einer der Verspotteten auf die Knaben zu. »Mein Name ist Lurich. Wünscht einer der Herren etwas?« O nein, bitte, durchaus nicht — wie hätten sie auch etwas wünschen sollen, Lurich war ja, das wußten sie, der stärkste Mann im Ringkämpferensemble, das eben im Théâtre-Varieté gastierte.

Herr Goldschmied, der Gründer, hatte sich bald vom Geschäft zurückgezogen, übersiedelte nach Wien, und kaum jemand, der dort im Kunsthistorischen Museum unter Gemälden eine Tafel mit dem Vermerk »Geschenk des Herrn Emanuel Goldschmied« liest, hat eine Ahnung davon, daß das Geld für die noble Kunstförderung einem Gewerbe zu danken ist, über dem lit. b des § 512 StGB schwebte: ». . . welche Schanddirnen zur Betreibung ihres unerlaubten Gewerbes bei sich einen ordentlichen Aufenthalt oder sonst einen Unterschlupf geben . . .« Allerdings war der Faden, an dem das Damoklesschwert hing, nicht allzu dünn und vom Kassationshof gewoben. Dieser stellte sich auf den Standpunkt, daß der Kuppeleiparagraph auf die Bordellbesitzer keine Anwendung finden könne, indem er den Ton auf das Partikelchen »un« legte; er entschied also sozusagen, daß den »Schanddirnen« bloß zur Betreibung ihres *erlaubten* Gewerbes Aufenthalt gewährt werde — eine Entscheidung, die vollkommen der Absicht dieses aus dem Jahre 1803 stammenden Gesetzes wider-, aber dem Geiste des Rechtes entsprach, denn es ging nicht an, die Wirte für etwas zu bestrafen, was die Behörden tolerierten und kontrollierten. Und ein anderes Gesetz, das sogenannte Landstreichergesetz vom 24. Mai 1885, gestattete die Reglementierung der Prostitution und damit auch ihre Ausübung.

Nach Goldschmieds Abgang waren Johanna Wittler und Eduard Hajek die Eigentümer; den Betrieb führte Herr Leopold Schifferes, der Neffe der Frau Wittler; und am 4. Mai 1896 wird er als Besitzer des Hauses eingetragen. Er hatte ein armes Mädchen aus unmittelbarer Nachbarschaft geheiratet, die Tochter eines im Gallikloster tätigen Schusters. Die Braut war siebzehn Jahre alt und hat nie erfahren, welchen Beruf ihr Mann ausübte. Herr Schifferes verkaufte übrigens bald das

Haus und etablierte sich in Berlin als Prager-Schinken-Importeur; da Podbielski Landwirtschaftsminister wurde und die Einfuhr von Schweinen und Schinken verbot, gründete Herr Schifferes in Weißensee eine Prager-Schinken-Fabrik mit echt pommerschen Schweinen.
In der Gemsengasse herrschte jetzt Frau Elisabeth Busch. Sie war bereits Besitzerin eines derartigen Unternehmens, von ihrem ersten Gatten, Julius Friedmann, ererbt und inmitten der baufälligen, schmutzigen Judenstadt gelegen, eines dreistöckigen, massiven Trutzbaus an der Kreuzung der Josefstädter Gasse und Rabbinergasse, Hausnummer 95. Der Roman der erfolglos büßenden »Magdalena« Machars, er beginnt und endet in diesem Hause:

An der Ecke zweier krummer Gassen
Steht ein weißgetünchtes Haus;
Um ein ganzes Stockwerk überragt es
Alle anderen Ziegeldächer. Seine Fenster
Sind mit grünen Jalousien dicht verhangen.

Während in der Nachbarschaft Kleinhandel, Feilschen, Elend, Jammer und Frömmigkeit waren, war hier Verschwendung, Genuß, Radau und Übermut, während sich in all den niedern Kammern der Umgebung vielköpfige Pauperfamilien zusammendrängten, rekelten sich hier Adelige und Offiziere auf Ottomanen und Betten. Friedmann, der Besitzer, war zugleich Konfident, Nachrichtenlieferant des Polizeirates Olič und seines getreuen Famulus Lederer, des Detektivinspektors. Wäscherinnen, Handwerker, Friseurinnen, Modistinnen, Nahrungsmittelhändler, kurz, alle, die hierherkamen, um Geld zu verdienen, erzählten von den Geheimnissen der dunklen Nachbarwohnungen, von verdächtigem Gut, das der Trödler X gekauft, verrieten, daß der Dieb Y seit ein paar Tagen nicht nach Hause gekommen, berichteten, daß die kleine Z zum Tanz in der Schenke »V kornoutě« mit goldenen Ohrringen erschienen sei. Aber Friedmann wußte mehr als die kleinen Diebstähle und Hehlereien seiner Umwelt in der Zigeuner-, der Rabbiner- und der Breiten Gasse! Nicht bloß infolge der Tatsache, daß Verbrecher unmittelbar nach ihrer Tat in Freudenhäuser gehen, um ihren Raub möglichst rasch zu exploitieren, nein, auch Politisches erfuhr er, kamen doch alle Fremden, selbst die polizeilich nicht gemeldeten, in den Salon und sprachen mancherlei. Von dem, was in den verschwiegensten Räumen geflüstert wurde, verlor sich seltener ein Wort als von den Reden, die ein Politiker mit Stentorstimme von der Rostra schrie. Die Polizei revanchierte sich, indem sie ein Auge des Gesetzes zudrückte, wenn etwas nicht in Ordnung war, wenn sich ein Exzeß der Eifersucht, Hysterie oder Trunksucht ereignete oder ein Selbstmord. So ward es zur Sehnsucht aller Spelunkenwirte, durch Kundschaftsdienste gleichfalls dieses Wohlwollen der Obrigkeit zu erringen, und es entstand einerseits das Mißtrauen der Bevölkerung gegen die Behörde, die man mit den Bordellen verbandelt wußte, während andererseits das Bündnis einen subjektiven Sklavenzustand herbeiführte, das Gefühl der Schutzlosigkeit bei den Mädchen der Freudenhäuser, eine moderne Form der alten Schuldknechtschaft. Die kleinbürgerlichen Gewerbsleute der Josefstadt verachteten Herrn Friedmann als Bordellbesitzer, respektierten ihn jedoch als großen Auftraggeber, das Lumpenproletariat haßte ihn als Spitzel und grüßte ihn um so devoter — er war der Mann, der nützen und schaden konnte. Aber das Gerücht, daß auch schon Hausbesitzer gestorben sein sollen, bewahrheitete sich an diesem öffentlichen Hausbesitzer. Seine Frau führte zunächst als Witwe Friedmann, später als Gemahlin des in dieser Branche bestens akkreditierten Dienstmanns Busch (Standplatz: Hotel »Schwarzes Roß«) das Geschäft weiter. Zur Zeit, da man die Pläne zur Assanierung von Prag V zu zeichnen anfing, fühlte sie die Axt an ihrem Stamme, sah sich nach einem neuen Laden um und erwarb de dato 28. September 1898 von Herrn Schifferes die Maison Goldschmied. Weil ihr die Behörden die Haltung zweier tolerierter Häuser nicht toleriert hätten, holte Frau Busch ihren Bruder aus Wysotschan, Herrn Josef Klein, heran, und der erhielt das gewerbeordnungsgemäße Recht »zum Handel mit allen im freien Verkehr gestatteten und rücksichtlich des Verschleißes nicht an eine besondere Bewilligung (Konzession) gebundenen Waren«.

Bevor noch der Friedmannsche Stammsitz niedergerissen worden war, wurde das Haus in der Gemsengasse umgebaut und neu eingerichtet. Der Salon bekam neue Spiegel und Beleuchtung durch Bronzevasen auf Konsolen und verschiedenfarbige Glühlampen, die hinter den Gardinen in Blumenkörben auf dem Fensterbrett standen; die steile Wendeltreppe wurde mit einem Laufteppich belegt, die Nische schmückte man mit einer alabasternen Venus, an deren Stelle zuletzt ein Terrakottanachtwächter trat; das türkische Zimmer erhielt Gobelins, das kleine Séparée täfelte man mit Mahagoni. Das Frisierzimmer im ersten Stock, mit der an den Tisch geschmiedeten Handkassa, diente außerdem als Inspektionsraum für Herrn Klein oder den diensthabenden der beiden Söhne, die auf dem Kanapee schliefen, einen großen Hund zu ihren Füßen. »Sultan« hieß er, wie es sich für einen Harem gehört. In der zweiten Etage waren das gelbe Séparée, das blauseidene Prinzenzimmer, die Doktorstube, wo die sanitätsärztlichen Untersuchungen vorgenommen wurden, und das persische Gemach. Die

Séparées waren im Parterre, im dritten Stock, ὀλύμπια δώματ ἔχοντες, lebten die Damen, in acht einfachen Kämmerchen. Arbeits- und Schlafzimmer zugleich, an deren Wänden in Vogelbauern Zeisige, Harzer Roller und Rotkehlchen zwitscherten, gehätschelt und mit Leckerbissen gefüttert. Man empfand es nicht als Störung, wenn die Vögel zu tagschlafender Zeit durcheinandermusizierten und nachts in den Séparées hörbar wurden, sie waren den kitschig-sentimentalen Mädchen Sinnbilder des eigenen Seins »im Käfig« und ein Gruß der Natur in diesem Reich des Überraffinements, wo »feine Sitte« galt und der schwerste Vorwurf in der Frage lag: »San mir im Wald?« Die Vögel waren die einzigen dauernden Insassen des Hauses, kein Mann wohnte ständig da, selbst der Besitzer nicht, und auch die Mädchen veränderten sich.

Maison Goldschmied stand im intimen Geschäfts- und Austauschverkehr mit gleichrangigen Freudenhäusern anderer Städte. Jedes Lokal bedurfte nämlich eines ziemlich feststehenden Ensembles, in dem alle Rollenfächer besetzt werden mußten. Die Gruppen waren nach Statur, Genre, Naturell, Gesichtsfarbe, Haarfarbe, Nationalität und Bildungsgrad eingeteilt. Was man doppelt hatte oder vielfach, das wechselte man eben aus; mit Maison Frida in der Budapester Magyar-Utca, mit Madame Rosa, Salon Killinger und der Hondl in Wien, mit Fehér in Arad, Maria Pohl in Außig, Schicketanz in Nürnberg, Ibsen in Dresden, Reisinger (»Zum blauen Affen«) in Leipzig, Hummel in Teplitz, Kraus in Brünn und Elger (»Weiße Weste«) in Reichenberg.

Zwölf Damen waren der Minimalbestand in der Maison Goldschmied. Die »Tüchtigsten« stiegen in Offiziersrang auf, wurden Wirtschafterinnen und hatten das Anrecht, mit »Sie« angesprochen zu werden; ihnen zahlte man die Zeche. Carmen regierte von 1904 bis 1909 und heiratete dann einen Hotelbesitzer, Valeska, genannt die »Schattenkönigin des Loyola« (1909 bis 1911), bekam eine Stellung als ärztliche Assistentin in Wien, Wilma (1911 bis 1914) wurde während des Krieges von einem Offizier in Triest erschossen, dessen Heiratsanträge sie abgewiesen hatte; Vera (1914 bis 1917) verehelichte sich mit einem Großindustriellen, Fritzi (1917 bis 1919) lebt wieder als unschuldiges Mädchen bei ihrem Vater, der Bürgermeister in Thüringen ist.

Nach Beendigung des Krieges tobte der Betätigungsdrang der Reformatoren, der Moralphantasten, der Sexualneidischen und der Neugierigen auch vor den Mauern des Hauses in der Gemsengasse. Der Sittenwächter Prags, Polizeirat Drašner, mußte auf seinen Razzien hierher die Abgeordnete Frau Zemin mitnehmen und die Heilsarmee. Der Salon Gogo bekam salbungsvolle Predigten und donnernde Versammlungsreden zu hören, ohne daß nur eine einzige Seele aus dem Fegefeuer gerettet oder der nationalsozialistischen Partei zugeführt worden wäre, weil die Agitatorinnen – ebensowenig wie fünfhundert Jahre vorher der fromme Militius von Kremsier – ihren Hörerinnen keine sozialen Garantien zu leisten vermochten.

In Prag, wo die Not an Geschäftslokalen und Wohnräumen enorm war, entstanden neue Bars, Weinstuben, Tanzdielen, Kabaretts und andere Wurzlokale in Massen, was man als Zeichen für das Aufblühen der neuen Reichshauptstadt ansah. Überall kostete der Champagner bereits hundertzwanzig Kronen, die Flasche gewöhnlichen Weins vierzig, die Flasche Rheinwein sechzig, nur bei Goldschmied wurden noch die alten Preise eingehoben, für Rheinwein achtundzwanzig, für eine Flasche gewöhnlichen Wein zwanzig Kronen, die »Taxe«, die vor dem Krieg zehn Kronen betragen hatte, war auf vierzig erhöht. Aber die Angriffe verstummten nicht, und es hieß, die Behörden hätten Weisung, das Lokal zu sperren. So entschloß sich Herr Jakob Klein zu einem Angstverkauf: Per 1. Januar 1920 wurden Gebäude und Inventar mit dem Weinkeller, den beiden Klavieren, den Gobelins, Statuen, Gemälden und Teppichen um vierhundertachtzigtausend Kronen an die Wiener Eisenfirma Rudolf Schmidt & Comp. veräußert. Silvester 1919 war die Abschiedsnacht. Die Mädchen packten ihre Sachen und zogen von dannen, Herr Klein ging nach Hause und legte sich nieder, um zu sterben.

Wenn heute jemand nächtlicherweile die Glocke des Hauses Nummer sechs in der Gemsengasse noch so dringend zieht, es wird ihm nicht mehr aufgetan.

Anmerkungen

7 *RMS* — Reichsmarineschiff.
W'haven — Wilhelmshaven

23 *Prodeja pica i jediva* — Prodaja pića i jela: (serbokroatisch) Verkauf von Getränken und Speisen.

27 *Kr. C. Ministarstvo unutrašnich dielu* — Kr. C. ministarstvo unutrašnjich djela: (serbokroatisch) Königliches Innenministerium. Kisch meint wahrscheinlich das Außenministerium.
Ministére royal des affaires étrangères — (franz.) Königliches Außenministerium.
Novinar iz Praga — (serbokroatisch) Journalist aus Prag.
d'accepter un recueil authentique de la situation — (franz.) einen authentischen Bericht über die Situation zu erhalten.

28 *Na zdar!* — Nazdar!: (tschech.) Heil!

32 *Kuća* — (serbokroatisch) Haus, Hütte

51 *Anima* — (lat.) Atem, Seele, Leben.

54 *»Monna Vanna«* — Das historische Drama »Monna Vanna« des belgischen Dichters Maurice Maeterlinck (1862—1949) erschien 1902

56 Baon — Bataillon.
how lovely — (engl.) wie entzückend.

58 *Vetterligewehre* — Magazingewehre, nach dem Schweizer Büchsenmacher und Waffenfabrikanten Friedrich Vetterli (1822 bis 1882).

59 *you understand?* — (engl.) verstehen Sie?
Sangue di artisti — (ital.) Artistenblut.
grande tradizione — (ital.) große Tradition.
quartiere di guerra — (ital.) Kriegsquartier.

60 *ma Napoleone è stato vinto* — (ital.) aber Napoleon ist besiegt worden.
in the same week — (engl.) in derselben Woche.
n'est-ce pas? — (franz.) nicht wahr?
nevvero — (ital.) nicht wahr?
O no, I don't know nothing more — (engl.) O nein, ich weiß nichts mehr.
portato in prigione — (ital.) gefangengenommen.
for a fortnight — (engl.) vierzehn Tage lang.
that's my wife — (engl.) das ist meine Frau.
Yes, I've two children — girls — (engl.) Ja, ich habe zwei Kinder — Mädchen.

61 *cominciare a lavorare* — (ital.) beginnen zu arbeiten.
strada — (ital.) Straße.
Pas du tout! — (franz.) Nicht im geringsten!
In contrario! — (ital.) Im Gegenteil!

62 *Andrea, portami tre palle ...* — (ital.) Andrea, bring mir drei Bälle, den grünen, den gelben und den geblümten, und zwei Stäbe, aber schnell!
sulla scena, toccare i miei Instrumenten — (ital.) auf die Bühne, berühren meine Geräte.
quando — (ital.) wenn.
64 *Bujen* — Teil des Ankerkopfes, an dem die Kette befestigt wird.
65 *Bohlen sodann zum Bord ...* — Homer, Odyssee, Fünfter Gesang, 252—255.
Bio — Tschechische Bezeichnung für Kino.
Výčep — (tschech.) Ausschank.
69 *White Chapel* — (engl.) Weiße Kapelle.
70 *Outsider* — (engl.) Außenseiter, hier: Fremde, Auswärtige.
Sweuted work — (engl.) Arbeit für Hungerlohn, unterbezahlte Arbeit.
71 *Jarmilkes* — (jidd.) Samtkäppchen, die unter dem Hut getragen werden.
76 *Maringotte* — (franz.) Zweirädriger Karren mit Geländer und Sitzbänken.
78 *die dazische Heerfahrt* — Unter dem römischen Kaiser Trajan (98—117) wurden die Daker, die das Land zwischen unterer Donau und Dnestr bewohnten, unterworfen.
79 *la recherche de paternité est ordonnée* — (franz.) die Ermittlung der Vaterschaft ist angeordnet.
A ta pražká porodnice ... — (tschech.) Und diese Prager Gebäranstalt — Die ist schön gebaut — Nein, geahnt hätt ich das niemals — Daß ich dort gefangen sein werde — Ihrer hundert Doktoren standen dort — Dort an meinem Bett — Nein, geahnt hätt ich das niemals — Daß sie mich fangen werden.
81 *venae sectio* — (lat.) operative Freilegung und Eröffnung einer unter der Haut liegenden Vene.
heska holka — hezká holka: (tschech.) hübsches Mädchen.
Chlorose — Bleichsucht.
82 *Palimpseste* — Handschrift, über deren alten, abgeschabten Text ein neuer geschrieben wurde.
83 *Parturiunt chontes* — (lat. und jidd.) Sie gebären Dirnen.
Uterus bicornis — (lat.) zweihörnige Leibesfrucht.
85 *Cavete* — (lat.) Hütet euch.
Sospiro — (ital.) Seufzer.
Maxixe — Brasilianischer Tanz, vor dem Ersten Weltkrieg in Europa verbreitet.
90 *Riefler* — Siegmund Riefler (1847—1912). Konstrukteur von Präzisionspendeluhren.
96 *Navigare necesse est, vivere non necesse est!* — (lat.) Seefahren ist notwendig, leben ist nicht notwendig!

97 *viribus unitis* — (lat.) mit vereinten Kräften; auf den Namen des Schiffes anspielend.

99 *SMS* — Seiner Majestät Schiff.

105 *Jamones de Praga* — (span.) Prager Schinken.

Prague Hams — (engl.) Prager Schinken.

Jambon de Mayence — (franz.) Mainzer Schinken.

107 *Jambon de Prague, cuit dans son propre jus* — (franz.) Prager Schinken, gekocht im eigenen Saft.

Prague hams cooked in their own juice — (engl.) Prager Schinken, gekocht im eigenen Saft.

109 *kreneliert* — mit Schießscharten versehen.

110 *Bon pour se rendre en France* — (franz.) Gültig für die Einreise nach Frankreich.

111 *Petite* — (franz.) Gemeinheit.

Aérienne — Französische Fluggesellschaft.

FRA — Franco-Roumaine Aérienne, Französisch-Rumänische Fluggesellschaft.

112 *jako by nic* — (tschech.) als ob nichts wäre.

avis — (lat.) Vogel.

113 *C'est le Rhin* — (franz.) Da ist der Rhein.

Vu à l'entrée en France par avion ... — (franz.) Eingesehen beim Betreten Frankreichs auf dem Luftwege; Strasbourg, den 1. August; der Inspektor der Sonderpolizei.

118 *Hubičku* — hubička: (tschech.) Kuß.

119 *igozán gyönöry* — igazán gyönörü: (ungar.) hübsch fürwahr.

120 *»Lettres de mon moulin«* — (franz.) »Briefe aus meiner Mühle«, Titel eines Erzählungsbandes von Alphonse Daudet (1840 bis 1897).

Toches — (jidd.) Hintern.

Gilles de Rais — Gilles de Rais (1396—1440), Baron de Machecoul, Marschall von Frankreich, Urbild des Ritters Blaubart.

Poppina Sabina — Kisch meint vermutlich Poppäa Sabina, Frau des römischen Kaisers Nero, der ihretwegen seine frühere Frau Octavia ermorden ließ.

122 *enigmaticch* — rätselhaft.

Mailcoachs — (engl.) Postkutschen, Reisebusse.

124 *Monde* — (franz.) Welt.

Bal apéritif du matin — (franz.) Appetitanregender Ball am Morgen.

125 *Trois* — (franz.) Drei.

Huit ... Pair — (franz.) Acht ... Gerade.

Ceinture — (franz.) Gürtel.

127 *tommer doch* — könntest du sagen. Jüdische Redensart, durch die erwartete Einwände des Partners von vornherein entkräftet werden.

128 *Anticipando* — Vorwegnehmend.

Quart, Prim, Terz — Bezeichnungen für Fechthiebe.

129 *sic transit gloria mundi* — (lat.) so vergeht der Ruhm der Welt.
139 *Platten* — Rowdies.
140 *Séjour* — (franz.) Aufenthalt.
YMCA — Young Men's Christian Association: (engl.) Christlicher Verein junger Männer.
142 *Grundtvig* — Nikolai Frederik Grundtvig (1783—1872), dänischer Theologe, Historiker und Dichter.
150 *Bottines* — (franz.) Halbstiefel.
151 *amasirum vel meretricum* — Bordelle oder Dirnen.
154 *Sodová voda dra Zátky* — (tschech.) Sodawasser.
156 *Virgo immatriculata* — (lat.) Eingeschriebene Jungfrau.
Virgo immaculata — (lat.) Unbefleckte Jungfrau.
Pánečku — (tschech.) mein Herr.
160 *three men on the bummel* — (engl.) Drei Männer auf dem Bummel. Titel eines 1900 erschienenen Romans des englischen Schriftstellers Jerome K. Jerome (1859—1927).
165 ὀλύμπια δώματ ἔχοντες — (griech.) Im Olymp wohnen die Mächtigen; hier Wortspiel mit chontes: (jidd.) Dirnen.